权威·前沿·原创

皮书系列为
"十二五""十三五"国家重点图书出版规划项目

体育产业蓝皮书

BLUE BOOK OF SPORTS INDUSTRY

山东省体育产业发展报告
（2018~2020）

REPORT ON THE DEVELOPMENT OF SHANDONG SPORTS
INDUSTRY (2018-2020)

主　编／王延奎

副主编／孙晋海　徐金龙　翟培建

执行副主编／王见彬　昝胜锋

社会科学文献出版社

SOCIAL SCIENCES ACADEMIC PRESS（CHINA）

图书在版编目（CIP）数据

山东省体育产业发展报告 . 2018 - 2020/王延奎主编
. -- 北京：社会科学文献出版社，2021.8
（体育产业蓝皮书）
ISBN 978 - 7 - 5201 - 8313 - 0

Ⅰ. ①山…　Ⅱ. ①王…　Ⅲ. ①体育产业 - 产业发展 -
研究报告 - 山东 - 2018 - 2020　Ⅳ. ①G812. 752

中国版本图书馆 CIP 数据核字（2021）第 080507 号

体育产业蓝皮书
山东省体育产业发展报告（2018~2020）

主　　编／王延奎
副 主 编／孙晋海　徐金龙　翟培建

出 版 人／王利民
责任编辑／陈　颖　薛铭洁

出　　版／社会科学文献出版社·皮书出版分社（010）59367127
　　　　　　地址：北京市北三环中路甲 29 号院华龙大厦　邮编：100029
　　　　　　网址：www. ssap. com. cn
发　　行／市场营销中心（010）59367081　59367083
印　　装／天津千鹤文化传播有限公司

规　　格／开　本：787mm × 1092mm　1/16
　　　　　　印　张：22.75　字　数：339 千字
版　　次／2021 年 8 月第 1 版　2021 年 8 月第 1 次印刷
书　　号／ISBN 978 - 7 - 5201 - 8313 - 0
定　　价／168.00 元

编 委 会

主要编撰者简介

王延奎 山东省体育局副局长，分管体育产业。

孙晋海 山东大学体育学院党委书记、院长，教授，博士生导师，研究方向为体育产业、智慧体育、体育治理等。

徐金龙 山东省体育局体育经济处处长，研究方向为体育经济。

翟培建 山东省体育产业发展服务中心主任，研究方向为体育产业。

王见彬 山东省体育产业发展服务中心副主任，研究方向为体育产业。

昝胜锋 山东大学体育学院副教授，硕士生导师，体育产业研究中心副主任，研究方向为体育产业、文体融合等。

摘　要

　　体育产业作为新兴产业、朝阳产业，是我国经济发展新常态背景下极具增长潜力和发展空间的新兴增长极，是刺激消费需求、提高人民健康水平的幸福产业。山东省经济基础雄厚、资源禀赋良好，重大战略叠加优势显著，创新资源不断聚集，改革红利加速释放，为体育产业高质量发展奠定了坚实基础。

　　近年来，山东省体育产业获得长足发展，总体规模持续扩大，质量效益稳步提升，市场主体日益活跃，政策体系不断完善，产业基础更加稳固，本体产业飞速发展，重点业态发展良好，创建工作成绩斐然，发展环境持续优化，呈现承办国际赛事增多、体育制造转型升级、民间赛事范围扩大、新传媒与体育竞赛互动交融、运动休闲消费需求攀升等新特征，广大体育产业从业者业务能力明显提升，涌现出一批优秀的体育企业、体育品牌和体育产业人物。同时，体育消费新需求促进了内容生产的迭代更新，互联网新业态的涌现改变了体育产业发展格局，体育与旅游机构改革加快了业态融合步伐。

　　虽然山东省体育产业发展势头良好，但总体看依然存在许多短板和不足。地区之间呈现"东强、中平、西弱"的不均衡态势，体育竞赛表演、健身休闲、场馆服务等核心业态发展速度相对缓慢，体育服务业总体规模偏小，体育制造业高端业态比例较低，尚存在行业融合程度不够、体育消费意识不强、专业机构人才匮乏、配套政策措施不健全等问题，亟待充分把握体育强国、体育强省建设的时代机遇，依托新旧动能转换重大工程的政策红利、科技革命驱动产业变革的创新赋能和全民主动健康意识提升的良好环境，不断加快产业高质量发展步伐，为全面开创新时代现代化强省建设新局面提供健康保障和产业支撑。

本报告在全面总结山东省体育产业总体现状的基础上，从多维度梳理和分析了全省体育产业重点行业、典型案例及关键领域的发展情况，总结了各城市体育产业创新实践和协作发展经验，探索新时代推进山东省体育产业高质量发展的范式和路径。

关键词： 体育产业　体育消费　体育经济　山东省

Abstract

As an emerging industry and a sunrise industry, the sports industry is an emerging growth pole with great growth potential and development space under the new normal of our country's economic development. It is a happy industry that stimulates consumer demand and improves people's health. Shandong Province has a solid economic foundation, good resource endowments, significant strategic superposition advantages, continuous accumulation of innovative resources, and accelerated release of reform dividends, laying a solid foundation for the high-quality development of the sports industry.

In recent years, the sports industry in Shandong Province has achieved rapid development. The overall scale has continued to expand, the quality and efficiency have been steadily improved, the market players have become increasingly active, the policy system has been continuously improved, the industrial foundation has become more stable, the body industry has developed rapidly, the key business types have developed well, and the establishment has achieved remarkable results, The development environment continues to optimize, showing new features such as the increase in hosting international events, the transformation and upgrading of sports manufacturing, the expansion of the scope of private events, the interaction of new media and sports competitions, and the rising demand for sports and leisure consumption. The business capabilities of the majority of sports industry practitioners have been significantly improved. A number of outstanding sports companies, sports brands and sports industry figures have emerged. At the same time, the new demand for sports consumption has promoted the iterative update of content production, the emergence of new Internet business formats has changed the development pattern of the sports industry, and the reform of sports and tourism institutions has accelerated the pace of business integration. Although the development momentum of the sports industry in our province is good, there are still many shortcomings and deficiencies in general. There is an imbalance between the regions of "strong east, middle flat, weak west". The development of core businesses such as sports competitions, fitness and leisure, and venue services is relatively slow. The overall scale of the sports service industry is relatively small, and the sports manufacturing industry is a high-end business. The proportion is low, and there are still problems such as insufficient industry integration, lack of awareness of sports consumption, lack of talents in professional institutions, and inadequate supporting policies and measures. It is urgent to fully grasp the opportunities of the times of building a strong sports country and a sports province, and fully rely on the new and old momentum to transform major The policy dividends of the project, the innovation empowerment of the technological revolution driving industrial reforms, and the good environment for the promotion of full democracy and health awareness, continue to accelerate the pace of high-quality industrial development, and provide health protection and industrial support for the comprehensive opening of a new era of modern and strong province construction.

Based on a comprehensive summary of the overall current situation of the sports industry in Shandong Province, this report combs and analyzes the development of key industries, typical cases and key areas of the sports industry in the province from multiple dimensions, and summarizes the innovative practices and collaborative development experiences of the sports industry in various cities. Explored the paradigm and path to promote the high-quality development of the sports industry in Shandong Province in the new era.

Keywords: Sports Industry; Sports Consumption; Sports Economy; Shandong Province

目　录

I　总报告

II　分报告

Ⅲ 专题篇

Ⅳ 案例篇

Ⅴ 区域篇

Ⅵ 附 录

皮书数据库阅读**使用指南**

CONTENTS

I General Report

II Sub-Reports

Ⅲ   Special Reports

Ⅳ   Case Reports

V Regional Reports

VI Appendices

总 报 告

General Report

B.1

2018~2020年山东省体育
产业发展报告

孙晋海　翟培建　昝胜锋　陈德旭*

摘　要：　本文全面分析山东省体育产业发展现状、发展成效和发展存
在的不足，结合调研资料及与主管部门、协会、企业座谈情
况，系统评估山东省体育产业发展总体概貌。在山东省体育
产业线上线下平台融合效果明显、居民休闲健身需求接连增
加、电子竞技产业受众持续增多及体育制造业态转型升级加
速的趋势下，亟须深刻认识体育产业面临的形势，准确把握
体育产业的经济属性，正确处理政府和市场间的关系，重点
突破政策制度供给、营商环境、体育消费、本体产业、"体

---

*　孙晋海，山东大学体育学院党委书记、院长，教授，博士生导师，研究方向为体育产业、智
慧体育、体育治理等；翟培建，山东省体育产业发展服务中心主任，研究方向为体育产业；
昝胜锋，山东大学体育学院副教授，硕士生导师，体育产业研究中心副主任，研究方向为体
育产业、文体融合等；陈德旭，山东大学体育学院讲师，硕士生导师，研究方向为体育经济。

育+”融合、“数字体育”等领域，持续推进治理能力现代化，落实细化常规性保障政策，培育体育组织与创新企业。

关键词：　体育产业　体育经济　体育消费　山东省

一　山东省体育产业发展现状分析

（一）山东省体育产业发展现状

经过长期努力，中国特色社会主义进入新时代，社会主要矛盾已经转换为“人民日益增长的美好生活需要和不平衡不充分的发展之间的矛盾”，适应新时代和满足人民美好生活需要成为未来一个时期我国体育事业及体育产业发展的基本方略。《国务院关于加快发展体育产业促进体育消费的若干意见》（国发〔2014〕46号）曾明确提出到2025年实现体育产业总规模超5万亿元的目标。2019年8月，《国务院办公厅关于印发体育强国建设纲要的通知》（国办发〔2019〕40号）颁布，同年9月，《国务院办公厅关于促进全民健身和体育消费推动体育产业高质量发展的意见》（国办发〔2019〕43号）发布，标志着我国体育产业进入高质量发展快车道。伴随国家相关政策的颁布实施，山东省体育产业发展的保障体系也进一步完善。山东承办国际赛事增多、体育制造转型升级、民间赛事范围扩大、新传媒与体育竞赛互动交融、运动休闲消费需求攀升等新特征不断凸显。体育产业可谓迎来新的战略机遇期，不断激活的市场潜力必将化作经济增长的新兴动力。

1. 产业规模逐步扩大，结构持续优化

近年来，山东省体育产业发展总体保持上升态势，内部结构和外在表现均有良好展现。具体体现在以下几个方面：一是产业规模持续增长。统计数据显示，2015年山东省体育产业总产出1980.79亿元，增加值606.74亿元；2018年山东省体育产业总产出2466.55亿元，增加值968.58亿元（见图1），

图1 2015~2018年山东省体育产业统计数据情况

资料来源：山东省统计局。

占全省 GDP 的 1.45%，高于全国平均水平 0.35 个百分点。2015~2018 年山东省体育产业增加值年均增速达到 16.87%。2015~2018 年山东省体育产业对山东省国民经济的综合贡献率显著提升，逐渐成为支柱级别的经济增长点。二是产业结构不断优化。山东省体育服务业继续维持增长势头，2018 年山东省体育服务业增加值为 713.98 亿元，占山东省体育产业增加值的 73.7%；体育用品及相关产品制造的增加值为 249.46 亿元，占山东省体育产业增加值的 25.8%；体育场地设施建设增加值为 5.14 亿元，占山东省体育产业增加值的 0.5%。产业结构的提档升级推动了山东省体育产业的高质量发展。各地大力发展健身休闲、竞赛表演、场馆服务、体育培训等本体产业，尤其重视体育赛事，形成了马拉松、自行车、登山、帆船、冰雪等赛事举办热潮。仅马拉松赛一项，2019 年就达 166 场，参与总人数达到 50 万人次，其中 5000 人以上规模的马拉松赛事多达 29 场。三是各市体育产业规模增势幅度明显。目前全省体育产业总规模过百亿元的市有：青岛市、济南市、烟台市、威海市、潍坊市、德州市、济宁市、临沂市和菏泽市，其中青岛市、济南市、烟台市均超过 300 亿元。青岛市属于沿海经济发达城市，蕴含众多有利于体育产业发展的优势资源。因此，青岛市体育产业发展迅速，总产出为 561.48 亿元，稳居全省第一，占全省的 22.8%；济南市作为省会城市，是山东省政治、文化和教育中心，这为体育产业特别是体育服务业的发展创造了优越条件，济南市体育产业总产出为 381.36 亿元，占全省的 15.5%，位列第二；烟台市地处山东半岛东部，市 GDP 位居全省第三，体育产业发展相对平衡，体育制造业和体育服务业发展均居全省前列，体育产业总产出为 337.61 亿元，占全省13.7%（见表1）。

表 1　2018 年山东省 16 地市体育产业状况

地市	总产出（亿元）	增加值（亿元）	增加值占市 GDP 比重（%）
济南	381.36	150.78	1.74
青岛	561.48	221.46	2.02
淄博	84.21	33.42	0.94
枣庄	40.32	15.51	0.95
东营	39.54	13.42	0.48
烟台	337.61	128.18	1.78
潍坊	161.45	60.74	1.11
济宁	120.83	46.30	1.07
泰安	53.08	24.03	1.00
威海	198.34	73.11	2.52
日照	49.66	19.89	1.11
临沂	114.83	45.20	1.03
德州	138.82	57.41	1.98
聊城	38.48	15.76	0.73
滨州	44.97	18.51	0.79
菏泽	106.57	44.87	1.44

资料来源：山东省体育局、山东省统计局。

2. 市场主体日益活跃，带动作用日趋明显

随着市场环境的改善与优化，山东省体育产业市场主体日益活跃，主要表现在：一是市场主体规模提升迅速。根据山东省统计局、工商局、民政厅相关数据，截至 2018 年：全省在工商注册体育类法人单位 61743 家、产业活动单位 123 家、个体工商户 7007 家，其中全省规模以上体育制造业企业达到171 家、限额以上体育产品批发零售企业 18 家、其他体育产业相关市场主体

5721 家；在民政注册体育类民办非企业单位 4280 家、社会团体 1597 家；体育产业按户数和注册资本在全省十大高成长行业统计中均列全省第二位，市场主体总量和成长性都有新的进步。二是产业服务平台逐步完善。在产业资源方面，山东省体育局与山东海看网络科技有限公司共同建设了山东体育产业公共服务平台，整合政府和市场资源，通过惠民补贴、电子地图、场馆预约、产业交易、赛事服务、媒体转播等多种方式打通供给侧和需求侧链接。在知识产权方面，山东省体育局联合省知识产权保护中心共同搭建了山东省体育知识产权大数据平台，全面开展体育行业知识产权保护工作。在协同创新方面，筹建山东体育产业协同创新中心，鼓励政府、高校、企业、社会组织等相互协作，促进人才培养、科技创新、成果转化和社会服务。三是做好产业基地创建工作。山东省积极开展体育产业基地评估事宜，提高基地管理水平，突出产业基地的引领和示范效应。2018 年威海核心蓝区等 4 家单位、2019 年德州庆云等 4 家单位新获评国家体育产业示范基地、单位、项目等。2020 年日照奥林匹克水上运动公园、淄博华润万象汇获评国家体育服务综合体典型案例。积极实施省级体育产业示范基地评审，2019 年新命名了 23 个省级体育产业示范基地，另有 31 家体育企业被认定为山东省高新技术企业；2020 年新命名 31 个省级体育产业示范基地，新命名 33 个省级体育服务综合体，涵盖竞赛表演、体旅融合、健身休闲、体育教育、场馆服务、体育用品研发制造等产业领域。经过精心培育，打造了日照奥林匹克水上运动小镇、即墨区田横运动休闲特色小镇、惠民体育绳网小镇等。为发挥赛事带动作用，推动体育产业发展，山东省创建培育了多个大型赛事活动，青岛国际帆船周·青岛国际海洋节、威海国际铁人三项赛等多个赛事被评选为国家体育产业示范项目（见表 2）。

表 2　山东省国家体育产业示范基地、单位、项目、运动休闲特色小镇清单

	乐陵市国家体育产业示范基地
	日照经开区国家体育产业示范基地
国家体育产业示范基地	威海市核心蓝区国家体育产业示范基地
	庆云县国家体育产业示范基地

续表

国家体育产业示范单位	青岛英派斯健康科技有限公司
	泰山体育产业集团有限公司
	济南奥林匹克体育中心
	济南力生体育用品有限公司
	山东英吉多健康产业有限公司
	中大体育产业集团股份有限公司
国家体育产业示范项目	青岛国际帆船周·青岛国际海洋节
	山东郓城会盟武术交流项目
	黄河口(东营)国际马拉松赛
	青岛"崂山100"国际越野挑战赛
	威海国际铁人三项赛
	"远东杯"国际帆船拉力赛
国家级运动休闲特色小镇	潍坊安丘国际运动休闲小镇
	日照奥林匹克水上运动小镇
	青岛即墨温泉田横运动休闲特色小镇

资料来源：课题组整理获得。

3. 产业基础更加坚实，辐射效果良好

山东省为打牢体育产业基础，在公共服务上不断发力，体育基础设施建设、产业战略管理成效显著。一是体育场地设施网络逐步健全。体育产业的发展离不开体育场地的建设，为推动全民健身国家战略，满足体育产业发展的场地需求，山东省各市按照"指标"导向要求，加快对多种不同类别体育场地的投建。统计数据显示，截至2018年底：山东省拥有体育场地15.88万个，体育场地面积1.92亿平方米，人均体育场地面积1.91平方米；全民健身路径已达到7.22万个，健身步道累计达到3980公里，球类和冰雪类场地大幅增加，能够满足多种健身运动需求（见表3）。二是体育调研活动深入推进。2019年山东省体育局结合第四次全国经济普查工作，对2018年度全省的体育产业名录信息进行了调查和完善，推出了《山东省体育产业发展报告（2015~2017年)》，同时配合省统计局进行了2018年全省体育产业统计数据核算；开展首次山东省城镇居民体育消费调查，摸清全省体育消费规模和结构，为下一步制定促进体育消费政策打下基础。三是体育产业统计成果丰硕。体育产业统计是体育产业发展的成果体现和量化标杆，能够指正体育产业的发展方向。自2015年进行体育产业统计工作以来，目前已建立2015~2018年山东省居民体育消费调查数据、山东省体育场地统计调查数据（至2018年）以及2015~2018年山东省及17地市体育产业总产出和增加值数据等。以上统计数据不仅反映了近年来山东省体育产业的发展状况，也为后续制定政策法规、优化市场环境、推进全民健身等工作提供参考依据。

表3　2018年山东省体育场地统计调查数据

类别	指标名称	数量
基础运动场地	田径场地(个)	1.29万
	游泳场地(个)	503
球类运动场地	足球场地(个)	3096
	篮球场地(个)	3.15万
	排球场地(个)	6497
	乒乓球场地(个)	1.43万
	羽毛球场地(个)	3488
冰雪运动场地	滑冰场地(个)	19
	滑雪场地(个)	37
体育健身场地	全民健身路径(个)	7.22万
	健身房(个)	6027
	健身步道(个/公里)	693/3980
综合	体育场地数量(个)	15.88万
	人均体育场地面积(平方米)	1.91

资料来源：根据山东省体育场地统计调查数据整理获得。

4. 品牌影响显著增强，特色优势凸显

近年来，山东省大力实施品牌战略，积极打造体育产业各业态领军品牌，发挥各地区的规模优势，迅速做大做强体育产业。一是持续推动区域品牌建设。经过运营孵化，形成了以"帆船之都"青岛、"水上运动之都"日照、"世界足球起源地"淄博、"鸢都"潍坊、"登山圣地"泰安为代表的城市体育名片，培育了鲁能泰山、山东西王等一批高水平职业体育俱乐部，打造了黄河口（东营）国际马拉松赛、泰山国际登山节、青岛国际帆船周、威海国际铁人三项赛等一批品牌体育赛事，涌现了泰山体育、英派斯、大胡子、迈宝赫等一批知名体育企业，创建了一批国家和省级体育名牌产品、驰名商标。二是重点关注特色小镇规划。邀请国内体育产业知名专家进行业务培训，联合相关单位为小镇注入各种赛事、培训、训练基地资源，通过山东体育产业公共服务平台为小镇品牌宣传提供支持。为进一步推动山东省体育特色小镇规范化管理，广泛征求社会各界意见，起草了《山东省体育特色小镇创建管理规范》。成功创建了 15 个国家级和 108 个省级体育产业示范基地，2 个国家体育服务综合体典型案例和 33 个省级体育服务综合体。建设了德州乐陵和宁津、青岛即墨、日照开发区等一批具有规模优势的体育产业园区。三是协调构建产业联盟组织。在行业标准、技术研发、生产制造、市场开拓等方面协同创新，在原材料采购、产品生产、销售和售后服务等价值链环节加强合作。

（二）山东省体育产业发展成效

1. 政策保障体系不断完善

体育产业在我国经济转型过程中的推动作用凸显，山东省抓住机遇，迎接挑战，持续完善体育产业政策体系，并于 2018 年 4 月整理印刷《体育产业政策文件汇编（2018 年）》。为积极落实国务院各项政策，在出台《关于贯彻国发〔2014〕46 号文件加快发展体育产业促进体育消费的实施意见》及《山东省体育产业发展"十三五"规划》基础上，山东省体育局联合省统计局、省财政厅、省质量技术监督局、省市场监督管理局等部门制定了一系列政策文件（见表 4），主要涉及基地建设工作、统计报表制度、引导资金管理、产业标准体系、规范化运行及品牌培育创建等内容。目前，山东省印发的各类体育产业政策近 20 项，地方层面亦制定配套政策。相关政策措施的陆续出台，为山东省体育产业发展指明了方向，并有助于推动其高质量发展。

表4　山东省体育产业政策一览

政策名称	发文字号
山东省体育产业基地管理办法	鲁体经字〔2013〕28 号
山东省人民政府关于贯彻国发〔2014〕46 号文件加快发展体育产业促进体育消费的实施意见	鲁政发〔2015〕19 号
山东省人民政府关于贯彻国发〔2015〕66 号文件积极发挥新消费引领作用加快培育形成新供给新动力的实施意见	鲁政发〔2016〕36 号
山东省人民政府办公厅关于贯彻国办发〔2015〕85 号文件进一步加快发展生活性服务业促进消费结构升级的实施意见	鲁政办发〔2016〕45 号
山东省人民政府办公厅关于贯彻国办发〔2016〕85 号文件进一步扩大旅游文化体育健康养老教育培训等领域消费的意见	鲁政办发〔2017〕42 号
山东省人民政府办公厅关于进一步激发社会领域投资活力的实施意见	鲁政办发〔2017〕84 号
山东省人民政府办公厅关于印发《山东省新旧动能转换基金管理办法》、《山东省新旧动能转换基金省级政府出资管理办法》和《山东省新旧动能转换基金激励办法》的通知	鲁政办字〔2018〕4 号
山东省体育产业发展引导资金使用管理暂行办法	鲁财综〔2013〕58 号
山东省体育局关于修改《山东省〈经营高危险性体育项目许可管理办法〉实施细则》的通知	鲁体字〔2015〕21 号
山东省体育局关于进一步加强和规范山东省体育产业基地建设工作的意见	鲁体经字〔2017〕7 号
山东省体育产业发展"十三五"规划	鲁体字〔2017〕14 号
山东省全民健身条例	山东省人民代表大会常务委员会公告第 223 号
省级体育部门向社会力量购买体育服务试行办法	鲁体经字〔2017〕56 号
山东省体育场馆免费低收费开放省级补助资金管理暂行办法	鲁财文资〔2017〕60 号
山东省体育产业基本单位统计报表制度	2017 年 9 月
山东省省级体育产业发展引导资金管理暂行办法	鲁财文资〔2018〕30 号
关于进一步加强体育标准化工作的意见	鲁体字〔2018〕12 号
山东省体育领域黑名单管理办法（试行）	鲁政办字〔2019〕6 号
山东体育服务业品牌培育创建管理办法	2019 年 4 月

资料来源：根据山东省《体育产业政策文件汇编（2018 年）》及山东省体育局官方网站体育产业栏目（http：//ty.shandong.gov.cn/）中的产业政策整理获得。

2. 体育产业业态逐步丰富

近年来，山东省体育产业发展迅速，产业体系基本覆盖所有行业，逐步改善体育产业体量依靠制造业的传统状况，开始创建以竞赛表演业和健身休闲业等体育服务业为核心的链条化发展模式，充分带动山东省体育市场的活力，形成了山东省体育产业业态多样化的格局。经核算，2018 年山东省体育产业总规模（总产出）为 2466.55 亿元，增加值为 968.58 亿元，体育产业增加值占当年全省 GDP 比重为 1.45%。从体育产业内部结构看，体育服务业继续保持良好发展势头，增加值为 713.98 亿元，占山东省体育产业增加值比重为 73.7%；体育用品及相关产品制造的增加值为 249.46 亿元，占山东省体育产业增加值比重为 25.8%；体育场地设施建设增加值为 5.14 亿元，占山东省体育产业增加值比重为 0.5%。从体育产业具体业态看，体育中介服务业的总产出为 282.71 亿元，增加值为 94.97 亿元，成为体育产业新的经济增长点；体育健身休闲业和体育教育与培训业总产出都超过了 115亿元（见表 5）。山东省在政策上加大对全民健身事业的投入，通过发放消费券的形式引导体育消费，扩大市场需求，推动体育场馆运营管理和健身休闲等行业的快速发展。

表5　山东省 2018 年体育产业各业态总产出及增加值情况

产业类别	总量（亿元）		结构（%）	
	总产出	增加值	总产出	增加值
	2466.55	968.58	100	100
体育服务业	1481.52	713.98	60.1	73.7
体育管理活动	43.10	18.46	1.7	1.9
体育竞赛表演活动	8.82	4.37	0.4	0.5
体育健身休闲活动	115.44	61.73	4.7	6.4
体育场地与设施管理	21.35	9.18	0.9	0.9
体育经纪与代理、广告与会展、表演与设计服务	282.71	94.97	11.5	9.8
体育教育与培训	116.28	86.84	4.7	9.0
体育传媒与信息服务	36.99	13.94	1.5	1.4
体育用品及相关产品销售、出租与贸易代理	246.26	185.12	10.0	19.1

续表

产业类别	总量（亿元）		结构（%）	
	总产出	增加值	总产出	增加值
	2466.55	968.58	100	100
其他体育服务	610.57	239.37	24.8	24.7
体育用品及相关产品制造	963.52	249.46	39.1	25.8
体育场地设施建设	21.51	5.14	0.9	0.5

注：若总量与分量合计尾数不等，是数据修约误差所致，未做机械调整。

资料来源：根据2018年第四次全国经济普查结果核算（与之前公布的2015年至2017年数据不可比）。

3. 产业融合发展持续深化

山东省推动体育产业融合发展取得新突破，体育与精品旅游、文化创意产业的融合层次不断深化。山东省体育局与山东省旅游发展委员会研究深化全域体育旅游合作事项，以"好客山东 健游齐鲁"为总品牌，以海域海岸、河流山脉、湖泊湿地、景区景点、民俗节庆、革命圣地等为载体，形成了马拉松、自行车、登山、帆船、航空、风筝、冰雪等赛事举办热潮，其中仅马拉松一项，2019年就有166场。设立全域体育旅游"目的地""精品项目""示范单位"，联合打造运动休闲与健身康养型、观赛游览与参赛体验型、拓展培训与演艺展演型等体育旅游业态，举办黄河口（东营）国际马拉松赛、威海国际铁人三项赛、莱芜国际航空节等多项以赛事为依托、多产业协调发展的活动。抓住体育健身休闲产业被纳入国家文化产业发展专项资金的重大契机，联合文化主管部门，在开展丰富多彩的文化体育项目和节庆活动、培育体育文化融合发展的品牌上下功夫，开展多层次合作，进一步为泰山国际登山节、潍坊国际风筝会等体育品牌活动赋能赋值。

4. 体育消费规模显著扩大

体育消费人口数量决定着体育产业市场规模。着眼于进一步扩大体育消费，国务院出台《完善促进消费体制机制实施方案（2018~2020年）》，国家发改委和国家体育总局配套制定了《进一步促进体育消费的行动计划（2019~2020年）》。山东省有1亿多人的人口、7万多亿元的经济总量，体育市场需求和购买潜力巨大。为积极响应国家号召，着力扩大体育消费，山东省体育系统不断加大工作力度。在省财政厅支持下，投入省级体育产业发展引导资金超过 1.37 亿元，扶持了 250 多个项目，带动社会资本投入数十亿元。2020 年 8 月 8 日至 9 月 8 日，在济南市、淄博市、日照市、济宁市、泰安市、威海市、烟台市开展"2020 山东省体育消费季试点工作"，省级财政资金共投入 329 万余元（见表 6）。截至 8 月 23 日，共发放消费券 25602 张，累计领取 17779 人次，投入财政资金 230.605 万元，累计带动消费 1530.515 万元，在扩大体育消费方面取得了良好成效，而且资金投放工作还在持续。山东省围绕大型体育场馆，继续加大免费、低收费开放力度，省体育局已将年度开放 100 个以上公共体育场馆作为向社会承诺事项。

5. 重视体育标准研制

山东省体育局联合省市场监管局和省体育及体育用品标准化委员会，加强体育类地方性标准立项研制工作。2019 年，正式发布包括山东首个体育服务业地方标准《星级体育健身俱乐部培育创建评定规范》在内的 9 项标准，另有 8 项标准立项。完成运动场地合成材料面层地方标准实施效果评价、物理及化学指标检测 1000 余批次。截至 2019 年底，山东参与国际、国家、地方体育标准研制 50 余项，有多项体育标准成果达到国际领先水平。其中：《健身防护缓冲垫通用技术要求》等 8 项地方标准已正式立项；《滑雪模拟机通用技术条件》等 6 项地方标准已完成审定，待上报批准后发布；《运动场地合成材料面层》系列标准被国家和多个省市采用。成立了国家体育用品质量监督检验中心（山东），填补了山东省综合性、高端型体育公共检测技术服务平台的空白。

6. 改善城乡体育设施

近年来，山东省持续推动城乡体育设施改善建设，组织编制了省、市、县三级公共体育设施布局规划。各市均建成了全民健身活动中心，97% 的县建成了公共体育场，83% 的乡镇街道建成了室内外健身设施，80% 以上的行政村建成了健身广场（包括 8654 个省定贫困村），为人民群众参与体育活动提供了较为充分的场地保障。2019 年投入省级资金 3000 万元，资助建设了 1000 个农民体育健身工程，截至 2020 年底工程建设已基本完成。

表6 2020年山东省体育消费试点工作消费券发放情况

地市	发放总额(元)	第一批发放情况						第二批发放		第三批发放		第四批发放(回流资金)(元)	回流资金占比(%)
		计划发放		实际发放		超发							
		金额(元)	比例(%)	金额(元)	比例(%)	比例(%)	金额(元)	比例(%)	金额(元)	比例(%)	金额(元)		
济南	557690	167310	30.00	221030	39.63	9.63	53720	29.68	165530	29.60	165090	52662	9.44
淄博	456500	136950	30.00	182470	39.97	9.97	45520	28.83	131600	28.87	131790	34050	7.46
泰安	456500	137020	30.02	173480	38.00	7.99	36460	30.26	138130	30.26	138130	50230	11.00
烟台	456500	136770	29.96	275170	60.28	30.32	138400	18.17	82950	18.65	85160	25540	5.59
威海	456500	135000	29.57	135000	29.57	0.00	0	30.99	141480	39.34	179600	84040	18.41
济宁	456500	135000	29.57	135000	29.57	0.00	0	31.00	141500	39.43	180000	128790	28.21
日照	456500	135000	29.57	647300	141.80	112.22	512300	—	—	超发	20200	—	—
合计	3296690												

资料来源：根据山东省体育局提供的数据整理获得。

（三）山东省体育产业发展存在的不足

1. 总量规模有待提升，产业发展水平不高

山东省体育产业总量不高，增加值在全省 GDP 中所占份额相对较小，以 2018 年为例，体育产业增加值仅占当年全省 GDP 的 1.45%，与广东、江苏等先进省份差距进一步拉大。体育竞赛表演、健身休闲、场馆服务、体育培训等本体产业规模小，体育制造业高端业态发展水平不高，缺少高附加值的高端装备制造企业，核心竞争力不强。中小微体育企业产品和服务趋于同质化，欠缺特色经营、特色产品、特色服务。

2. 融合发展有待加深，"体育＋"拉动不强

"体育＋"带动了新的市场发展，但体教、体医、文体、体旅、体科、体媒等多个产业融合发展不深入、不彻底。2017 年山东省体育与其他产业融合发展总产出为 243 亿元，仅占体育产业总产出的 16.8%，"体育＋"旅游、文化、康养、科技、乡村振兴、经略海洋等领域融合不够，各领域之间的优势互补效应未能充分体现。

3. 区域协同有待强化，产业总体布局失衡

虽然山东省体育产业发展硕果颇丰，但从统计数据来看，暴露出来的区域协调问题仍然很大。与总规模超过百亿元的青岛市、济南市、德州市等 9 个市相比，其余 7 个市的差距逐年拉大，贡献率相对偏低，整体呈现"东强、中平、西弱"格局，区域体育产业关联度和互补性较低，产业链不完整，未形成以点带线、以线带面的联动效应。

4. 配套设施有待加强，政策红利释放受阻

财政和金融支持力度不够，省级体育产业发展资金长期维持在 2000 万元左右。资本市场表现乏力，目前山东省仅有 1 家主板上市的体育类公司（英派斯）和不足 10 家新三板挂牌公司。政策红利释放不到位，尤其是金融、土地、税费、水电等优惠政策还未得到有效落实，政策激励导向作用发挥不充分。体育产业各项基础工作仍显薄弱，统计信息服务、标准化建设和市场监管服务都有待完善。

5. 协调机制有待健全，专门专业人才匮乏

山东省体育产业工作推进尚未形成机制优势，体育与相关部门间的工作推进仍处于单点突破状态，尚未形成协调一致的合力效应。未能建立相应的目标责任考核体系，工作缺少有力抓手。因部分县市机构调整和体育与相关部门合并，县区一级缺乏机构、人员和经费，导致体育产业工作力量匮乏，影响到具体政策和工作在基层的贯彻实施。体育产业对人才质量的要求较高，但山东省体育产业高质量人才总量已经远远不能满足实际发展需要，加之高层次复合型经营策划团队相对匮乏，制约了体育产业的发展、提升、创新。

二 山东省体育产业发展趋势与要求

总体而言，自2014年国发46号文件实施以来，体育产业"总体向好、结构趋好、前景美好"的发展前景成为趋势，作为朝阳产业，未来必大有可为。同时，与任何新兴产业一样，体育产业也存在"预期过于狂热、监管不够到位、发展路径不够清晰"等诸多问题。须清醒认识到，体育关乎民生，但还比不了教育、卫生等刚需内容，只能说相较过去地位有了大幅度提升。现在参与健身的人越来越多，老百姓对于健康的需求也越来越旺盛，但它还不是必需品，要正确认识这种形势，花大力气去引导人们对于体育的认知，宣传健身在健康中的作用。

为何国家把"全民健身"和"健康中国"上升为两项国家战略？因其关乎民族的希望和未来，相信健身会成为人们的生活刚需，这是大势所趋。机遇往往蕴含在挑战之中，2020年初新冠肺炎疫情的发生，致使体育产业所面对的不仅是疫情本身，还需找寻未来发展机遇。在此特殊背景下，山东省体育产业发展的趋势为线上线下平台融合效果明显、居民休闲健身需求接连增加、电子竞技产业受众持续增多及体育制造业态转型升级加速等。

（一）体育产业的新趋势

1. 线上线下平台融合效果明显

新冠肺炎疫情期间，实体店受冲击严重，电商这一线上购物模式逐步成为主流。此次疫情使国内消费者线上购物的消费习惯得到进一步强化，这将对传统线下体育企业造成一定冲击，促使这类企业加快转型开发线上业务平台，通过线下和线上的平台融合提高企业对市场变化的适应能力。体育用品和服务一直是重要的网购商品之一，这次疫情使得部分传统线下体育企业转型到线上，但是从长远来看，线上体育产品还需要在平台服务、产品展示、售后物流、售后服务等方面不断完善。安踏等体育服饰企业为应对此次疫情，加紧扩大电商业务，通过线上渠道刺激消费需求，弥补消费额的下降。线下体育培训行业也纷纷开展线上课程，家庭健身迎来发展契机。总体来看，众多体育企业通过线上线下相结合的模式来运营，收到了良好的效果，这很可能会成为疫情过后体育产业未来发展的一种潮流趋向。从地区细分来看，目前全国线上健身服务领域的企业共有 30814 家，其中山东省以3424 家占据榜首。体育赛事也开启了线上线下双线举办的模式。如 2020年 9 月 13 日晚，山东省第十届全民健身运动会在潍坊开幕，赛事持续至22 日，8 月份起线上线下比赛已陆续开始，本届全民健身运动会线上线下总参赛人数超过 350 万人，真正成为"体育的盛会、全民的节日"。

2. 居民休闲健身需求接连增加

新冠肺炎疫情期间，无论是专家、医生还是病患都在强调身体的免疫力和抵抗力对抗击病毒和战胜疾病的重要作用，而提升身体免疫力最好的途径就是体育运动。疫情让"健康"一词成为民众谈论的话题，民众对于增强体质、提高自身免疫力的重视程度大幅提升，更加清晰地认识到锻炼对身体健康的重要性。近年来，随着体育在促进身体和心理健康层面的价值逐渐得到民众认可，各类居家运动成为新冠肺炎疫情下中国居民独特的"抗疫"方式。疫情过后，体育的社会价值将得到进一步的传递和释放，民众休闲健身的需求将更加强烈。《全民健身计划（2016~2020 年）》中指出，到 2020

年，参加体育锻炼的人数将明显增加，每周参加 1 次及以上体育锻炼的人数达到 7 亿人次，经常参加体育锻炼的人数达到 4.35 亿人次。如此庞大的经常锻炼的人口基数，加上疫情期间不断增长的健身需求，相信不久的将来全民健身将会广泛开展，体育产业将迎来强劲的发展生机。山东省到 2025 年体育产业发展目标为规模 6000 亿元、经常参加体育锻炼的人数占总人口 40% 以上，人均场地面积 2.2 平方米。当前，经常参加体育锻炼人数占总人口比例为 40.5%，已完成设定目标；人均体育场地面积也达到 2.01 平方米。可见，山东省居民休闲健身自我需求强烈，外部的硬件基础不断夯实。

3. 电子竞技产业受众持续增多

受疫情影响，电子竞技的相关赛事如 LPL（英雄联盟职业联赛）、KPL（王者荣耀职业联赛）等也被延期举行，看起来电竞产业似乎也未能避免产业瓶颈。但疫情期间，民众由于居家隔离不能出门，对电竞游戏的参与度反而超过了预期水平。多款电子游戏因为其不同的类型风格、独特的游戏体验深受消费者喜爱，《王者荣耀》和《英雄联盟》两款竞技游戏展现了超强的吸金能力，《FIFA》系列、《NBA2K》系列等运动类游戏成为体育爱好者的新宠，弥补了不能参加户外活动的缺憾。2020 年 KPL 王者荣耀职业联赛春季赛线上赛开启的首日，就展现出良好的收视效果，国内各大直播平台当日观赛峰值合计超过 6200 万人次，创下 KPL 举办以来非决赛日的新高。疫情下，电子竞技在一定程度上满足了人们对于户外运动的热衷，开始成为目标受众注意力的新方向，为电竞产业的留存转化获取巨大机会。这段时间线上"云娱乐"时长不断增加，电竞游戏、长短视频等线上娱乐替代线下娱乐趋势愈加明显。预计未来很长一段时间内这一趋势还将延续，相关线上细分领域会收获新受众习惯延续的发展红利。山东省着力发展电子竞技产业，打造电竞教育培训中心、电竞主播孵化基地、电竞俱乐部训练基地、创新孵化中心等一批电竞产业载体，并将建设 1 万平方米专业电竞赛事线下场馆，致力于打造山东省内首个具备电竞全产业链的产业基地，树立国家电子竞技产业基地的示范样板，助力互联网＋体育线下发展，提升山东在电子竞技产业中的影响力。

4. 体育制造业态转型升级加速

传统体育用品制造企业是以满足市场需求为条件来决定生产内容。众多以贴牌等低端生产方式为主的外向型企业只要有市场需求量，依靠加工也能占据一定的市场份额。企业运营者对现代商业模式的理解有限，跟不上社会经济发展的要求，他们很少会主动推进转型升级。但是新冠肺炎疫情后，所有出口导向型需求都因延期开工而被抑制，多种成本难以缩减开支，账户现金流只能在短期内维持企业运营。在这样的背景下，体育制造企业意识到要改变只做生产业务的局面，通过摸索生产线智能化、资源整合、拓展营销渠道等方式，加快自我变革以应对多变化、强竞争、高淘汰的体育用品消费市场。企业开始探索服务端的平衡与升级，引导体育制造业从低端生产向产业链上游发展，在满足客户多样化需求的同时，提升企业的竞争力和抗风险能力。在一定程度上，这次疫情为企业提供了一个寻找未来发展方向的探索时间，或能加速体育用品制造业转型升级的进程。山东是体育制造业大省，将继续做大做强体育用品制造业，积极拓展产品门类，提高企业研发和创新能力，提升产品附加值。同时，积极实施全民健身国家战略，引导体育消费，完善健身消费政策，大力培养健身休闲、场馆服务、竞赛表演等体育服务业，拓展体育旅游、体育康复、体育传媒等新兴服务业，促进山东省体育产业转型升级，为经济发展做出更大贡献。

（二）体育产业的新要求

1. 深刻认识体育产业面临的形势

自《国务院关于加快发展体育产业促进体育消费的若干意见》（国发〔2014〕46 号）实施起，至 2019 年正好 5 年。从国民经济运行看，这是一个完整的发展周期，从中可较为清晰地看出产业运行的脉络、成就和问题。当前，我国正处于推进供给侧结构性改革、实现高质量发展的关键时期，山东省正处于新旧动能转换全面起势、现代化强省加快建设的关键阶段，机遇和挑战并存。2018 年 12 月，在中央经济工作会议上，习近平总书记再次强调我国发展仍处于并将长期处于重要战略机遇期，深刻阐述了新形势下经济工作五大规律。2018年12月在全省经济工作会议上，山东省委书记刘家义要求要充分利用好国家重要战略机遇期，牢牢抓住山东发展难得的大好机遇。山东体育产业工作，须深入贯彻落实中央和省委对经济工作的部署安排，主动融入大局查问题、找短板、谋思路、求发展。

2018年底，新华社做过一个关于中国体育产业的深度调研，有两个结果值得业内人士深思：一是人均体育消费，江苏和上海富裕地区，2017年人均体育消费2000~2500元；二是全国竞赛表演业2017年的总产出为231.4亿元，仅相当于安踏集团1年的营收额。按照发达国家经验，人均GDP超过8000美元，体育消费会迎来爆发式增长，这一规律在国内似乎失灵了。山东省的体育产业统计数据也显示：从总体看，山东省2017年体育产业总产出比2016年仅增长2.4%，广东、福建、江苏体育产业总产出都超出山东省1000多亿元。一方面这与整体经济下行以及产业统计口径有直接关系，另一方面也说明体育产业发展绝非一蹴而就，形势不容盲目乐观。从业态看，本体产业中的体育竞赛表演、体育健身休闲两项主要业态产出，累加仅占体育产业总产出的7.4%，结构性问题依然比较突出（制造业为主，服务业占比少）；从区域看，9个总产出过百亿元的市高出其他各市的幅度进一步拉大，发展不平衡的问题依然存在。因此，需要认清形势，增强紧迫性，要深刻认识到体育产业长期趋好、短期面临较大挑战的形势，正视体育产业存在的问题和短板，坚定发展信心，坚持问题导向，制定切实措施，一步一个脚印地加以改进。

2. 准确把握体育产业的经济属性

国家将体育产业作为经济结构转型升级的重要内容，近年来国务院和国家体育总局下发的体育产业文件，都将拉动体育消费和培育新的经济增长点作为核心目标。2018年，国家统计局发布《新产业新业态新商业模式统计分类》，将"三新经济"分为9个大类，在现代制造业、互联网技术服务、现代技术服务、现代生产性服务和新型生活性服务5个大类中都包括体育相关小类，涵盖了体育制造业、互联网体育健身服务、体育竞赛表演、运动休闲、体育健康、体育中介、体育会展、体育设施设计等方面，说明体育产业已经成为新型经济和现代服务业的重要组成部分。

经济发展有其自身规律,其核心内容是需求和供给两大方面,二者相互促进。从需求侧来说,工作着力点是扩大体育消费,目的是更好满足人民群众日益增长的体育需求;从供给侧来说,工作着力点是推进结构性改革,目的是更有效配置资源,以更低成本生产出更加优质的体育产品和体育服务。当前,体育制造业存在低端市场日趋饱和,高端市场供给不足的矛盾;体育健身服务业和体育竞赛表演业存在市场需求旺盛,赛事和服务有效供给不足、服务质量亟待提升的矛盾。这些矛盾均是需求和供给不完全匹配的问题。发展体育产业,要深刻理解和准确把握供求关系这一基本经济规律,不能简单地以行政思维去推动,要统筹用好政府有形之手和市场无形之手,鼓励市场创新,突出有效供给,厘清发展思路,明确工作重点,实现体育产业良好运行。

山东省体育产业同样存在有效供给不足的问题,产品、服务远远满足不了市场的需求,低端体育器械、服装商品基本饱和,但是高端的、高新技术相融合的商品供给严重不足。供给要引领需求,山东省体育产业要紧紧围绕需求,加强创新驱动。

3. 正确处理政府和市场间的关系

"使市场在资源配置中起决定性作用,更好发挥政府作用"是发展体育产业的总体遵循。具体地说,当前要厘清和处理好事业与产业的关系。从政府角度讲,发展体育事业为发展体育产业奠定基础。全民健身和竞技体育强,全社会体育意识、体育参与程度、体育消费水平就会随之提高,进而带动体育产业发展。

在工作中,要统筹好体育事业和体育产业发展,运用政府和市场两个手段、各类体育协会和经营性企业两类主体、公共财政和社会资本两种资源,积极探索事业与产业的融合发展,实现社会效益和经济效益双丰收。处理好放开体育资源和加强服务监管的关系。要进一步放开体育资源、体育市场,从放开赛事、活动举办和体育场馆运营入手,能放的坚决放下去。同时,要及时配套跟进服务和监管措施,着眼于优化营商环境,着力推动监管理念创新、方式创新、手段创新，营造宽松便捷的市场准入环境、公平有序的市场竞争环境和安全放心的市场消费环境。

简单地说，把体育工作做好就是对体育产业、体育消费最大的贡献。因此，要平衡好紧抓本体产业与放开体育资源之间的关系，实现共同发力。有些赛事资源若放在政府手上没有价值，就要推向社会进行盘活利用。赛事要靠策划，即"赛事是想出来的"，如何把无形的资产变成有形的资产是要进行研究和探索的。既然国家对于商业赛事不再审批，体育部门就不要怕别人赚钱，谁赚的钱多，就支持谁。要放开体育资源并监管好，动员社会力量参与，政府做好服务工作，营造好的营商环境；转变观念，主动帮扶企业，替企业着想，助力体育产业发展。分管部门积极了解、领会、落实国家相关政策，做好服务工作。

三 山东省体育产业发展对策与建议

（一）开展顶层设计的战略部署

1. 政策和制度高质量供给

建立完善"1+1+N"政策体系并持续深化。2018 年山东省党政代表团赴苏浙粤三省学习时，山东省委书记刘家义就指出，当前山东省最大的短板为有效制度供给严重不足，没有有效的制度体系做保障，创新发展、持续发展、领先发展就无从谈起。体育产业是新兴业态，政策和制度短板同样明显。

调研制定《国务院办公厅关于加快发展体育竞赛表演产业的指导意见》的落地措施。由省政府研究室、省体育局等部门牵头，对全省体育竞赛表演业进行调研，从赛事资源放开、准入条件、运营开发、版权保护、社会效益和市场效益等方面逐一分析，并结合国家体育总局下发的《关于加强竞赛表演市场监管服务的通知》要求，摸清山东省体育竞赛表演业现状，找出问题短板和制约因素，制定有针对性的解决措施。

联合省发改委、省市场监督管理局制定实施《山东省体育服务业品牌培育创建管理办法》。将"双百计划"升级为体育服务业品牌培育创建计划，聚焦竞赛表演业、健身休闲业、技能培训业和场馆运营业，培育创建健身俱乐部、体育赛事、体育技能培训机构、体育赛事运营机构、体育服务综合体、体育旅游精品线路六类品牌实体，有序开展创建工作。山东省体育局将会同省发改委、省市场监督管理局建立联合推进机制，省体育局负责指标研制和评审监管，各市、县（区）体育部门负责品牌创建的组织推荐和服务监督。

进一步完善体育产业和体育场地统计制度。抓住全国"四经普"年度机遇，进一步完善年报统计制度和名录库建设，开展体育场地专项调查，全面掌握全省体育场地情况，建立体育场地规范化调查制度。同时，要逐步加强对体育金融、保险、版权等政策研究，弥补山东省体育产业政策研究上的短板与空白。各级体育部门在研究制定体育产业政策时，要落实全省"担当作为、狠抓落实"动员大会提出的"开门决策"要求，积极主动邀请企业家、商会代表和专家学者参与。越集思广益，越有利于形成共识、推动落实。

2. 持续优化市场营商环境

主动关注体育企业诉求。发扬尊重市场主体、服务市场主体的"店小二"精神，坚决避免"凤岐茶社"现象在山东省体育产业市场发生。认真落实"放管服"改革举措，研究体育赛事、培训、场馆运营资源放开工作，城市方面要拉出清单，结合实际推进，把体育部门的"放开清单"变为企业的"服务菜单"。加强对体育审批许可、"证照分离""一次办好"事项实施情况的全面自查，确保提供优质服务。对体育产业发展引导资金和产业基地创建政策执行情况进行调研，确保有效服务企业。

持续推进体育标准化工作。会同有关部门完成体育场地、品牌赛事活动、星级健身俱乐部、体育特色小镇、农村社区体育设施、室外健身器材、仿真冰场、健身步道等项目的体育国标、山东省地方推荐性标准立项研制工作；积极配合省市场监管局建设好（山东）国家级体育用品质量监督检验中心。协调质检中心，动员省内体育骨干企业联合建立体育产品科技研发机构。真正搞好标准化建设，掌握市场主动权和行业话语权。

扎实举措助力体育企业发展。强化对近年来体育产业统计和调查工作的结果运用，编制发布首期《山东省体育产业发展报告》和《山东省体育场地发展报告》，为市场主体投资运营提供信息服务。落实国家体育总局要求，制定出台体育领域"黑名单"管理办法，加强市场诚信体系建设，逐步把体育市场规范起来，让有实力、想干事的企业发展起来。积极协调、推动设立山东省体育产业新旧动能转化基金，重点支持省内符合条件的体育产业龙头企业在主板、中小板、科创板和区域性股权市场挂牌上市。继续组织山东省体育企业参加（中东欧）体育产业展和中国体博会、文博会，搭建展销平台，扩大市场占有率，提升品牌知名度。

（二）聚焦发展重点和重大任务

1. 持续着力扩大体育消费

优化体育消费环境。加强体育市场监管，落实《山东省体育领域黑名单管理办法》，依托信用山东信息平台，完善体育市场主体和从业人员信用记录，强化失信联合惩戒，保护消费者合法权益。加强健身设施和健身器材管理维护，确保群众健身安全。推广商业银行托管体育消费预付费用等办法，减少和避免体育消费纠纷，增强消费者信心。以建设"体育全媒体"为重点，争取国内外知名赛事转播权在山东落地。支持体育专题片、体育题材影视文艺精品创作和传播，通过省级影视推进相关资金对优秀作品进行奖补。

健全鼓励消费政策。创新财政支持体育消费方式，统筹省级体育发展资金，开展体育消费券试点和体育消费季等活动，根据活动情况逐步扩大发放范围和规模，撬动体育消费。支持金融机构开发服务体育企业的产品，试点发行体育信用卡、移动支付、公共积分、运动银行等体育消费支付产品。支持保险机构针对体育健身需求，推出多样化保险产品。支持各市结合实际举办一批"体育夜市""夜间运动汇"等体育经济专场活动，支持体育场馆、门店等延长夜间营业时间，推广 24 小时自助智慧健身房。引导协会组织在体育场馆、公园、广场、商业街区等地开展特色突出、观赏性强的夜间群众体育活动，形成一批夜间体育消费"打卡地"。开展"体育消费示范县"创建工作，支持各地创建国家体育消费试点城市，推动体育运动成为一种生活习惯和消费时尚。

加大场地设施供给。围绕社区、农村，积极推进智慧社区健身中心、二代室外健身器材等健身设施建设。围绕大型体育场馆，继续加大免费低收费开放力度，山东省体育局已将年度开放 100 个以上公共体育场馆作为向社会承诺事项。围绕公园绿地、城市空置场所、建筑物屋顶、地下室等"金角银边"，鼓励和引导社会力量建设小型多样健身场所，不断拓展体育消费新空间。就体育自身而言，体育消费主要受限于体育技能欠缺和场地、组织、赛事活动不足。体育部门要在加大宣传、提供设施、传授技能、组织赛事活动等方面持续发力。

培养终身运动习惯。推行学生运动技能标准达标评定制度，推动每名学生掌握 2 项以上体育运动技能（含智力运动项目）。支持机关、团体、企业事业单位和其他组织将职工健身列入工作计划，提供健身场地和健身器材，保障职工每周至少健身 3 次，定期举办运动会。落实全民健身行动，实施"全民健身技能入户工程"，以社区（行政村）为单位健全完善全民健身"六个身边"工程。完善省市县各级国民体质监测体系，积极开展国民体质测定服务，为群众提供有针对性的健身方案，指导群众科学健身。推行运动水平等级评定制度，根据不同项目、年龄段特点，分别制定专业和业余统一的等级标准。大力发展体育培训市场，支持创办专业体育培训机构，开发特色培训项目，培养健身技能，增强消费黏性。

实施体育消费调查。借鉴江苏省、上海市体育消费调查的做法，制定体育消费调查方案，从需求侧摸清消费者偏好，客观反映体育产业各门类发展变化，更好地为政府决策提供参考，为市场主体找准供给侧结构性改革方向提供服务。体育消费习惯的养成有其内在逻辑，是一个慢功夫，基本遵循对体育运动"感兴趣、偶尔参与、掌握技能、养成习惯、要求提高、需求多元化"的过程。"8000美元规律"在我国没有迎来体育消费爆发,下一步应该加大对体育消费的引导和宣传。

加强精准施策能力。为了激发体育消费需求,释放体育消费潜能,特别需要精准施策,市场激励,满足健康需求。首先,加大政府采购力度,如扩大体育场馆免费、低收费开放补贴范围,支持社会场馆面向群众提供场地服务,向居民发放健身消费券或健身优惠卡,鼓励更多的人走向运动场,积极参加健身休闲活动。其次,要合理利用体育产业引导资金,安排专项帮扶资金促进供给。如对体育特色小镇和冰雪从业企业给予相应补贴或引导资金支持,促其创新四季运营模式以缓和运营压力。最后,相关部门要创新财政补贴政策。针对体育企业实施定向减税措施,尽量降低中小企业的成本,扶持具有潜力和成长空间大的体育产业从业主体。鼓励金融机构支持体育用品制造企业,增加授信额。对于轻资产运营的中小企业,探索以其赛事版权、赛事无形资产作为抵押的方式,增加贷款额度,扶持中小企业走出困境。

2. 加快发展体育本体产业

2018年,新华社专题调研指出,我国体育竞赛表演产业存在有效供给不充分、总体规模不大的问题。面对这一现状,山东省体育局党组确定了"坚持体育产业以本体产业为突破口,本体产业以竞赛表演业为龙头"的发展思路。充分认识赛事活动的引领、带动、辐射作用,加大各类赛事供给。

引进国际国内重大赛事。按照"常态化、国际化、专业化、市场化"要求,积极对接国际和全国体育组织,落户一批国际国内顶级赛事和单项体育赛事的锦标赛、分站赛、巡回赛和积分赛等,培育5项以上国际品牌赛事,10项以上全国品牌赛事。支持青岛、济南等市承接重大国际赛事,举办好足球亚洲杯、世俱杯、第十四届全国学生运动会等重大赛事,打造国际体育赛事名城。支持各省级项目运动管理中心申办、承办全国性高水平比赛。对落户省内举办的全国、国际重大赛事,按项目类别、赛事等级、竞技水平、办赛支出、经济社会效益等给予奖励扶持。

支持职业体育赛事开展。这是体育竞赛表演业的"明珠",具有高流量性、稀缺性和强偏好性、延伸性的特点,能够有效聚合观赛群体,形成长期社会效益和经济效益。鼓励社会资本组建足球、篮球、排球、乒乓球、围棋、象棋等职业俱乐部，推动提高联赛成绩和主场办赛效益。对在山东省注册参加全国顶级职业体育联赛（足球可为甲级和乙级联赛）的职业体育俱乐部按项目类别、联赛成绩、参赛投入、人才培养等给予奖励扶持。鼓励符合条件的社会组织举办武术、搏击、汽车摩托车等体育表演活动。鼓励支持具备条件的项目走职业化、市场化发展道路。推动职业体育、专业体育融合发展，鼓励体育社会组织组建运动队，支持组队参加国际、全国和省市各类体育赛事。

引导各地申办举办赛事。2018年，各市举办省级以上赛事超过490场。其中，济南、青岛和潍坊分别举办短池游泳世界杯、第三届世界休闲体育大会和世界国际象棋青少年锦标赛。省体育局将"全省举办20场以上马拉松标准赛事"写进了公开承诺。因此，各地精心筹备，把握好动员社会资本介入、加强赛事监管服务、有效对接群众需求和发现培育品牌等方面的关系，以重大赛事、活动引领本体产业发展。

大力扶持业余精品赛事。以扶持山东省足球业余联赛为突破口，全面开展篮球、排球、乒乓球、羽毛球等有广泛群众基础的省、市、县三级业余联赛。探索采取商业化运营模式，提升青少年体育各级联赛水平。提高省运会、省全民健身运动会和冬季运动会办赛水平。引导社会力量举办马拉松、武术、搏击、户外运动、汽车摩托车、航空运动等项目赛事。支持各地积极创建凸显区域自然生态优势、融入地方传统文化、有区域影响力的特色品牌赛事活动，形成"一市一品""一县一品"赛事体系。支持各市牵头承办"黄河入海""跑游山东""沿海骑行"等省级系列赛事活动。加强与长三角、京津冀、环渤海等区域体育组织合作，深化与"一带一路"、东北亚等国家及港澳台之间体育赛事交流，开展城市联盟，探索建立区域协作机制，打造赛事品牌。

打造民间民俗特色赛事。在继续做大做强泰山国际登山节、潍坊国际风筝节、黄河口（东营）国际马拉松赛、威海国际铁人三项赛、青岛国际帆船周等品牌赛事基础上，鼓励各市充分利用山、河、湖、海资源禀赋和红色文化、沂蒙精神、泰山"挑山工"等人文优势，动员社会力量参与，积极培育具有地方特色和"自主知识产权"的民间赛事，共同做大赛事活动"蛋糕"，不断丰富体育竞赛表演市场。山东承办的国际高水平赛事、高端赛事还是太少，还需深入谋划。扩大影响，塑造品牌，积极打造具有自主知识产权的品牌赛事，要结合当地特色，发挥体育明星、体育赛事的聚合效应。

推进赛事标准化和品牌化。完善竞赛组织、举办流程、赛事服务等标准，强化赛前、赛中、赛后监管和绩效评估。探索完善赛事市场开发和运作模式，加强与国内外著名体育赛事运营企业的合作，引进知名品牌策划公司，打造一批国际性、区域性品牌赛事。定期开展标牌体育赛事、精品体育赛事、自主 IP 赛事等评选推广活动，符合条件的，按照其对体育及文化旅游等相关产业的拉动作用，由省级体育发展资金、省宣传文化旅游发展资金给予扶持。

3. 突出"体育+"融合实效

2017 年全省体育产业数据显示，体育与其他产业融合发展总产出达到243 亿元，占体育产业总产出超过 10%。在实施新旧动能转换、乡村振兴、海洋强省建设战略的大形势下，能否在融入大局中发出"体育声音"，与其他行业的融合发展是重要方向，纳入全省战略与否，效果完全两样。央行发布 2019 年居民支出调查，教育、旅游、健康位居前三位，这恰是体育产业跨界融合的主要行业。

加快体育与教育融合发展。完善青少年体育赛事体系，建立分学段、跨区域的四级青少年体育赛事体系。通过政府购买服务等方式，引进专业教练员、退役运动员、体育培训机构、青少年体育俱乐部等为学校提供体育教学和教练服务。将符合条件的体育基地、运动营地等纳入青少年研学基地。试点开展儿童青少年体能训练和体质提升工程。鼓励中学和县级体校联合办学，推广青少年体育冬夏令营，大力开展冰雪、足球、武术等运动项目进校园活动。创建一批国家级示范青少年体育俱乐部。鼓励省内高校、职业院校开设体育产业相关的专业和课程，大力培养复合型、应用型、技能型专业人才。

加强体育与旅游融合发展。制定全省体育旅游发展规划，开发具有地域特色和产业特点的体育旅游产品和项目。健全体育旅游服务规范和相关标准，打造一批全国知名的体育旅游示范基地、精品线路和精品赛事（节庆）。符合条件的由省级体育产业发展专项资金、省级宣传文化旅游发展资金给予扶持。多形式、多渠道开展宣传推介活动，定期发布节假日体育旅游精品线路。

推动体育与康养融合发展。实施体育医疗康复产业发展行动计划，依托专业医疗机构和运动休闲基地，加快科学健身指导体系建设，培育体育康复产业，探索设立体育康复产业园区。支持康复大学、医院培养和引进运动康复师，开展运动促进健康指导，推动形成体医融合的疾病管理和健康服务模式。鼓励社会资本开办康体康养、体质测定和运动康复等各类机构。开展体医融合试点，培育一批体育健康社区、运动康复医院和健康管理中心样板。开展体医融合标准规范的研究、认定和推广工作。支持国家健康医疗大数据北方中心汇聚体医相关数据，开展数据挖掘分析应用，促进产业发展。成立山东省体医融合行业领域协会组织，搭建体育健康养生融合发展平台。

促进体育与互联网融合发展。支持体育组织和企业策划举办线上与线下融合、相互补充的各类体育赛事活动。推动企业研发满足不同消费者需求的专业化、个性化、智慧化线上运动场景产品、健身培训课程，促进服务方式和营销模式创新。支持体育用品制造、零售企业开展电商业务，发展"线上营销＋实体销售""短视频引流＋直播带货"等体育用品营销新模式。拓展新媒体体育消费，加快推进体育产品和服务生产、传播、消费的数字化、网络化进程。

4. 加强"数字体育"建设

当前中国进入了服务业为主的发展阶段，2015 年服务业的比重超过了50％，成为第一大产业。传统服务业形态是面对面服务，劳动生产率较低，会拉低经济发展速度，这也是近年来我国 GDP 增速下降的因素之一。随着网络技术和数字技术的发展，这一难题正在逐步解决，服务业可以借助网络的放大优势，形成规模经济和范围经济。2017 年，山东省体育服务业累加占比首次超过体育制造业，也与传统服务业面临同样的发展形势。几十年前一场足球比赛，观看人数以万人来计，有了网络传播以后，现在的比赛观看人数以亿人计。传统健身俱乐部面对的是几十人、几百人的服务群体，运营成本高，盈利能力不强，甚至出现"跑路"。

进入互联网和数字经济时代，山东省体育产业的"体育＋互联网"是明显短板。实现新的突破，一是体育部门要加大基础性体育数据的摸查、整合、利用和发布，如省体育局依托省科研中心，成立了体育大数据中心平台。结合"四经普"调查，进一步摸清全省体育场馆、健身俱乐部、体质监测、社团组织、竞技比赛、群体活动等数据底子，加强数据分析和结果运用，探索制定全省体育场地电子地图，搭建全省体育健身与运动休闲场馆运营管理平台，适时向社会发布，为政府决策和市场整合体育数据资源做好基础性工作。二是引导、鼓励体育企业与互联网企业加强合作，打造互联网健身培训、体育资源交易平台、体育智能化平台，大力发展互联网赛事报名、赛事转播、交流互动、赛事参与等新业态，做好线上、线下结合文章，大力发展流量经济、规模经济。

推进企业智能制造和科技创新。推动体育用品制造业高端化，推进5G、物联网、传感器、大数据、柔性制造、新材料等先进技术应用于体育领域，加快数字化、网络化、智能化改造升级，适应大众消费升级趋势，积极开发智能运动装备、智能场馆、可穿戴设备等产品和技术。支持企业积极参与高新技术企业认定。支持企业与高校、科研院所合作争创国家体育技术创新中心等国家级创新平台。支持地方建设体育产业创新园区和孵化基地，争创国家级体育产业创新示范区。发挥国家体育用品质量监督检测中心（山东）的作用，加大对创新产品的质量检测认定，开展相关国家标准试点。

促进体育内容生产和传播。受新冠肺炎疫情影响，包括电竞游戏、体育赛事直播、体育短视频在内的在线娱乐抓住机遇获取了大量的受众。线上体育产业要在短期爆发式增长前提下，不断加码内容精品化、长线化发展路径，形成具有自我造血能力的后续体育内容产品和持续运营传播，在短期掌握大量用户和流量的基础上，兑现长期红利。持续创新体育内容的终身消费模式,通过线上体育内容运营,实现用户聚合效果,拉长视频平台付款周期,使延期付款成为业内常态。危机中也有一些商业模式会演进和分化,比如直播和很多行业的结合会加速,像直播电竞、直播健身、直播赛事等。体育企业要加强体育直播、精彩赛事分享、体育教育视频等内容生产,不断丰富线上产品,以促进体育电商、体育短视频、体育游戏、体育直播培训等线上项目推广。通过VR、AR等场景体育类项目结合5G规模化应用,进一步加深体育产业的线上内容生产。

(三)推动常规保障与创新性工作

1. 持续推进治理能力现代化,释放产业潜力

深度转变政府管理职能。推进管办分离、政社分开,推动协会实体化、社会化发展,将运动项目的规划管理、行业标准制定与认定,以及运动员、教练员、裁判员专业技能培训与管理等职能,逐步交由体育社会组织承担。政府举办的全民健身运动会、省级单项协会主办的体育赛事活动资源、培训项目,符合条件的都要通过公开方式交由市场主体承办。

加快简化赛事审批流程。全面清理不利于体育产业发展的有关规定,对保留实施的行政审批事项,要减少前置条件,简化注册、备案、许可、审批等流程,推行一站式服务和网上注册审批服务。建立跨部门的体育赛事"一站式"服务机制,涉及体育赛事安全许可和行政审批事项纳入政务服务平台并接受社会监督。

持续开放体育相关资源。制定政府购买公共体育服务目录和标准,引导社会力量参与全民健身事业,创新服务方式,扩大服务供给。稳妥推进公共体育场馆"改造功能、改革机制"工程,稳步开展大型体育场馆事业单位转企业改制的试点。优化市县、高校、企业、协会联办省运动队模式,鼓励有条件的运动项目走向市场。引导社会力量共同参与体育后备人才培养,支持体育社会组织组队参加国际、全国和省市各类体育赛事,向省、市级运动队输送优秀人才,符合条件的按照相关规定给予奖励。

2.落实细化常规性保障政策，释放制度红利

（1）落实减税降费政策。体育企业符合现行政策规定条件的，可享受研究开发费用税前加计扣除、小微企业财税优惠等政策。对经认定为高新技术企业的体育企业，按照规定享受企业所得税相关政策。对提供体育服务的社会组织，经认定取得非营利组织免税优惠资格的，取得符合条件的有关收入可依法享受企业所得税免税收入优惠政策。体育企业发生的、符合条件的广告费支出，符合税法规定的可在税前扣除。体育企业符合条件的创意设计活动费用，可按照规定税前加计扣除。鼓励企业捐赠体育服装、器材装备，对符合税收法律法规规定条件向体育事业的公益性捐赠，按照规定，在计算应纳税所得额时予以扣除。体育场馆用于体育活动的房产和土地，可按照规定享受房产税和城镇土地使用税优惠。鼓励通过谈判协商、参与市场化交易等方式，确定体育场馆及健身休闲设施使用电、气、热的价格。

（2）加大财政扶持力度。立足服务于黄河流域高质量发展等国家重大战略，助力"八大发展战略"，重点谋划一批体育产业项目，形成体育重大项目储备库，符合条件的纳入全省新旧动能转换项目库并争取列入国家重大建设项目库。运用中长期固定资产贷款、银团贷款、政府和社会资本合作（PPP）等方式，支持体育场馆建设。充分发挥新旧动能转换基金作用，支持体育产业发展。鼓励企业、社会资本单独或合作设立全民健身发展基金或体育产业发展基金。支持符合条件的企业发行企业债券，募集资金。统筹省级体育发展资金，通过发放消费券、购买公共服务等方式，支持体育产业发展，有条件的地方可根据自身情况对本地体育产业发展给予支持。

（3）加大金融支持力度。建立体育无形资产评估标准、完善评估制度，积极开展体育领域的知识产权质押融资业务，鼓励银行创新开发有利于体育企业发展的信贷产品和贷款模式，加大对体育企业的信贷投放，增加适合中小微体育企业特点的信贷品种。支持符合条件的体育企业通过各类债券和证券化产品融资，积极扶持有条件的体育企业挂牌上市。

保障产业发展用地。各地在编制国土空间规划时，统筹考虑体育用地布局。在安排年度土地利用计划时，加大对体育产业新增建设用地的支持力

度。利用以划拨方式取得的存量房产、土地兴办体育产业，符合《划拨用地目录》的可按划拨方式办理用地手续，不符合《划拨用地目录》的可采取协议出让方式办理。鼓励各地利用集体建设用地、符合条件的"四荒"（荒山、荒沟、荒丘、荒滩）土地发展体育产业。鼓励各类市场主体利用工业厂房、商业用房、仓储用房等既有建筑及屋顶、地下室等空间建设改造成体育设施，实行在 5 年内继续按原用途和土地权利类型使用土地的过渡期政策。依法依规明确并简化相关审批流程。合理利用公园绿地、市政用地等建设足球场等体育设施。

（4）加强产业人才支撑。把体育人才列入全省人才计划，完善人才引进、培养、激励和保障制度。建立健全柔性人才引进和培养机制，实施体育人才培养专项计划。加强省内外高等院校、科研机构的交流与合作，建立山东省体育产业研究智库，聚焦问题，研究对策。支持体育部门、企业与学校联合建立体育产业教学、科研和培训基地。鼓励有条件的俱乐部等社会组织从事国家体育职业资格培训，开发培训课程，扩大培训规模，推进从事体育职业人数快速增长。支持大学生、退役运动员、教练员投身体育产业。发挥社会体育指导员队伍作用，引导群众掌握基本体育技能、参与体育健身服务。

（5）强化体育产业统计。健全体育产业统计调查指标体系和年度统计工作制度，开展全省体育消费调查和重点行业监测，建立体育产业常态化统计监测机制。强化体育市场需求和消费趋势预测研判，定期发布年度体育产业统计数据、消费指数、研究报告和投资指南，引导体育产业发展。

（6）发挥示范引领作用。开展省级体育产业系列示范单位和优质品牌创建工作，争创一批国家级体育产业示范基地、示范单位、示范项目、体育服务综合体和运动休闲特色体育小镇，积极承担国家体育产业创新试验区建设。支持各地创建全国全民运动健身模范市、县。宣传体育先进典型，办好"最美体育人"评选活动。

（7）健全体育标准体系。落实国家标准化综合试点任务，健全体育标准体系，做好关键体育标准研制与推广。支持体育骨干企业、行业协会、产业联盟通过制定团体标准，整合产业链上下游企业，联合开拓市场，打造体育产业的"泰山品质""山东标准"。

（8）搭建资源交流平台。依托山东IPTV新媒体，建立体育产业互联网平台，构建体育宣传矩阵，开发赛事直播、信息交流、产品推介等功能。定期举办全省体育产业资源推介活动，发布体育赛事等资源推介清单，吸引民间资本投资。鼓励将赛事承办权、冠名权、场馆运营权等通过省级产权交易机构和公司公开交易。鼓励体育优势企业、优势品牌和优势项目"走出去"，扶持企业参加国际级和国家级体育产业博览会，符合条件的给予参展费用补助；支持发展会展经济，举办各类体育产业博览会、体育论坛，打造在全国具有较强影响力的体育展会品牌；建立体育知识产权平台，强化对体育类专利、商标、版权等无形资产的保护。

（9）实施产业规划编制。将全民健身、体育消费、体育产业有关内容纳入本地区国民经济和社会发展"十四五"规划，明确发展目标和重点任务。编制体育产业发展"十四五"规划，分类制定重点运动项目和重要业态发展规划。

3.培育体育组织与创新企业，释放市场容量

推动体育社会组织发展。推进省级单项体育协会创新发展，支持从事体育产业的企业或人员依法成立行业组织。鼓励体育社会组织参加等级资质评估，达到3A以上等级资质的可优先承接政府购买的体育公共服务。整合行业资源，充分发挥山东省体育产业联合会作用。

（1）培育壮大骨干体育企业。发挥"头雁效应"，扶持一批创新水平高、品牌影响大、具有"链主"地位的引领型企业。推进体育产业链补链、延链、强链，形成"产业＋配套、平台＋生态、技术＋赋能"的集群发展格局。支持重点企业跨区域、跨行业、跨所有制兼并重组，打造2～3家跨界融合发展的体育产业集团。优化各类国际体育优质资源的进入渠道，吸引国内外知名企业到山东省设立分支机构或区域总部。对认定国家和省级高新技术企业、获评国家专精特新"小巨人"企业、省独角兽企业、瞪羚企业和单项冠军、主板或创业科创板上市的体育企业等进行奖励。

（2）扶持中小微特色体育企业。实施"百强健身俱乐部促进计划"，开展星级评定，支持引导健身俱乐部规范化、标准化、品质化发展。鼓励各市建设体育产业园区和体育众创空间等新型创业服务平台，积极引入知名体育企业和品牌，孵化培育一批"专、精、特、新"体育企业。培育体育中介、体育传媒、运动康复、体育经纪、体育会展、策划咨询等新业态企业和社会组织，催动体育产业发展。

参考文献

王志光主编《体育蓝皮书：江苏省体育产业发展报告（2019~2020）》，社会科学文献出版社，2020。

李颖川主编《体育蓝皮书：中国体育产业发展报告（2020）》，社会科学文献出版社，2020。

张林、史康成主编《山东体育产业发展报告（2015~2017）》，人民体育出版社，2019。

李颖川主编《体育蓝皮书：国家体育产业基地发展报告（2017~2018）》，社会科学文献出版社，2019。

〔美〕张建辉、黄海燕、〔英〕约翰·诺瑞德主编《国际体育产业发展报告》，社会科学文献出版社，2017。

黄海燕主编《体育蓝皮书：长三角地区体育产业发展报告（2018~2019）》，社会科学文献出版社，2020。

分 报 告
Sub-Reports

B.2

2018~2020年山东省体育用品
制造业发展报告

崔丽丽 秦东海*

摘　要：　体育用品制造业作为我国规模最大的体育产业业态，是我国
体育事业高速发展的基础与保障。本文使用调查法、实证分
析法等方式，对山东省体育用品制造业行业特征、发展现
状、问题不足进行总结，在案例分析的基础上从创新人才培
养、强化政策扶持、塑造自主品牌、加强集群合作四个方面
提出了具体对策建议。

关键词：　体育用品制造业　示范基地　山东省

---

* 崔丽丽，山东大学体育学院教授，博士生导师，齐鲁青年学者，研究方向为体育产业、体育
社会问题的诊断与控制；秦东海，山东师范大学体育学院2018级硕士研究生，研究方向为体
育产业。

一 体育用品制造业的行业特征

（一）有形资产属性突出

我国目前体育用品制造产量位居世界第一，可生产近千种类型的体育用品。近些年来产品制造质量提升迅速，部分自主研发的体育装备甚至能够达到或超越世界先进体育用品企业同类产品。体育用品制造企业资产配置在类型与结构上较为传统，资源配置以资金、资源、产品、设备、装置、厂房等有形资产为主。体育企业可以通过多种生产或管理方法增加有形资产的回报率，如采用先进的技术和工艺，通过与其他企业的联合，尤其是与供应商和客户的资本联合等。实际上，不同体育企业掌握的技术不同，从业人员构成和素质也有很大差异，因此它们对特定体育有形资产的利用能力也是不同的。

（二）附加值提升空间较大

体育用品制造业作为体育产业链条中的支柱行业，其发展水平的高低与体育产业及制造业息息相关。体育用品制造业具有制造业的一般特征，同时也适用于"微笑曲线"理论（见图1）。"微笑曲线"理论体现了制造业附加值的变化。曲线的左端代表着研发与设计，曲线右端代表着销售与品牌运作，两端都具备较高的附加价值。曲线中间部分代表着生产制造，附加价值较低，制造企业可通过升级转型向曲线的两段移动，进而提高产业附加值，增加利润。

虽然近年来我国体育制造业规模不断扩大，增速较快，但其主要增长点位于微笑曲线的产业链中游，研发和营销水平尚不能与国际一线品牌并论。主要原因是我国体育制造业缺乏自主研发技术，营销与运营模式较为陈旧，且体育用品制造企业多为家族式企业，研发设计与品牌运作能力较弱。

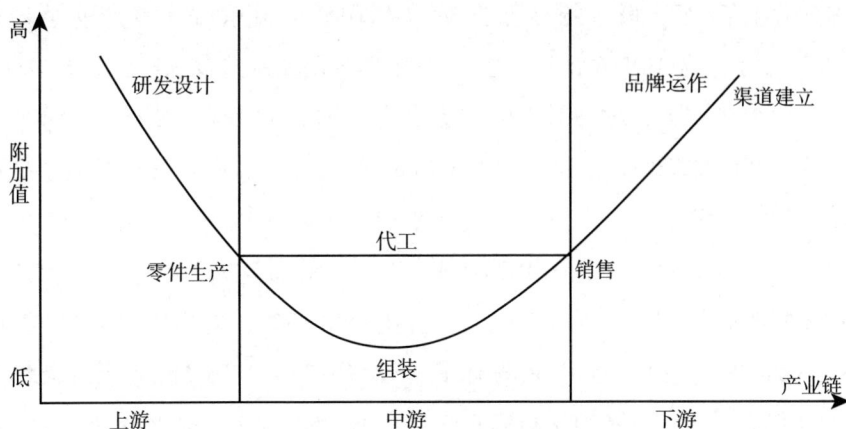

图1　微笑曲线

（三）行业集群发展趋势明显

我国体育用品制造业呈现集群发展的特点，如福建省晋江市运动鞋制造产业集群、浙江龙泉武术用品产业集群等。体育用品制造产业集群的打造，降低了交易成本，有利于体育制造企业的成长。我国体育用品制造企业大多数是由小微企业发展而来，实现其规模扩张的资本积累多是依靠地区头部企业带动形成。面对国内外竞争压力及差距，体育用品制造业的转型升级及竞争力的提升显得极其重要。依托行业集群推动体育用品制造产业技术革命，是我国成为制造强国的必然之路。

二　山东省体育用品制造业发展现状

（一）总产出占比逐年下降，产业结构加速转型

山东省作为我国东部制造业大省，其体育用品制造业几乎涵盖所有体育用品门类，总产出规模常年位居体育产业各业态之首，已成为全省体育产业的支柱性行业。近年来，伴随全省体育产业转型升级步伐的加快，体育用品

制造业占比逐年下降。统计数据显示：2015 年山东省体育产业总产出 1980.79 亿元，增加值 606.74 亿元，其中体育用品制造业总产出 1196.71 亿元，占比为 60.4%，增加值 239.57 亿元，占比为 39.5%；2016 年山东省体育产业总产出 2292.18 亿元，增加值 704.08 亿元，其中体育用品制造业总产出 1310.78 亿元，占比为 57.2%，增加值 251.80 亿元，占比为 35.8%；2017 年山东省体育产业总产出 2348.01 亿元，增加值 770.41 亿元，其中体育用品制造业总产出 1139.67 亿元，占比为 48.5%，增加值 217.31 亿元，占比为 28.2%；2018 年山东省体育产业总产出 2466.55 亿元，增加值 968.58 亿元，其中体育用品制造业总产出 963.52 亿元，占比为 39.1%，增加值 249.46 亿元，占比为 25.8%（见表 1）。

表 1 2015～2018 年山东省体育用品制造业总产出及增加值情况

年份	总量（亿元）		占体育产业比重（%）	
	总产出	增加值	总产出	增加值
2015 年	1196.71	239.57	60.4	39.5
2016 年	1310.78	251.80	57.2	35.8
2017 年	1139.67	217.31	48.5	28.2
2018 年	963.52	249.46	39.1	25.8

注：表中 2018 年数据根据第四次全国经济普查结果核算，与 2015～2017 年数据不可比。

资料来源：根据山东省体育局、山东省统计局发布的 2015～2018 年的山东省体育产业规模及增加值数据的公告整理获得。

目前全省体育用品制造业总产出与增加值仍具备较大体量，但在其产业比重逐年下降的同时，体育竞赛表演、体育健身休闲业等比重逐年上升，说明山东省体育产业正经历由第二产业为主导向第三产业为中心的产业升级转型过程。

（二）企业集群集聚效应显著，区域差距逐步拉大

受体育资源和产业基础等差异化因素影响，全省体育用品制造企业整体呈现极化分布特征，且在规模以上企业、高新技术企业、示范型企业引领

下，体育用品制造产业的区域差距愈加明显。据统计，山东省体育制造业规模以上企业171家，其中国家、省级高新技术企业71家，国家、省级体育产业示范单位19个。

从各地市体育用品制造业相关企业数量来看，目前青岛市、威海市与德州市成为山东省体育用品制造业第一集团，三市规模以上体育用品制造业企业占全省65%。其中，青岛市高新技术企业为17个，占全市规模以上企业总数的33.3%；威海市高新技术企业为20个，占全市规模以上企业总数的83.3%；德州市高新技术企业为11个，占全市规模以上企业总数的29.7%，其他地市与之差距明显。临沂市、淄博市、济宁市、潍坊市形成了山东省体育用品制造业第二梯队，枣庄市、东营市、聊城市与菏泽市体育用品制造业发展较差，规模以上企业数量较少，尚未发展成高新技术型体育用品制造企业（见图2）。

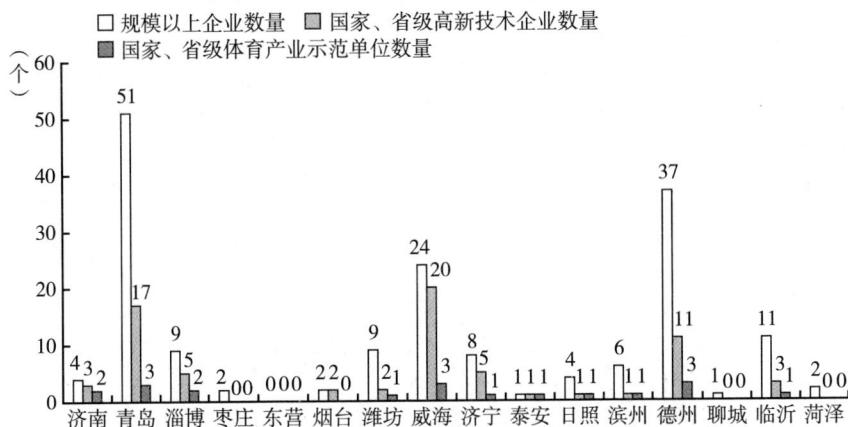

图2　山东省16地市体育用品制造业相关企业数量

注：山东省体育制造业规模以上企业标准：1. 企业注册资本2000万元以上；2. 国家、省级高新技术企业；3. 国家、省级体育产业示范单位；4. X轮融资企业（一般顺序为天使投资，A轮融资，B轮融资，C轮融资等）；5. 上市企业。

资料来源：作者根据相关资料整理。

（三）传统体育用品占比较大，规上产能优势突出

在山东省体育用品制造业的细分产品中，以运动服装、体育器材和体育

用品杂项为代表的传统产品比重较大，以车船、航空器、游艺娱乐设备为代表的高端产品比重过小。

从2015年、2016年山东省体育用品制造业各门类总产出中可以看出，运动服装制造、体育器材及配件制造和其他体育用品制造三类总产出占比过半。在2015年、2016年，运动服装制造总产出分别为563.2亿元、660.6亿元，在体育制造业中的比重最高，分别占比47.1%、50.4%；其他体育用品制造总产出分别为195.9亿元、196.1亿元，分别占比16.4%、15.0%；体育器材及配件制造总产出分别为123.4亿元、133.3亿元，分别占比10.3%、10.2%。而运动车、船、航空器，体育游艺娱乐用品设备制造总产出均在10亿元以下，占比极低（见图3）。由此可见，山东省体育用品制造业中的高端用品、设备制造行业发展迟缓，历史欠账和创新动力不足问题突出，已经成为全省体育用品制造业的一大短板。

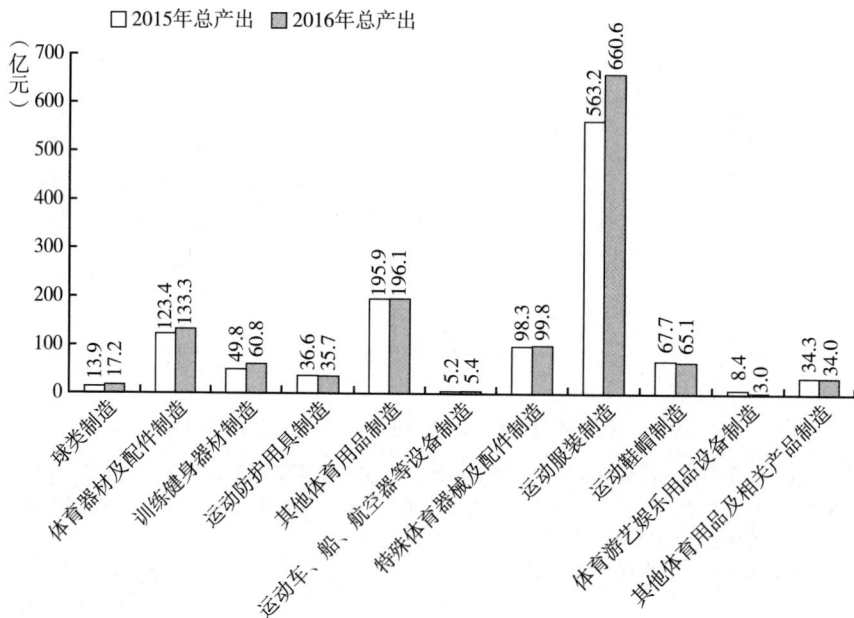

图3　2015年、2016年山东省体育用品制造业各门类总产出

资料来源：作者根据相关资料整理。

在山东省体育用品制造各细分行业中，规模以上企业的产能优势突出。2016 年，规上企业各细分业态总产出占比均在七成以上，尤其球类制造、高端设备、运动器材等行业产出占比均达到了 90% 以上。其中，球类制造占 96.38%，运动车、船、航空器等设备制造占 95.56%，训练健身器材制造占 95.24%，体育器材及配件制造占 95.16%，其他体育用品制造占 92.26%，其他体育用品及相关产品制造占 90.92%，总产出占比最低的是运动防护用具制造，为 71.19%（见图 4）。

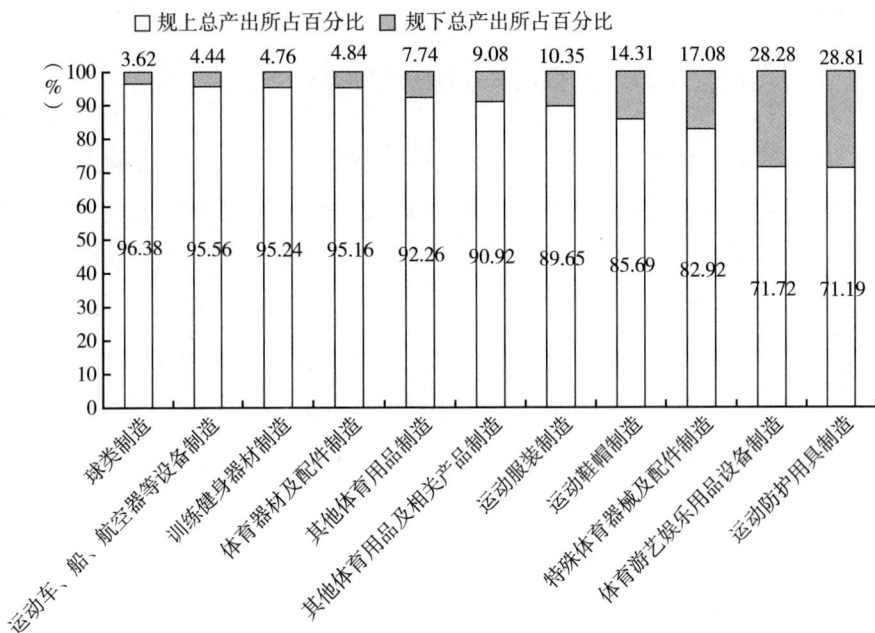

图 4　2016 年山东省体育用品制造业规上规下法人企业总产出占比排序

资料来源：作者根据相关资料整理。

三　体育用品制造业发展的问题与不足

（一）产品科技创新滞后，技术含量不高

山东省体育用品制造业以中型企业为主，劳动密集型产品占多数。企业

发展和产品生产受资金、人才、经营理念等因素的影响，导致产品技术创新不足，同质化严重，中低档次产品居多，部分企业以为知名品牌代加工为主，具有自主产权的原始创新产品较少，产业核心竞争力较弱。

由于缺乏专业人才和资金，中小体育用品制造企业自主研发能力不足，少部分原创型体育产品也由于技术含量不高、缺乏技术壁垒，产品上市后极易被同行企业模仿。原创产品与模仿产品进入市场时间间隔不长，加之模仿产品无须加摊研制成本，往往在价格上更具优势，久而久之形成"劣币驱逐良币"的现象。

（二）缺乏品牌培育意识，品牌价值不高

山东省是体育用品制造业大省而非强省的具体表现之一，是缺乏具有国际国内影响力的知名企业品牌，除泰山体育产业集团、青岛英派斯健康科技有限公司等一批实力比较强的企业外，优质体育企业品牌匮乏。随着全社会健康意识的普遍提高，市场对于体育用品的品质要求越来越高。在消费者愿为国际品牌溢价付费的市场环境中，山东省体育用品制造品牌培育亟待提速。

一方面，山东省本地品牌在与国内外知名品牌的竞争中，无论是产品体验度还是市场知名度均处于相对弱势和不利位置。目前国际品牌已经占据二、三线城市的市场，人们宁愿花高价购买国际品牌，也不愿花低价购买本土体育品牌。据调查，家庭可支配收入较高的体育消费者会选择耐克、阿迪达斯等认可度比较高的国际品牌，可支配收入较低的群体会选择安踏、李宁等国内品牌。另一方面，相当数量的中小企业缺少培育自主品牌的动力，大多从事贴牌、代工类低端生产经营。在大规模标准化流水线生产时期，体育用品制造（除高科技含量类外）尤其是运动服装和运动鞋帽的制造本身并没有太多技术含量，而且国际体育服饰品牌大多也是寻求中国或东南亚服装工厂为其代工生产，并未形成明显的技术壁垒。

（三）产品同质化严重，供应链亟须完善

受全球经济环境影响，国内体育制造业下行压力较大，普遍面临同质化

产品竞争问题。像威海市、德州市等区域虽已经形成体育产业集群，但业内企业间产品同质化严重，导致行业竞争压力较大，进而导致一系列发展问题的出现。

产业链条中上游的钢材、管件产业和下游的五金配件业、物流业，专业市场发展不完善，产业链条的断缺，增加了企业发展的成本，降低了企业市场竞争力。目前除了在青岛市、威海市和德州市建有专业体育用品市场外，其他企业生产产品的主要原材料还需到省内外其他地区采购。

四 典型案例分析

（一）德州市体育装备制造产业集群

山东省拥有规模以上体育用品制造业相关企业超过 20 家的地市共有 3 个，分别是青岛市（51 家）、德州市（37 家）与威海市（24 家），其拥有的规模以上企业数量占山东省总数的近 2/3。德州市不同于经济基础雄厚的青岛市与威海市，地区 GDP 总量在全省排名中并不占优，但体育用品制造业发展程度却位居山东省前列，因此本案例以德州市体育用品制造产业集群为主要内容进行分析。

1. 发展态势分析

德州市被国家发改委、国家体育总局确定为全国第一批体育产业联系点城市，全市拥有产品制造、健身休闲、竞赛表演、培训、中介、医疗保健等行业 20 多个门类。到 2017 年底，德州市体育产业总产值近 400 亿元，列全省第二位；从业人员超过 10 万人，泰山体育、康纳斯、迈宝赫、大胡子等体育制造企业已发展为国内外知名企业。德州市 37 家规模以上企业，基本都是以体育器材与健身器材制造为主要业务。

近年来，德州市不断优化体育产业顶层设计，2016 年修订完成的《德州市体育产业发展规划（2016～2020 年）》将德州市体育产业建设发展的空间布局为"一核、两翼、多基地"。"一核"是指以德城区、运河经济开发区和经济技术开发区为核心,打造集孵化、研发、展示、会展、配送等服务于一体的"国家体育科技创新示范市"。"两翼"包括宁津县、乐陵市、庆云县组成的体育用品产业带和陵城区、平原县、武城县、夏津县组成的户外休闲带。依托乐陵市国家级体育产业基地的产业优势,辐射宁津县和庆云县,形成从西到东的产业聚集区,承接京津冀和济南市体育产业先进成果。"多基地"指的是以临邑县、乐陵市为核心,打造健身器材生产基地、健康养老体育产业基地、户外休闲等基地。

2. 发展特点分析

德州市体育科研平台档次和数量居全国前列。全市国内高端科技体育产业研发中心4个,国家新型健身器材产业技术创新战略联盟是科技部正式批准的国家级创新战略联盟,"中国驰名商标"1件("泰山"商标),中国名牌产品3件(泰山牌田径竞技器材、泰山牌专业竞技举重杠铃、泰山牌体操器械),国家免检产品1件(泰山牌足、篮、排球系列体育用品),还有120多种器材通过了国家奥委会及其他专项专业认证。通过室外健身器材国体认证的企业5家,占全国的22.7%。

德州市体育制造业集群基础雄厚。全市规模以上企业37家,其中国家、省级高新技术企业11家,国家、省级体育产业示范单位3家(见表2)。

表2　德州市37家规模以上体育用品制造企业一览

单位名称	注册地	主要业务	注册资本(万元)	实缴资本(万元)	高新技术企业	示范单位
山东泰山体育器材公司	乐陵	研发、生产销售体育器材、康复器械、室内外健身器材	5000	5000	是	国家
乐陵市友谊体育器材有限责任公司	乐陵	体育器材、健身器材生产销售	2000	2000	是	省级
盛邦体育产业集团	经开区	体育器材及配件、拆装式游泳池、仿真冰板生产销售	2000	2000	是	省级
飞乐克斯(山东)体育有限责任公司	乐陵	研发、生产、加工多功能运动垫	600	600	是	
山东迈宝赫健身器材有限公司	宁津	室内健身器材生产销售	1000	1000	是	

续表

单位名称	注册地	主要业务	注册资本（万元）	实缴资本（万元）	高新技术企业	示范单位
山东美能达健身器材有限公司	宁津	室内健身器材生产销售	1000	940	是	
山东宝德龙健身器材有限公司	宁津	室内健身器材生产销售	5000	5000	是	
山东布莱特威健身器材有限公司	宁津	健身器材及配件、体育用品、医疗康复器械、电子元件加工、销售及相关产品的进出口业务	1000	1000	是	
德州起源塑料制品有限公司	陵城	仿真冰陆地冰壶滑道、高分子仿冰厂、仿真冰训练器材生产销售	1000	1000	是	
山东华奥塑业有限公司	陵城	仿真冰壶场地及器材生产销售	1000	1000	是	
山东好家庭公共体育设施制造有限公司	德城	体育器材、室内外健身器材	500	500	是	
山东鲁庆体育器材有限公司	庆云	体育器材、室内外健身器材、健身路径器材	6000	6000		
庆云翔跃体育器材有限公司	庆云	健身器材及配件生产销售	6000	6000		
山东五岳体育器材有限公司	庆云	体育器材、数字化多媒体教学设备	5180			
德州德邦体育器材有限公司	武城	体育器材、教具生产销售	5008	1210		
山东沧海体育产业有限公司	庆云	体育器材、室内外健身器材、健身路径器材	3680	500		
山东庆云国键教学设备制造有限公司	庆云	体育器材、室内外健身器材	3230			
庆云海华文体设备制造有限公司	庆云	体育器材、教学仪器、音美器材、娱乐器材、劳技器材、实验室设备、多媒体配套设备	3188	3188		
山东奥翔文体设备有限公司	庆云	体育器材、室内外健身器材、健身路径器材	3180			
山东博林文体器材有限公司	庆云	健身器材及配件生产销售	3180	3180		

单位名称	注册地	主要业务	注册资本（万元）	实缴资本（万元）	高新技术企业	示范单位
山东德州津龙体育器材有限公司	庆云	体育器材、室内外健身器材、健身路径器材	3100	3100		
山东冀鲁体育器材有限公司	庆云	体育器材、室内外健身器材	3080	3080		
山东盛茂文体器材有限公司	庆云	体育器材、体质测试设备、健身器材	3008	3008		
山东森远金属制品有限公司	庆云	体育器材、机械设备、健身器材	3000	3000		
乐陵市五环体育器材有限公司	乐陵	体育器材、帐篷	2600			
山东庆云天宏体育器材有限公司	庆云	体育器材、室内外健身器材、健身路径器材	2180			
山东利生文体用品有限公司	庆云	体育器材、机械设备、健身器材	2102	2102		
山东庆云金龙体育器材有限公司	庆云	体育器材、室内外健身器材、健身路径器材	2020	2020		
山东瀚亿文体器材有限公司	庆云	体育器材、室内外健身器材	2016	2016		
山东瑞世达体育器材有限公司	庆云	体育器材、健身器材、路径器材、体质测试器材	2008			
山东永泰体育用品有限公司	齐河	体育用品、健身器材	2000	2000		
山东罗赛罗德健康产业有限公司	宁津	室内健身器材生产销售	2000	418		
山东琳赛健身器材有限公司	宁津	室内健身器材生产销售	2000			
山东天展健身器材有限公司	宁津	室内健身器材生产销售	2000	2000		
山东瀚德鑫健身器材有限公司	宁津	室内健身器材生产销售	2000	300		
山东盛原龙甲户外纺织科技有限公司	平原	运动服装生产	2000	2000		
山东蓝天体育器材有限公司	庆云	健身器材及配件生产销售	2000	2000		

资料来源：课题组整理。

3. 市场供需分析

近年来德州市重点打造三大体育用品制造基地，紧紧跟随市场宏观趋势与细分产品消费需求，构建体育用品特色供给体系。

一是依托乐陵市优势企业打造竞技体育用品供给基地。乐陵市被命名为国家体育产业基地，拥有泰山集团、友谊体育器材公司等世界著名体育制造企业。泰山体育产业集团作为国家制造业单项冠军示范企业，拥有7个国家级研发平台，900余项授权专利，参与制定了40余项行业标准，累计服务1000余次大型赛事，共有智慧体育整体解决方案、全球体育赛事器材供应、人造草坪运动面层生产、专业竞技运动自行车生产及赛事服务等六大产业，是奥运会最大器材供应商。友谊体育器材有限公司是全球六家之一、中国唯一运动比赛射箭供应商，产品被确认为国际赛事指定产品，远销世界各地。泰山体育产业集团、友谊体育器材公司连续多次为奥运会、世锦赛、亚运会、全运会等大型赛事供应体育器材。

二是以宁津县为中心打造全国商用健身器材产业基地。宁津县被中国轻工联合会授予"中国健身器材产业基地"称号，迈宝赫、宝德龙、大胡子三家公司占全国市场份额的70%，其中迈宝赫公司已研发430余个品种的商用健身器材产品，服务全国2万余个健身俱乐部及健身工作室，销售到全球100余个国家及地区，连年入选中国商用健身器材十大品牌。

三是以庆云县为中心打造全省体育健身路径生产基地。2019年庆云县将体育产业列为全县九大产业之首，全力将体育产业培育为县域支柱产业和幸福产业，倾力打造体育产业新高地。目前，已扶持集聚了50多家体育器材制造厂家，产品由最初的田径、路径器材，发展到十大系列上千个品种，其中40%的产品远销22个国家和地区，营销网点100多个城市，拥有专业销售人员5000余名、产业工人7000余名，打造了技术领先、链条完善、市场广阔的体育产业集群，发展势头强劲。

（二）嘉祥手套产业集聚区

作为山东省体育产业示范基地，嘉祥手套产业起源于20世纪80年代，具有相对深厚的产业基础，近年来更是依靠科技创新，引领行业标准制定，形成了产业的品牌集聚效应，产业链条日趋完整。在解决了本地百姓就近就业后，嘉祥手套产业集聚区积极参与援疆扶贫，深度融入国家"一带一路"倡议，展现了基本的责任与使命。

1. 基本情况

嘉祥手套产业集聚区位于济宁市嘉祥县，依托"总部＋卫星工厂＋农户"的发展模式，主要生产销售滑雪手套及相关产品，先后被授予"中国手套名城""中国产业集群品牌50强""山东省体育产业示范基地"等荣誉称号，现已形成集群化产业格局。

集聚区吸纳劳动力容量大。该产业作为典型的劳动力密集型行业，促进了百姓就地、就近就业。手套产业带动上下游配套企业30家，手套加工及相关产业就业10万余人，全县拥有手套生产加工企业190家，年产手套9000多万双。

产业供应链和价值链条完整。嘉祥县冰雪手套产业科研服务机构健全，拥有手套研发中心、华兴手套技术服务中心等五大服务机构。其中，嘉祥华兴手套技术服务中心先后被授予"山东省中小企业公共服务平台""济宁市运动手套工程技术研究中心"等荣誉称号。产业链条趋于完整，除面料外其他配套的辅料在本地区均能买到，带动辅料生产、设备供应、物流等配套企业60余家，形成了以嘉祥为中心，辐射带动周边区域体育产业发展的产业集群。

产品市场前景较为广阔。2022年冬奥会在我国举办，将会增加百亿元人民币的市场空间。国家大力推广扶持冰雪运动项目，越来越多的冰雪爱好者参与冰雪运动，有力推动"三亿人参与冰雪运动"目标的实现。国外市场方面，欧、美、日等发达国家约有1亿人是冰雪运动爱好者，拥有100亿美元的市场容量。集聚区冰雪手套产品销往欧美、日本等30多个国家和国内50多个主要城市，国内市场占有率62.6%，国际市场份额占全国滑雪手套出口的76.4%，是国内产销量最大的专业化生产基地。

推动扶贫助残事业发展。手套产业作为劳动密集型产业，有利于参与扶贫助残事业。2019 年，手套产业产值总规模 23 亿元，促进农民增收 9 亿元，产业增加值占地区生产总值的 4.33%，成为群众脱贫攻坚、促进乡村振兴的支撑产业。济宁天久工贸有限公司作为山东省体育产业扶贫助残企业代表，于 2019 年 8 月被中共山东省委、省政府授予"山东省助残先进集体"，公司生产车间被省人社厅授予"省级示范就业扶贫车间"，公司董事长李宪庆 2019 年被人社部授予"全国自强模范"称号。

2. 做法与成效

（1）持续政策倾斜和资金扶持。嘉祥县委、县政府高度重视手套产业发展，制定《嘉祥县手套产业"十三五"发展规划》《关于加快手套产业发展的意见》《嘉祥县扶持手套产业发展实施方案》。县财政出资 500 万元用于人才培养与吸引、技术创新与发展、品牌建设与运营等。截至目前，县财政累计出资达 3800 万元；成立了嘉祥县手套研发中心、嘉祥华兴手套技术服务中心，以及嘉祥冠运利担保公司、嘉祥先锋物流中心等。

（2）加强产业集群和规模管理。根据本地区实际情况和产业发展特点，嘉祥县手套产业采取"总部 + 卫星工厂 + 农户"的经营管理模式。为确保管理质量，采取"三个统一"的管理模式。一是统一送取：公司将手套面料等材料派专车送到卫星工厂或者农户家中，订单完成后，企业再派专车取回公司。二是统一标准：公司对卫星工厂员工进行培训，提供产品加工标准，提出产品加工质量要求。三是统一订单：企业签订订单后，再分配给农户，消除了农户、贫困户产品销售后患和利益隐患，形成了"城区龙头企业集聚、乡镇驻地设厂、农村农户设点"的发展态势。

（3）规范行业标准和培育品牌。嘉祥县规范了滑雪手套行业标准的制定与申报工作，从生产工艺、产品标识、运输包装等方面进行科学规范。2008 年嘉祥县制定的滑雪手套行业标准被确定为《山东省滑雪手套行业标准》。2017 年 4 月，工信部颁布由该县山东建华中兴手套股份有限公司参与制定的滑雪手套行业标准，标准的"制定、实施、修订"是推动科技"创新、应用、再创新"的过程，可以有效助推产业创新，引领行业技术进步。

在推进手套产业集聚的过程中，新产品、新工艺的研发注重利用自动化和信息化技术改造提升传统产业，使用的主要技术有滑雪手套设计技术、CAD打板技术、激光切割技术，其中专业使用先进的 CAD 打板技术、高精尖端的自动化电脑裁床，涉及产品均居同行业先进水平。研发技术中心共取得国家专利 50 余项，研发手套新产品 600 多个，其中，山东建华中兴手套股份有限公司研发的滑翔机手套，已经通过山东省科技厅、山东省经信委组织的科技成果鉴定，处于国际先进水平，并于 2014 年获得"山东省企业技术创新奖"一等奖。基地先后培育了万源、NETTEX、燕阳、SUNTEX 等 20 余个自主品牌。

（4）强化协作配套和产业链条。规划 300 亩的原料产业园，动员 9 家龙头企业注册成立山东恒祥手套有限公司，积极打造手套企业集团，加快推进面料、辅料、包装物等配套项目建设，先后建立一批海绵、衬布、辅料和包装物等生产加工企业，满足了手套产业发展的原料需求。以面料产业园带动的区域辐射作用不仅促进了本地区辅料生产、设备供应、物流等上下游配套产业的发展，同时还带动江苏、浙江、上海等地区运动制品所用面料生产商的发展。近年来，济南市，泰安市，邹城市，济宁市北湖区、嘉祥县等地纷纷建设了滑雪场并大量使用了该县及周边县生产的体育用品，在一定程度上推动了周边地区冰雪运动的开展，促进了滑雪运动服务业的发展。

（5）深度响应国家"一带一路"倡议。该县手套企业积极践行省委、省政府产业援疆政策，2014 年 5 月，山东建华中兴手套股份有限公司在新疆喀什成立喀什中兴手套有限公司，现有员工 1500 余人，建设了英吉沙县乃至喀什地区手套产业链生产基地，为打造丝绸之路经济带和新疆"百万人就业工程"的目标实现做出了积极贡献。时任中共中央政治局常委、全国政协主席俞正声两次亲临基地考察指导。2019 年，以山东建华中兴手套股份有限公司手套产业援疆为主题的公益宣传片《古丽的中国梦》在中央电视台各频道陆续播出，提升了企业的形象，企业得到了社会的认可。未来要充分借助英吉沙的地理优势，加强与新疆英吉沙县合作，继续引导嘉祥手套产业在英吉沙布局设厂，加快产业升级。

3. 发展规划与思路

（1）总体目标。围绕打造"中国滑雪手套之都"的总体目标，力争在

"十四五"期间，使嘉祥县成为整合全球滑雪手套资源的中心平台，建设以嘉祥县区域品牌为核心的自主营销渠道，形成滑雪手套全球供应链控制中枢。同时，积极引导现有手套及滑雪服生产企业，扩大产业链条，积极打造滑雪服、羽绒服品牌，使嘉祥县成为国内外知名手套品牌、滑雪服品牌、羽绒服品牌的滑雪制品研发和制造基地。

（2）具体目标。

①经济目标。到 2025 年，规模以上企业达到 30 家，企业总产值、增加值分别达到 40 亿元、15 亿元，年增幅均达到 10% 以上。

②技术目标。建成省级以上企业技术中心 2 个以上，市级技术中心 6 个以上，研发投入比例提高 10 个百分点。

③品牌目标。提高中国手套名城、山东十大影响力产业集群等区域品牌影响力。培育具有国际影响力的手套品牌 3 个，新增手套产品注册商标 10 个以上。

五 体育用品制造业发展策略及建议

（一）强化自主源头创新，加强创新人才培养

鼓励体育龙头企业积极建立研发中心，打造行业创新联盟。提高福利待遇，加大高素质人才引进力度；培育创新型人才，加大人力资本投资力度。主动探索与高校、科研院所合作的人才培养模式，鼓励符合企业需要的相关专业学生入企实习，按照企业需求进行培养，提升企业的科研实力，补充后备人才。完善人才激励机制，对相关人才进行适当政策保障与倾斜。完善人才考核办法，优化人才评价机制，增加创新性成果的评价权重，鼓励人才创新。

（二）强化政策扶持引导，支持企业升级转型

政策扶持是体育用品制造业转型初期尤为重要的引导要素。从新一轮全

球竞争趋势及各国政府采取的策略看，政府引导产业发展已经成为国家主要工具选项。体育用品制造业相关政策的着力点是在当前更加特定的理论情境和现实环境下，为市场主导的产业发展提供服务，帮助企业更好地直面市场竞争的挑战。这就要求体育产业政策必须实现合理的设计和实施，确保政策方向上不出偏差、力度上恰到好处、节奏上精准适度。除了保持宏观政策的稳定性和连续性之外，还要发展体育产业的各类财政政策、货币政策与其他政策的协调配合，进而激活政策的协同效应。通过强化政策创新，进一步加速制造业服务化趋势下体育用品制造企业自身创新能力的形成。

依托政策效力，充分发挥劳动力成本上升对行业转型升级的"倒逼"作用机制。劳动力成本是我国体育用品制造业生产成本的重要组成部分。随着中国经济发展水平的快速增长，社会人口结构的不断演变，山东省城镇居民工资水平已由改革开放初期的566元/年增长至2018年的75125元/年。体育用品制造业用工成本的上升已是必然趋势。在依靠劳动力人口比较优势的同时，可以居民工资水平上涨为契机，倒逼中国体育用品制造业加大转型升级力度，从而通过提高行业整体竞争力来应对劳动力成本上升的压力，逐步使我国体育用品制造业转向创新驱动发展模式，完成产业升级。

（三）着力塑造自主品牌，完善营销服务链条

尽管山东省部分体育用品制造企业拥有自主品牌，但在产权保护方面做得还不够，大量低端仿制品流入市场，需要政府有关部门深化市场规范性，进而依托品牌效应提升体育产品供给质量，优化体育产业供给结构。在供给侧改革大背景下，加强市场监督，完善市场良性竞争，保障自主品牌发展，针对中小型企业来完善关于知识产权与品牌保护的相关制度。还应转变山东省体育制造业运营理念，打造自身品牌，融入山东地域特点和传统文化因素，增强产品品牌依附力。

（四）加强产业集群合作，提升行业整体竞争力

良性的产业集群系统有利于构建产业链条、降低要素成本和塑造区域品牌，可以显著提高区域行业集群的整体竞争力。山东省各市应围绕本地区有一定基础的体育用品制造企业，立足于本地优势资源，围绕体育制造核心产业链促进要素聚集，通过建链、补链、强链等一系列步骤，做强做大本地体育制造产业链，吸收配套产业链，演进为纵向成链、横向成群、区域大循环且具有综合优势的产业集群。大量的中小企业聚集在同一区域，由于企业聚集发展，市场规模较大，也便于形成和扩大营销网络，降低单位营销成本，并逐步形成地方特色，继而吸引大量的供应商和用户，并且形成专门人才市场。

市场主体的科学集聚对于提高品牌形象宣传成效具有重要意义，有助于加快形成"区域品牌""集群品牌"。随着集群产品竞争力的提高，原产地在消费者心中转换成优质产品的替代符号，如"德州体育用品制造业集群"就是国内高质量体育器械生产的代名词，这就是产业集群的品牌优势，这种优势就可以为集群内体育用品制造企业共享。

参考文献

国家统计局：《体育产业统计分类（2019）》（国家统计局令第 26 号），2019 年 4 月 1 日。

山东省体育局、山东省统计局：《2015 年山东省体育产业规模及增加值数据的公告》，2017。

山东省体育局、山东省统计局：《2016 年山东省体育产业规模及增加值数据的公告》，2017。

山东省体育局、山东省统计局：《2017 年山东省体育产业规模及增加值数据的公告》，2018。

山东省体育局、山东省统计局：《2018 年山东省体育产业规模及增加值数据的公告》，2020。

马婷：《山东省体育用品制造业转型升级研究》，曲阜师范大学硕士学位论文，2018。

孙洪魁：《泰山体育产业集团发展战略研究》，山东大学硕士学位论文，2012。

冯朝文：《山东省体育用品制造业的 SWOT 分析》，山东体育学院硕士学位论文，2015。

陈颐、刘波：《劳动力成本上升对中国体育用品制造业转型升级的影响研究》，《天津体育学院学报》2020 年第 3 期。

朱华友、夏磊、戴艳：《我国体育用品制造业创新能力差异及收敛性分析》，《西安体育学院学报》2020 年第 2 期。

刘骏峰：《我国体育用品制造业集聚机理研究》，华侨大学硕士学位论文，2017。

2018~2020年山东省体育竞赛
表演业发展报告

崔丽丽　刘远祥　秦东海*

摘　要： 近年来，山东省体育竞赛表演业逐步走上正轨并发展成为山东省体育产业不可或缺的核心业态。本文采用实证分析法等多种方式，在对山东省体育竞赛表演业现状及问题分析基础上，提出了强化办赛承载能力和人才支撑，引导促进体育竞赛市场消费，打造高端体育赛事品牌体系，加快体育赛事职业化发展步伐等对策建议。

关键词： 体育竞赛表演业　示范单位　山东省

2016年7月，国家体育总局发布《体育产业发展"十三五"规划》（以下简称《规划》）。《规划》明确将体育竞赛表演业作为重点发展行业。为贯彻落实《规划》的一系列计划和意见，积极响应国务院和国家体育总局号召，山东省体育局、山东省发改委联合印发了《山东省体育产业发展"十三五"规划》，提出以新技术、新产业、新业态、新模式"四新"经济，促进产业智慧化、智慧产业化、跨界融合化、品牌高端化"四化"水平不断提升。

体育竞赛表演业，又称体育赛事产业、体育竞赛产业等，是一种以运动

---

* 崔丽丽，山东大学体育学院教授，博士生导师，齐鲁青年学者，研究方向为体育产业、体育社会问题的诊断与控制；刘远祥，山东体育学院教授，硕士生导师，研究方向为体育消费、体育产业经济与管理研究；秦东海，山东师范大学体育学院2018级硕士研究生，研究方向为体育产业。

竞赛为核心的竞技体育业态,其以活动形式提供服务,体现运动竞赛活动所具有的观赏价值和竞技价值。《体育产业统计分类(2019)》将我国体育竞赛表演活动分为职业体育竞赛表演活动和非职业体育竞赛表演活动,包含了职业体育赛事活动的组织、宣传、训练、职业俱乐部和运动员展示、交流等活动,以及公益性质的非职业或业余体育赛事活动的组织、宣传、训练、展示、交流等活动①。

一 体育竞赛表演业的行业特征

(一)无形资产比重较高

体育竞赛表演业从业企业或俱乐部公司的资产配置在类型和结构方面具有很强的特殊性。以职业足球俱乐部为例,其主要经营内容是以竞赛表演服务为核心的无形资产的开发,可开发的无形资产有俱乐部冠名权、注册电视或网络转播权、场地广告、队服广告、球队知名球星广告、运动员人力资本以及俱乐部标志等。

(二)营销模式丰富多样

体育竞赛表演业销售模式以直销为主,有少许代销,销售分为线上与线下,销售内容主要包括门票、赛事周边产品、广告和转播权等。

(三)运营模式泛 IP 化

不同于传统服务业,新兴赛事主办方与俱乐部更为重视自身形象与赛事 IP 品牌维护。对于体育竞赛表演品牌的运营来说,最重要的是取得良好的比赛成绩,提高赛事 IP 含金量,这是吸引观众、赞助商和商务合作的关键。另外,要打造健康正面的俱乐部或赛事品牌形象,注重竞赛表演的文化建设,如俱乐部的球迷看台文化、赛事品牌的广告服饰等。在互联网时代,体

---

① 国家统计局:《体育产业统计分类(2019)》(国家统计局令第 26 号),2019 年 4 月 1 日。

育赛事表演运营模式更加偏向娱乐产业，利用微博、微信公众号等互联网媒介对赛事赛程、明星运动员与场下花絮新闻进行报道与宣传，提高体育赛事表演品牌或俱乐部用户黏性。

二 山东省体育竞赛表演业发展现状

（一）产业总量逐步扩大，规模增速明显

山东省作为我国东部大省，自改革开放以来竞技体育水平位居全国前列，体育竞赛表演业也逐步走上正轨并发展成为山东省体育产业中不可或缺的核心业态。

2015～2018年山东省体育竞赛表演业总产出与增加值统计数据显示：2015年山东省体育产业总产出1980.79亿元，增加值606.74亿元，其中体育竞赛表演业总产出23.14亿元，占比1.2%，增加值12.59亿元，占比2.1%；2016年山东省体育产业总产出2292.18亿元，增加值704.08亿元，其中体育竞赛表演业总产出44.18亿元，占比1.9%，增加值26.30亿元，占比3.7%；2017年山东省体育产业总产出2348.01亿元，增加值770.41亿元，其中体育竞赛表演业总产出98.83亿元，占比4.2%，增加值62.43亿元，占比8.1%（见表1）。

表1 2015～2018年山东省体育竞赛表演业总产出与增加值

年份	总量（亿元）		结构（%）	
	总产出	增加值	总产出	增加值
2015年	23.14	12.59	1.2	2.1
2016年	44.18	26.30	1.9	3.7
2017年	98.83	62.43	4.2	8.1
2018年	8.82	4.37	0.4	0.5

注：2018年数据根据第四次全国经济普查结果核算，只统计了俱乐部与运动员展示与交流活动方面产出，体育票务代理服务、经纪服务与竞赛转播服务等产出未统计在内，因此与上列2015～2017年数据不可比。

资料来源：根据山东省体育局、山东省统计局：发布的2015～2018年《山东省体育产业规模及增加值数据的公告》整理获得。

（二）办赛数量井喷，区域特色显著

据不完全统计，2019 年山东省共举办省级以上赛事活动 339 项（济南未统计），其中国际赛事 49 项，占赛事总数量的 14.45%。国际 A 类赛事 3 项，B 类赛事 5 项，C 类赛事 41 项。从 2019 年山东省 16 市举办不同类别国际赛事次数统计数据（见图 1）可以看出，经济发展水平较高的青岛市、烟台市等地所承办的国际赛事在数量和级别上均居全省前列，而德州市、聊城市等并未承办国际级比赛。

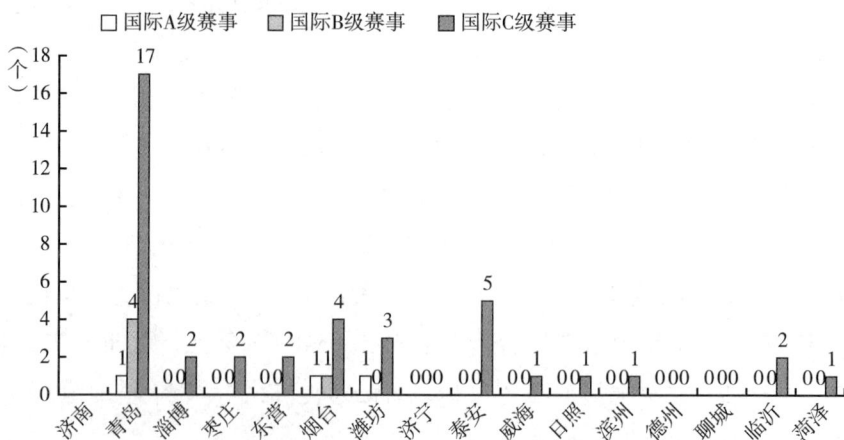

图 1　2019 年山东省 16 地市举办不同类别国际赛事次数统计

资料来源：课题组整理。

数据统计显示，除日照市、枣庄市外，体育赛事的举办几乎随着地区生产总值的高低而变化。地区的经济实力越强，区域内所承办的赛事就越多；地区经济实力越弱，区域承办的赛事越少。这在一定程度说明举办赛事的数量、规模与城市经济发展水平成正相关性，即经济发展越快，承办的赛事数量越多、规模越大。通过对比经济实力较薄弱的日照市、枣庄市等地的峰值可以发现，这两个区域均为旅游目的地城市，良好的旅游和生态环境为城市赢得更多的体育赛事举办。同时，体育赛事的举办也促进了城市经济和社会效益提升。

（三）赛事培育初见成效，品牌影响逐步扩大

山东省各地市紧密结合传统体育项目和资源禀赋优势，培育了莱芜国际航空节、淄博"起源地杯"国际足球邀请赛、济南国际泉水冬泳赛等一批本土国际品牌赛事。济南市、青岛市、日照市、滨州市等地加快布局高端品牌赛事，2019年分别承办了国际泳联游泳世界杯济南站比赛、世界休闲体育大会、中国围棋大会和国际公路自行车赛。

（四）产业耦合效应显著，辐射带动能力增强

体育竞赛表演与文化、旅游、会展、商贸等业态加速融合，第32届泰山国际登山节投资合作洽谈会集中签约50个项目，总投资1720亿元，其中符合新旧动能转换重点发展的"十强"产业项目占到72%。2019年举办的青岛世界休闲体育大会横跨6个月，陆续举办20余项赛事活动，促进当地经济、文化、旅游等产业协同发展。烟台葡萄酒马拉松、菏泽牡丹园马拉松、枣庄石榴园马拉松等对当地特色产业起到了重要的宣传推介作用。

体育竞赛表演业作为体育产业的重要业态，具有极强的产业耦合能力，其中最为突出的就是"竞赛+旅游"这一产业组合。山东省各市根据自身地域优势，积极推动体育产业与旅游产业的互动融合发展。2019年中国（日照）国民休闲水上运动会，共设17个大项208个小项，各项赛事参赛人数创造新纪录，带动超百万人次参与体育赛事活动。大型体育赛事贯穿3月份到11月份，比赛地点在日照市各大旅游景区和中央活力区，极大地促进了体育旅游发展。2019年9月7日由泰安市人民政府主办的全国全民健身登泰山万人徒步行，有力带动了旅游、住宿、餐饮、娱乐行业消费，折合人民币约为1亿元。

（五）平台体系逐步健全，发展环境持续优化

自2013年设立省级体育产业发展引导资金以来，累计投放近2亿元，先后重点支持了泰山国际登山节、威海国际铁人三项赛、黄河口（东营）

国际马拉松赛等赛事活动，有效提升了赛事品牌价值、规模，丰富了赛事内容。2019 年共支持 12 项重点赛事活动，有效撬动了社会资金投入体育赛事。与山东产权交易中心联合设立山东体育产业资源交易平台，与山东广播电视台联合设立山东体育产业公共服务平台，拓宽行业合作渠道，共同搭建开放共赢的综合产业发展平台。通过组织平台发布、赛事推介会、高端体育论坛和峰会等形式，发布体育赛事资源交易信息。启动山东省2019 年十大精品赛事评选活动，发挥精品体育赛事活动的引领、带动、辐射作用。成立山东体育产业研究院、筹建山东体育产业协同创新中心等智库平台。

三　体育竞赛表演业发展的问题与不足

（一）行业规模有待扩容，区域性差距明显

一直以来，由于城市经济实力、城乡比例、人口素质、体育人口、地理位置和政策支持力度等存在诸多差异，体育竞赛表演业在山东省发展的不平衡现象较为突出。济南市和烟威青地区属于经济发达区域，具有较雄厚的经济基础和多元的投融资渠道，有利于推进城市体育基础设施建设，体育竞赛表演业发展明显快于其他城市。反观鲁西北地区，经济发展较为落后，产业结构以农业与轻工业为主，而体育竞赛表演业恰恰是与经济基础密切相关的一个产业形态，所以该区域体育竞赛表演业发展与省内经济发达区域的差距较为明显，总体相对滞后。

山东作为体育强省，在赛事的承办上在全国名列前茅，赛事的级别也稳步提高。2019 年山东省承办国际赛事 49 次，已形成了黄河口（东营）国际马拉松赛、潍坊国际风筝节、泰山国际登山节等一批自主特色品牌赛事，但同时存在品牌赛事数量少、缺乏品牌赛事引领，企业自主创新能力不强、研发投入力度不够，赛事规模小、品牌附加值低等问题。另外，伴随经略海洋与海洋强省建设的推进，沿海地市海洋赛事蓬勃发展，但与此同时，西部地

区体育竞赛表演产业发展较为滞后，无论是在理念、活动数量和规模，还是运作机制的探索和完善等方面，区域发展差异十分明显。

在体育赞助价值评估课题组评选的 2019 年中国最具赞助价值的 100 项体育赛事中，国家级占 39 项，北京市占 17 项，上海市占 22 项，广州市占 5 项，深圳市占 9 项，成都市 8 项，山东省 0 项。在 2019 年最具赞助价值的马拉松单项赛事评选中，山东省入围 5 项，江苏省入围 17 项，浙江省入围 8 项，广东省入围 7 项（见图 2）。从 2019 年四省最具赞助价值马拉松赛事入围数量可看出，山东品牌赛事数量较为稀缺。

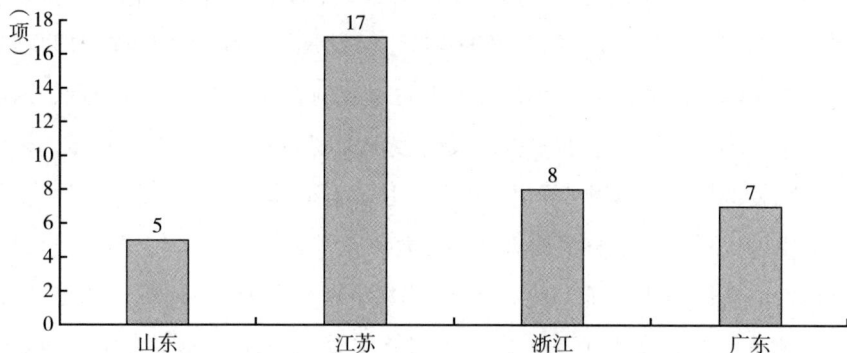

图 2   2019 年四省最具赞助价值马拉松赛事入围数量

资料来源：课题组整理。

（二）有效供给有待强化，缺乏高端品牌赛事

体育竞赛表演产业的核心属性是竞赛性，比赛的竞技水平越高，对抗程度越高，观赏性越强，吸引力也就越强，越有利于产业的发展。反之，如果没有高竞技性的属性特点，体育赛事就会失去观赏价值，没有发展活力，成为孤芳自赏的无源之水、无本之木。2019 年，济南市承办国际泳联游泳世界杯济南站比赛，赛前一周门票即已售罄，日照市承办中国围棋大会，观摩大会、参与大会的群众超过 5 万人次，主要原因就是一线明星加盟赛事活动。尽管近年来山东省体育赛事活动井喷式发展，但是普遍存在竞赛水平较

低、赛事规模偏小、没有形成赛事体系的问题，诸如世锦赛、世界杯等竞技水平高、品牌价值大、市场前景广的大型单项体育赛事少之又少。从调研情况看，全省还没有稳定的国际高端品牌赛事，大众可选择的能够满足个性化需求的体育消费项目不多。个别赛事活动甚至出现报名人数过少，为充场面、撑门面，高价请选手、花钱请观众的情况。低效无效体育竞赛表演产品供给盛行，有效供给严重不足，导致供需错位。

（三）消费习惯有待培育，消费驱动能力不足

经济增长和个人收入持续提升是繁荣体育市场、促进体育消费的基本前提和重要保障。人均 GDP 超过 3000 美元时，是居民消费结构转型的临界点，呈现从降低物质需要向满足服务消费过渡的特征。调查研究显示，现阶段无论年龄的大小、收入的多少以及受教育程度的高低，体育消费结构依旧以购买服装鞋帽等"实物型"为主，而用于购买体育比赛门票的观赏型体育消费比重偏低。一部分消费者还固守着无偿消费的心理，付费观看电视体育节目的习惯也尚未形成。另外，公众体育消费意识不够强，"花钱看比赛"的体育消费观念尚未真正确立。国外体育发达城市经验表明，随着城市经济的发展，服务型消费将成为体育消费的主流。在当前经济下行压力大的情况下，扩内需、保增长的任务很紧迫，体育消费作为新型消费还有很大的潜力，能够为扩内需做出更大的贡献，但需要通过进一步的供给侧改革和需求侧培育引导，释放体育消费潜力。

（四）中介组织有待健全，赛事人才短缺

从欧美等发达国家的体育竞赛表演业发展历程来看，随着体育赛事规模和水平的提升，体育赛事中介机构会逐步增多与活跃。体育中介可以匹配市场的供需双方、提高并保障交易进行，进而优化体育资源配置，扩大体育市场规模。一般认为，体育中介数量的多少与质量的高低是判断竞赛表演市场是否成熟的依据。而当前阶段山东省体育中介机构数量少、规模小、经营程度不高，市场环境有待优化，中介机构在推销体育赛事产品、提供咨询与宣

传等营销活动中的优势并未显现，一定程度上也影响了体育竞赛表演产业的市场开发程度。

体育竞赛表演赛事的运作、职业体育俱乐部的运营等都离不开一批既懂经济管理又具备专业体育知识素养的体育产业经营与管理人才。人才是突破产业整合瓶颈、促进产业链整合的重要因素。目前山东省绝大多数体育项目的运动员职业化素养不高，特别是缺少拥有高水平竞技能力和卓越表现能力的体育明星，项目梯队培训体系不完整，"断档""断层"问题比较严重。所调研的体育竞赛表演产业的经营实体也呼吁应该大力培养综合素质较高的复合型人才。除少数如中超、CBA等顶级联赛所属俱乐部和职业化程度较高的竞赛组织，因赛制周期长、俱乐部财力充沛等原因可长期聘用专业竞赛组织与管理人才、职业运动员与教练员，大多数竞赛表演多为临赛前短期雇佣社会人员或招募志愿者，虽然可以减少办赛支出，但办赛人员专业素质参差不齐。随着赛事的市场化运作程度不断提高、赛事运作环境的复杂化以及赛事规格的提高，赛事运作对相关人才的要求越来越高，缺少既有组织管理现代重大活动的丰富知识和经验，又有对体育及赛事的深刻认识和理解的复合型人才，是制约山东省乃至全国体育赛事运作水平提高的一个重要因素。

（五）办赛成本有待降低，赛事收入来源单一

《国务院办公厅关于加快发展体育竞赛表演产业的指导意见》（国办发〔2018〕121号）提出：要发挥社会力量，降低办赛门槛，减少办赛支出。但目前相关政策落地执行相对迟缓，当前社会力量举办中大型体育赛事，要与场馆租赁方、安保消防急救方、电视转播方及赛事赞助方等多方协调，还需要向政府主管部门报备，需要政府主管部门审批，导致办赛成本居高不下。

竞技体育赛事的主要收入来源有三大类：比赛日收入、转播权收入与商务合作收入。山东省体育竞赛表演业起步晚，市场发展不成熟。虽然社会组织与爱好者办赛热情高涨，但该行业市场化运行机制并不健全。赛事的推广

与运营主体中有很大一部分是国企、事业单位或官方背景的协会，其运营成本主要依赖政府财政拨款或赞助商大额赞助，自身盈利能力较弱，缺乏市场意识与经营意识，不重视观众需求。

转播权收入、商务合作收入、比赛日收入通常呈现出 4∶3∶3 或 5∶3∶2 的营收占比格局。像英超、NBA 等顶级体育赛事，转播权收入占比一般在 40%~50%。与之不同的是，我国的体育赛事收入基本来自赞助收入，占比 70% 以上，转播权收入占比通常不超过 10%，个别赛事甚至需要赛事主办方向转播方付费转播，加之场馆上座率低，比赛日收入微薄，收入结构非常不均衡（见图 3）。世界顶级赛事赞助收入约占总体收入的 30%，国内占比高达 70%。根据 2017 年中国足协公布 16 赛季中超财务概况，剔除球员交易后，中超俱乐部收入构成就有了更明显的体现，商业赞助几乎占了中超俱乐部的绝大部分收入，占比为 72%，球票以及赛事收入总共仅占总收入的 20%，收入来源单一。

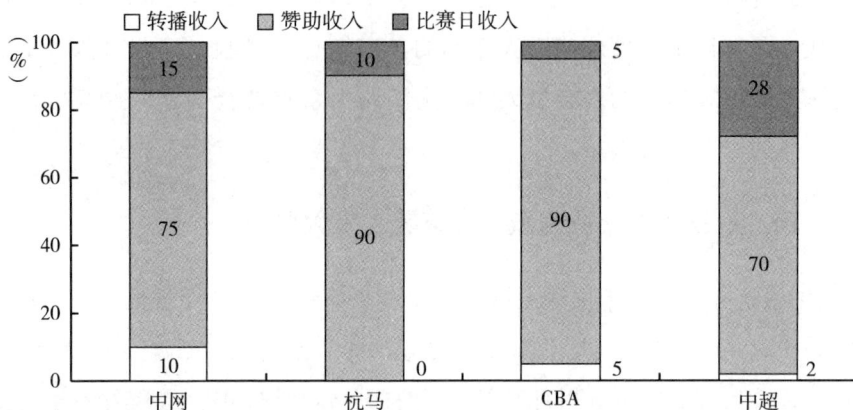

图 3　国内体育赛事收入结构比较

资料来源：课题组整理。

（六）专业服务有待加强，政策扶持力度不够

因赛事服务标准缺失、运营机构服务质量参差不齐、行业自律能力差、

同行业恶性竞争等原因，很多赛事品质不高。地方政府部门主办的赛事通过招标、委托、合作等各种形式交由专业赛事运营公司承办，而很多赛事运营公司停留在"给多少钱、办多少事"，个别赛事公司因市场运作不力、赞助款不到位，撂挑子不干甚至跑路。

目前，江苏省、浙江省体育产业发展引导资金总额都已增至1亿元，江苏省2019年6月出台《江苏省重大国际体育赛事奖补专项资金管理办法》（苏体综〔2019〕47号），设立了重大国际体育赛事奖补专项资金，用于举办重大国际体育赛事的奖补，奖补金额最高上限为1000万元。上海市每年安排近3000万元扶持资金，全部投入社会办赛事。对标先进省市，山东省对体育竞赛表演产业的支持力度和宣传推广力度存在明显差距，体育竞赛表演产业尚处于起步阶段，市场发展并不成熟，还没有形成稳定的盈利模式，大部分赛事的举办仍然需要政府的大力支持，山东省体育产业引导资金一直停留在2000万元，杠杆作用发挥不明显，难以吸引优质社会资本和资源要素。

（七）监管机制有待完善，产权保护亟待加强

体育竞赛表演市场监管体制不健全，相关部门的协作机制不够完善，资质评估、信息公开、诚信建设和查处退出等相关制度还不配套。忽视对体育竞赛的知识产权保护是当前山东省普遍存在的现象，山东省多地"业余足球联赛"商标被抢注，淄博市自2016年开始打造的"起源地杯"国际足球锦标赛的品牌知识产权两年前就被上海一家公司成功注册，省级体育项目中心目前主办的大部分赛事都没有对赛事品牌进行商标注册保护，作为赛事发展的重要资源，赛事知识产权开发、利用并妥善保护已经成为亟待解决的问题。

四 典型案例分析

作为中国体育改革的突破口，中国足球早在1994年就走上了职业化的

道路，目前中国足球超级联赛是我国职业化程度最高的赛事，中国足球甲级联赛与中国足球乙级联赛是次于中超的二、三级职业联赛。2020 赛季，山东省拥有 6 支职业足球队（见表 2），排在江苏（8 支）与广东（7 支）之后。本案例以山东省较有代表性的山东鲁能泰山足球俱乐部和青岛黄海青港足球俱乐部为典型案例进行分析（2021 年 1 月，山东鲁能泰山足球俱乐部更名为山东泰山足球俱乐部，青岛黄海青港足球俱乐部更名为青岛足球俱乐部，为清晰表述，下文仍沿用原有名称）。

表 2 山东省职业足球俱乐部一览

球队名称	所属联赛级别	球队所在地
山东鲁能泰山	中超	济南
青岛黄海青港	中超	青岛
青岛中能	中乙	青岛
青岛红狮	中乙	青岛
山东望岳	中乙	泰安
淄博蹴鞠	中乙	淄博

（一）山东鲁能泰山足球俱乐部

1. 山东鲁能泰山足球俱乐部发展历程

1956～1993 年，山东足球体工队隶属于山东省体委。1994 年职业化之初，定名为山东济南泰山足球队。1996～1997 年，更名为济南泰山将军足球队。山东鲁能泰山足球俱乐部于 1998 年由山东鲁能控股集团有限公司等发起成立。此后，山东电力集团公司接手山东足球的管理运作，按照"股份制改组、商业化运营、规范化管理、职业化建设"的宗旨开展工作。2020 年山东电力集团将持有的山东鲁能泰山足球俱乐部 40% 的股权无偿转给济南文旅集团，山东鲁能泰山足球队由济南市国资委下属企业济南文旅集团控股。2015～2019 年联赛战绩如表 3，截至 2020 年 12 月，山东鲁能泰山队获得中国顶级联赛冠军 4 次、足协杯冠军 6 次、中超杯冠军 1 次。

表3　2015~2019 各赛季山东鲁能泰山足球俱乐部联赛战绩

赛季	赛事	球队名称	积分	排名
2015 年	中超	山东鲁能泰山	59	3
2016 年	中超	山东鲁能泰山	34	14
2017 年	中超	山东鲁能泰山	49	6
2018 年	中超	山东鲁能泰山	58	3
2019 年	中超	山东鲁能泰山	51	5

资料来源：课题组整理。

2. 山东鲁能泰山足球俱乐部发展特点

球迷文化建设硕果累累。山东鲁能泰山足球俱乐部作为山东省内职业化最早、比赛成绩最好并从未降级的老牌职业足球劲旅，始终重视球迷文化与看台文化。虽然主场坐落于济南，但其球迷遍布全国各地。据鲁能体育 App 显示，省内各城市基本都设有鲁能泰山球迷协会，鲁能已经成立 36 个省内球迷协会，17 个省外球迷协会，此外还有 10 个核心球迷协会，以济南地区最为显著。鲁能大球场观众席划分有潍坊、东营、淄博、聊城球迷协会等专属看台，此外还设立有南北"死忠"看台、彩虹球迷看台、大学生看台等观赛氛围较为浓厚的助威看台，在现场观赛时，唱应援歌、喊口号是必备环节。

人才培养体系国内首屈一指。山东鲁能泰山足球俱乐部早在 1999 年就在潍坊市成立了山东鲁能泰山足球学校，20 余年来培育出大批优秀足球人才，其中 70 余人入选了山东鲁能泰山足球一线队和其他职业足球一线队，为我国足球事业输送了大量高水平竞技人才。硬件设施方面山东鲁能泰山足球俱乐部也极为重视，俱乐部驻地位于济南市南部，其训练场拥有 6 块天然草场和 1 块人工草场，驻地建有健身房、桑拿室、医疗按摩室、餐厅、多功能厅、图书阅览室、训练服务楼、荣誉展厅等完备设施，为球队日常生活训练、伤病恢复、业余活动提供了优越的条件。

3. 山东鲁能泰山足球俱乐部市场分析

山东鲁能泰山足球俱乐部 2019 赛季中超套票价格为 380~720 元，名额共 7348 个；2019 赛季中超主场单场票价分为 80 元、100 元、120 元、300 元四档。购票方式可通过俱乐部官网、微信公众号、大麦网、懂球帝手机客户端等网上购票渠道，也可在比赛日前三天在奥体中心售票处现场购票。同时山东鲁能泰山足球俱乐部提供包厢服务，价格为 20 万元/赛季，可观看山东鲁能泰山队所有主场比赛，并且每场比赛提供 12 张球票及 2 张停车证。场均上座人数如图 4。

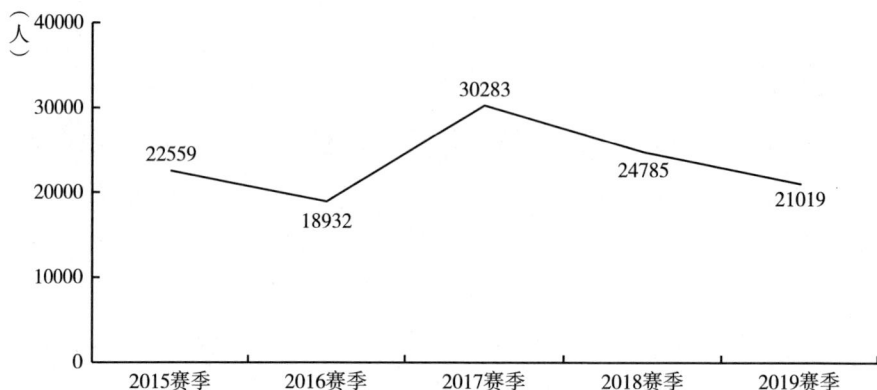

图 4　2015～2019 各赛季山东鲁能泰山足球俱乐部场均上座人数

资料来源：课题组整理。

2019 年山东鲁能泰山俱乐部球员总身价为 3435 万欧元，在中超球队中排名第四，而其从中超公司取得分红只有约为 6400 万元人民币（包含转播权收入与联赛赞助收入）。中超公司 2019 赛季中超转播权（包含全部 16 支球队）打包出售获利约 10 亿元人民币，且中超公司分红实行"平均主义"，联赛冠军恒大获得 6500 万人民币左右，而降级的北京人和也有 6200 万元人民币，差距并不显著。山东鲁能泰山足球俱乐部日常管理运营经费仍以赞助商投入为主要来源。

（二）青岛黄海足球俱乐部

1. 青岛黄海足球俱乐部发展态势

青岛黄海足球俱乐部前身为成立于 2013 年的青岛海牛足球俱乐部，

2015 年正式更名为青岛黄海足球俱乐部。

2019 年新赛季，青岛港集团入股青岛黄海足球俱乐部，青岛黄海足球俱乐部以"青岛黄海青港队"的名称征战中甲。2019 年 10 月 26 日中甲联赛第 29 轮，青岛黄海青港客场 2:0 战胜上海申鑫，在联赛还剩一轮的情况下领先第三名 4 分，提前一轮升入中超，成为山东省第二支职业足球顶级联赛队伍（见表 4）。

表 4　2015～2019 各赛季青岛黄海足球俱乐部联赛战绩

赛季	赛事	球队名称	积分	排名	备注
2015 年	中甲	青岛黄海制药	33	11	
2016 年	中甲	青岛黄海	59	3	
2017 年	中甲	青岛黄海	52	4	
2018 年	中甲	青岛黄海	49	4	
2019 年	中甲	青岛黄海青港	57	1	升级中超

2. 青岛黄海足球俱乐部发展特点

青岛黄海足球俱乐部重视校园足球的发展，将青岛市城阳区第二实验小学、崂山区第二实验小学、崂山区石老人小学、宁夏路小学、敦化路小学列为合作院校，多年深耕青岛市校园足球，并与西班牙巴塞罗那俱乐部建立了长期合作关系，聘请西班牙教练团，建立了预备队、U18、U16、U14 等完整的后备人才培养输送体系。成立中国－巴萨青岛黄海足球学校，建成后可容纳 2500～3000 名学生进行训练。

青岛黄海足球俱乐部拥有青岛市优良的足球氛围与青训体系，球迷以青岛本地球迷为主，并吸引了部分烟台、威海球迷，因俱乐部与西甲巴塞罗那足球俱乐部的亲近关系，部分国内巴塞罗那球迷也在关注着青岛黄海足球俱乐部。俱乐部重视球迷文化培养，目前定期通过微博、微信公众号、懂球号等媒介发布球队相关赛事消息，聚集球迷。

3. 青岛黄海足球俱乐部市场分析

2019 赛季，青岛黄海足球俱乐部中甲年票价格为 200～300 元，单场票价分为 20 元、30 元、40 元三档。年票与单场比赛球票有线上、线下两种购票方式，球迷可提前在大麦网官方售票渠道及移动客户端进行购买，也可在线下售票点购买。青岛黄海足球俱乐部同时提供 VIP 包厢服务，价格为 10 万元/赛季，可观看青岛黄海队所有主场比赛，并且每场比赛提供 20 张球票及 2 个停车位。2015～2018 年各赛季青岛黄海足球俱乐部场均上座人数分别为 5230、6992、5806、6638 人（见图 5）。

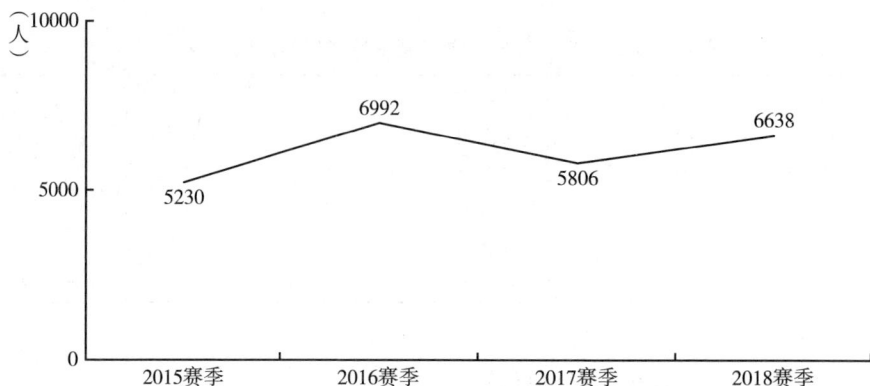

图 5　2015～2018 各赛季青岛黄海足球俱乐部场均上座人数

资料来源：课题组整理。

因中甲球队市场影响力、关注力有限，市场化运作并不成熟，很多球队场均上座只有千人，而中甲联赛门票平均仅在几十元左右。据悉一个赛季球队门票收入，最低只有几万元，而从联赛分红也才几十万元，显然无法支撑俱乐部正常运营。其他商业开发很难兑现，中甲俱乐部运营生存主要还是依靠赞助商的大额投入。虽然青岛黄海足球俱乐部升入中超意味着可以获得更大的市场影响力与关注度，但也不能忽视其带来开支的增加。要避免中超"一年游"，不仅要在球队技战术与球员交易上做足准备，也要在俱乐部管理运营与商务开发上下足功夫。

青岛作为中国著名的北方城市之一，其经济发展水平较高，有着众多财力雄厚的本地企业，2019 年青岛港集团、青岛银行、青岛啤酒集团等 7 家青岛市本地企业与青岛黄海足球俱乐部签订了赞助合同，解决了球队的运营资金问题。俱乐部在引进欧洲足球教练与球员的同时，也要学习研究欧洲足球俱乐部的运营管理模式，培养球队忠实球迷与看台文化，形成有利于球队生存的良性循环。

五 体育竞赛表演业发展策略与建议

（一）强化办赛承载能力和人才支撑

举办大型体育竞技赛事对展示城市形象、提高城市知名度、吸引投资与游客有着积极作用，由于现代大型体育赛事的综合性和国际性越来越强，这就要求举办城市要构建现代化的硬件设施并形成开放包容的文化态度，为城市的现代化发展奠定基础。但也应该吸取如1976年蒙特利尔奥运会的惨痛教训，不盲目承办与自身现状不匹配的大型赛事，应根据城市自身实力与具体特点，充分发挥城市地域与气候等优势，加强顶层设计规划，选择符合城市定位与发展现状的体育赛事。

充分提高体育赛事人才支撑能力，在关注运动员、裁判员和教练员培养的同时，重视体育竞赛组织型人才的培养，通过地区高校与赛事方、俱乐部的合作，联合培养既具有组织管理现代大型活动能力，又对体育赛事有深刻认识和理解的复合型体育竞赛组织管理人才。应充分发挥相关体育协会的专业作用，积极组织体育竞赛人才研讨会、竞赛组织与管理知识讲座，或与赛事方或高校联合培养教练员、裁判员等专业人才。

（二）引导促进体育竞赛市场消费

以赛事为合作平台，推动"体育＋"融合发展，促进体育赛事与文化、旅游、教育、会展、商贸、科技、制造、互联网、健康服务等领域的联动。发挥体育赛事的龙头效应，更好促进重大体育赛事与娱乐、购物、餐饮、住宿、交通、物流等上下游行业深度融合，完善体育竞赛消费产业链。适应市民群众体育消费升级需求，鼓励与体育赛事有关的运动鞋服、装备器材、功能食品饮料、保健品和纪念品等产品的研发制造及销售。

加强体育赛事冠名等无形资产开发，借助明星、名人效应等多渠道放大体育赛事 IP 价值。培育体育服务型消费市场，鼓励引导群众观赏性、体验型消费行为，培养市民付费观赛、付费参赛意识。办赛要充分揣摩消费者心理，将大型赛事营造出节日盛会的氛围，重点宣传明星运动员，发掘赛事看点，提高竞赛表演质量与观赛体验，使关注比赛、观看比赛融入人民群众休闲生活方式。还应重点丰富节假日体育竞赛表演供给，鼓励群众近身观赛与参赛，在发展赛事表演经济的同时带动旅游、娱乐、交通、购物、餐饮、住宿等行业发展。

（三）打造高端体育赛事品牌体系

应积极打造符合地方区域发展的赛事自主品牌、重视职业联赛、引进国内外重大体育赛事、扶持业余精品赛事。丰富体育竞赛表演资源，推动体育竞赛与表演娱乐相互融合，建立层次分明、丰富多样、结构合理、发展均衡的体育竞赛表演产业体系。加强与国内外各类运动协会、体育赛事与中介公司、知名俱乐部交流合作，引进一批高水平、高知名度与市场前景广阔的赛事品牌。支持各地市积极申办世锦赛、世界杯赛等品牌价值高、市场前景广的高水平单项体育赛事，引进和筹办与当地体育传统、资源禀赋相匹配的国际一流体育赛事。提升泰山国际登山节等自主 IP 赛事的办赛品质，构建具有地域特色的品牌体育赛事集群，打造常办常新、声誉卓著的百年精品赛事，带动潜力大的新兴体育赛事。促进冰雪、马术、射箭、击剑、铁人三项等具有广阔前景的体育赛事发展。以筹办北京冬奥会、冬残奥会为契机，大力发展冰雪嘉年华、冬季运动会等冰雪赛事活动。努力提升全省各地马拉松赛事参赛规模、组织运营、媒体宣传、赛事推广和服务保障水平，推动更多马拉松赛事跨入中国田协金牌赛事和国际田联金标赛事行列。

（四）加快体育赛事职业化发展步伐

加强体育赛事与山东省总体规划、重点区域发展规划等衔接，结合山东省全民健身和竞技体育重点项目布局，编制体育赛事中长期发展规划，体育赛事培育与引进双管齐下，鼓励全省各地依据自身情况开展足篮排、网乒羽、田径马拉松等体育赛事，积极开发体育赛事资源，均衡省内体育赛事分布。推动赛事职业化发展进程，培育高水平竞技体育俱乐部，完善各个职业赛事的梯队建设，构建赛事分级制度。归纳梳理省市一级竞赛资源，试点引进社会资本，推动专业俱乐部区域化发展。

（五）提高市场主体综合办赛能力

鼓励社会力量办赛，鼓励市场主体与社会组织办赛，培育具有创新性、高附加值的赛事品牌与运营商，建立市场开发、运营服务、门票销售、宣传推广、终端消费促进一体化的运作体系。支持具有行业影响力的体育赛事企业通过品牌输出、管理输出、专业技术和人才输出等形式实现规模化、集团化、专业化运营，打造一批国内外知名、专业能力突出、具有较强核心竞争力的体育赛事骨干企业，使其成为山东省体育赛事运营管理的市场龙头和行业标杆。

（六）培育体育赛事中介服务机构

积极培育各类体育赛事中介组织。充分发挥各类中介机构在赛事资源配置、商务合作对接等方面的作用，支持中介服务进入赛事申办、筹备、举办、评估等领域，促进体育竞赛表演产业健康发展。建立由国内外专家学者、办赛机构负责人、政府管理人员、体育协会骨干、媒体代表等方面人士组成的山东体育赛事高端智库，支持其积极开展产业发展规律和趋势研究，以专家委员会、智库论坛等形式为山东省体育赛事筹办提供效益预测、市场反馈、技术指导、法律咨询、人员培训等服务。

（七）创新体育赛事监管方式

构建体育赛事从组织筹办到效果评估全过程的运营管理标准体系。委托第三方机构综合评估赛事的影响力和市场价值，发布体育赛事评估报告。支持单项体育协会制定公布体育赛事规范标准和办赛指南，加强行业指导、服务和监督，引导办赛机构提升体育赛事的品质。明确举办赛事的规范和流程，主动公开体育赛事信息，加强体育赛事分级分类管理和事中事后监管。落实山东省体育领域黑名单管理办法，完善信用体系联动响应机制，依照有关规定对办赛主体、从业人员和参赛人员的严重失信行为加大惩戒力度。

（八）加大体育赛事资金扶持

采取"引导资金"的方式加强对赛事主办方的间接资助是促进体育竞赛表演产业的有效途径。山东省体育产业引导资金总额偏低，当务之急是大幅度提升额度，同时优化引导资金投入方向，引导扶持优质赛事。建立"山东省重点培育品牌赛事名录库"，支持地区品牌体育赛事发展。设立职业体育俱乐部扶持资金，按项目类别、影响力、职业联赛等级、投入和名次等给予适当扶持，引导社会资本进入职业赛事领域。积极推荐符合条件的体育赛事项目申报服务业、文化创意产业等其他财政专项资金。引导社会力量参与，鼓励社会资本设立竞赛表演产业发展投资基金。支持体育企业通过发行债券、股票等多种方式筹措发展资金。

（九）健全完善赛事服务平台

拓展山东体育产业资源产权交易平台，完善体育赛事平台功能，通过组织平台发布、赛事推介会、高端赛事论坛等形式，及时交流沟通赛事资源信息。依托山东体育产业公共服务平台，提供体育赛事资讯发布、信息查询、报名参赛、赛事招标等功能，扩大体育赛事的社会影响力。以各地特色赛事品牌为依托，孵化赛事产业服务平台。

（十）科技赋能户外运动品牌赛事

目前大部分体育赛事尤其是业余或休闲比赛，其办赛难度较大，需要综合考虑场地、交通、住宿、管理组织等问题。以马拉松为例，由于线下马拉松的举办和参与有多种限制，很多跑友不能够亲临现场参与，而线上马拉松就很好地解决了时间、场地、安保、规划等问题，只要在比赛当日，在任何地方使用赛事官方授权的运动记录软件完成马拉松要求跑步公里数，即可获得官方完赛认证，为更多的跑友提供了参赛机会。这一体育竞赛模式一经推出，深受广大跑友喜爱，相较于传统马拉松，线上马拉松打破了地域及人数限制，降低了参赛门槛的同时吸引了众多跑步爱好者。

参考文献

国家统计局：《体育产业统计分类（2019）》（国家统计局令第 26 号），2019 年 4 月 1 日。

周良君、陈小、周西宽：《上海市体育竞赛表演业竞争力的核心——与世界城市纽约、伦敦、巴黎的比较分析》，《体育科研》2007 年第 2 期，第 44 ~ 47 页。

山东省体育局、山东省统计局：《2015 年山东省体育产业规模及增加值数据的公告》，2017。

山东省体育局、山东省统计局：《2016 年山东省体育产业规模及增加值数据的公告》，2017。

山东省体育局、山东省统计局：《2017 年山东省体育产业规模及增加值数据的公告》，2018。

山东省体育局、山东省统计局：《2018 年山东省体育产业规模及增加值数据的公告》，2020。

李涛：《安徽省体育竞赛表演业发展现状与对策研究》，硕士学位论文，淮北师范大学，2018。

《青岛黄海足球俱乐部 2019 赛季主场比赛票务公告》，懂球帝，https：//m. dongqiudi. com/article/904264. html，最后访问日期：2020 年 10 月。

骆雷：《体育强国建设中我国竞赛表演业政策研究——基于政策目标与政策思路的视角》，上海体育学院博士学位论文，2013。

李显国：《我国近代体育竞赛表演市场发展研究》，《体育文化导刊》2014 年第 4 期，第 175 ~ 178 页。

李琛、李佐惠：《广州市竞赛表演业可持续发展的人力资源体系研究》，《广州体育学院学报》2018 年第 6 期，第 33 ~ 36 页。

韩新功:《京津冀都市圈体育竞赛表演和体育旅游业的融合发展》,《河北师范大学学报(自然科学版)》2014 年第 5 期,第 525~529 页。

向宇:《"互联网 +"背景下体育竞赛表演产业发展研究》,武汉体育学院硕士学位论文,2019。

《山东鲁能泰山足球俱乐部 2019 赛季票务公告》,搜狐网,https://www.sohu.com/a/288108854_ 482890,最后访问日期:2020 年 10 月。

于洋:《山东鲁能泰山足球俱乐部票务销售的现状与策略研究》,山东体育学院硕士学位论文,2016。

2018~2020年山东省体育健身
休闲业发展报告

崔丽丽　李琳*

摘　要：　近年来，山东省体育健身休闲业进入稳中提速的阶段。为推动山
　　　　　东省体育健身休闲业的更好更快发展，本文采用个案研究法、经
　　　　　验总结法等调查方式，针对其现存问题与不足，结合典型案例，
　　　　　提出加强供给侧与需求侧的管理，提高市场运转效率，加快落实
　　　　　体育产业相关政策，增强产业辐射功能等发展建议。

关键词：　体育健身休闲业　体育产业　示范单位　山东省

体育健身休闲业是我国体育产业的一类新兴业态，也是其重要组成部
分。体育健身休闲业的发展目的是满足人民群众生活工作之余，进行健身、
康复康养、休闲娱乐等方面的需要。《国务院关于印发全民健身计划（2016~
2020年）的通知》指出："全民健身是实现全民健康的重要途径和手段，是
全体人民增强体魄、幸福生活的基础保障。实施全民健身计划是国家的重要
发展战略。"随着人民生活水平的提高和生活方式的改变，人民群众的健身
意识逐渐提高。体育健身休闲业抓住这一时机，积极满足市场需求，不断融
入人们的生活。

＊　崔丽丽，山东大学体育学院教授，博士生导师，齐鲁青年学者，研究方向为体育产业、体育
　　社会问题的诊断与控制；李琳，山东师范大学体育学院2018级硕士研究生，研究方向为体育
　　产业。

一 体育健身休闲业的产业特征

《国务院办公厅关于加快发展健身休闲产业的指导意见》中明确指出："健身休闲产业是体育产业的重要组成部分，是以体育运动为载体、以参与体验为主要形式、以促进身心健康为目的，向大众提供相关产品和服务的一系列经济活动。"体育健身休闲业的发展对城市形象、经济发展、产业结构优化、文化传承等方面都将产生积极的影响。

《2020年全民健身行为和消费研究报告》显示，总体来看，我国体育运动者仍保持较高的锻炼热情，保持运动者比例为93%，分别有32%和14%的运动者习惯和经常在家中/宿舍锻炼。除了常规锻炼方式和运动平台的使用外，新兴的教练直播运动形式参与者达到了20%。家长和青少年参加体育锻炼热情高涨，体育培训行业发展势头强劲。其中大中城市中青少年每周参加1次及以上体育锻炼的人数占比为85.4%，参加各类体育培训班的青少年比例为74.1%。女性借助运动类App的比例高于男性，并更倾向于跟随App视频进行锻炼。女性在购买健身卡、健身课程、运动类App会员、瑜伽舞蹈用品等方面的消费比例相对更显著。2020年新冠肺炎疫情期间，65%的体育运动者购买过体育用品，消费金额均值为1972.8元。

（一）主动健康导向明确

随着社会经济的发展和国民生活消费水平的整体提升，体育领域的消费有了更多的可能性。在参与体育健身项目或休闲活动中，体育用品、体育设施、体育服务等多领域的直接或间接创利创收，为山东省体育健身休闲业的崛起提供更加广阔的空间。根据阿里体育的消费数据，2013~2015年我国体育消费金额分别为600亿元、730亿元、1000+亿元，消费人次也是逐年攀升。2013~2018年"双十一"的体育商品消费逐年攀升，在成交额和成交人数上，跑步类、户外类、健身类基本保持在前三名。可见体育消费在群众中发生了改变，人们愿意把消费投资在体育领域当中。

体育健身休闲已由最初的力量型和耐力型训练发展到塑身、健体、美体、康复训练，再到培养良好的、有规律的健身习惯，由个人爱好转变为时尚新生活的领航标。健身导向性在不同阶段发生不同的变化，表明大环境大背景下健身休闲产业为人民群众提供的健身产品取得了成效。健身休闲业的发展也在不同程度上促进了人们对体育用品、体育场馆、体育赛事等的需求。

（二）市场需求多元多样

体育健身休闲业在促进大众健身、休闲娱乐、社团组织发展的同时，也逐步细分出更加小众化、个性化的多元多样的服务产品，以满足消费者对各类不同项目以及各类项目的不同等级、不同体育文化的需求。山东省体育健身休闲基于不同地域空间和资源禀赋，呈现出不同发展面貌。现阶段以及未来一段时间，体育健身休闲业要突破传统体育项目或体育活动范畴，必须以各地区资源为依托，充分利用好自然和人文特色，重视健身休闲业的融合发展。借助"体育健身休闲业＋"推动整个体育产业提质增效，推进体育健身休闲业经济新增长，促成"体育健身休闲业＋"的双向发展甚至是多向发展。

（三）细分项目优势互补

山东省体育健身休闲产业正处于持续增长阶段，各个体育项目之间有着优势互补趋向。体育健身休闲业的持续良好发展带动劣势项目走出困境，满足不同消费者需求，顺应不同阶段体育产业的市场消费规律。如胶东地区的水上项目、鲁中地区的山地户外运动及鲁西南地区的棋牌、自行车等项目，可以结合各地区仍有继续开发价值的体育健身休闲项目创造新价值。

（四）休闲娱乐属性突出

相比于高难度动作的体育项目，现阶段的体育健身休闲业更多推出了适应消费者心理需求和身体适应能力的项目，以放松、健体为主，使消费者达到舒缓身心、提高身体素质的目的，从而让消费者的体育消费支出长久明确。例如，社区运动、社区健身的出现，越来越方便了人民群众的健身活动，使得健身休闲项目范围更加广泛，内容更加充实。各种健身步道、健身活动圈的投资建设带动体育健身休闲业的发展，同时又促进了全民健身事业的发展。便民的体育场馆、体育场地建设可以满足人民群众的健身需求，同样也提供了很多新的就业机会，带动经济发展。

二 山东省体育健身休闲业发展现状

（一）产业发展态势良好

近年来，伴随《国务院办公厅关于促进全民健身和体育消费推动体育产业高质量发展的意见》、《国务院办公厅关于加快发展健身休闲产业的指导意见》和《山东省全民健身条例》等一系列政策文件的出台，山东省体育健身休闲业进入稳中提速的阶段。

数据显示：2015 年山东省体育产业总产出（总规模）为 1980.79 亿元，创造增加值 606.74 亿元，其中体育健身休闲业总产出 37.48 亿元，创造增加值 20.62 亿元，占山东省体育产业总产出比重分别为 1.9% 和 3.4%；[①] 2016 年山东省体育产业总产出（总规模）为 2292.18 亿元，创造增加值 704.08 亿元，其中体育健身休闲业总产出 43.46 亿元，创造增加值 24.25 亿元，占山东省体育产业总产出比重分别为 1.9% 和 3.4%；[②] 2017 年山东省体育产业总产出（总规模）为 2348.01 亿元，创造增加值 770.41 亿元，其中体育健身休闲业总产出 75.69 亿元，创造增加值 40.33 亿元，占山东省体育产业总产出比重分别为 3.2% 和 5.2%；[③] 2018 年山东省体育产业总产出（总规模）为 2466.55 亿元，创造增加值 968.58 亿元，其中体育健身休闲业

---

① 山东省体育局、山东省统计局：《2015 年山东省体育产业规模及增加值数据的公告》，2017。
② 山东省体育局、山东省统计局：《2015 年山东省体育产业规模及增加值数据的公告》，2017。
③ 山东省体育局、山东省统计局：《2017 年山东省体育产业规模及增加值数据的公告》，2018。

总产出 115.44 亿元，创造增加值 61.73 亿元，占山东省体育产业总产出比重分别为 4.7% 和 6.4%①（见图 1 和图 2）。

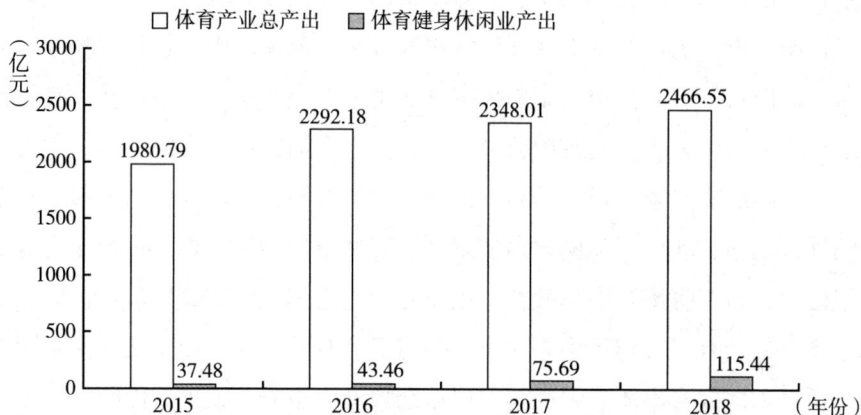

图 1　2015~2018 年山东省体育产业和体育健身休闲业总产出

资料来源：课题组整理。

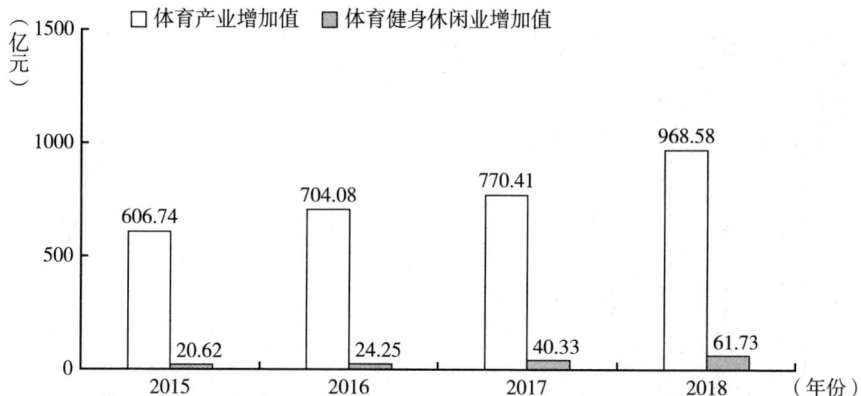

图 2　2015~2018 年山东省体育产业和体育健身休闲业创造增加值

资料来源：课题组整理。

近年来，山东省体育健身休闲类产业示范基地数量逐渐增多。在现有国家级和省级体育产业示范基地中，涌现出日照市经开区国家体育产业示范基

---

① 山东省体育局、山东省统计局：《2018 年山东省体育产业规模及增加值数据的公告》，2020。

地、威海市核心蓝区国家体育产业示范基地、烟台市养马岛马术运动示范基地、烟台市蓬莱海上休闲运动示范基地、青岛市风河伟业体育健身休闲示范基地、青岛市奥林匹克帆船中心、潍坊市寒亭区杨家埠旅游开发区等众多以健身休闲为核心的示范基地。在国家级和省级示范单位中，也培育形成青岛英派斯健康科技有限公司、泰山体育产业集团有限公司、济南奥林匹克体育中心、济南力生体育用品有限公司、山东英吉多健康产业有限公司、中大体育产业集团股份有限公司、乐陵友谊体育器材有限公司、梅花山省级自行车运动训练基地、峡山国际网球培训基地、郓城宋江武术学校、烟台阳光健身有限公司、山东省莱州中华武校、山东省台儿庄古城旅游集团有限公司、威海宝飞龙钓具有限公司、山东大青山旅游开发有限公司、山东英克莱集团有限公司、中健健身集团有限公司、山东绿鑫春生态农业发展有限公司、鲁普耐特集团有限公司、山东龙腾竹泉旅游发展集团有限公司、威海市奥林国际健身中心等一批以健身休闲为特色的企业（单位）（见图3）。

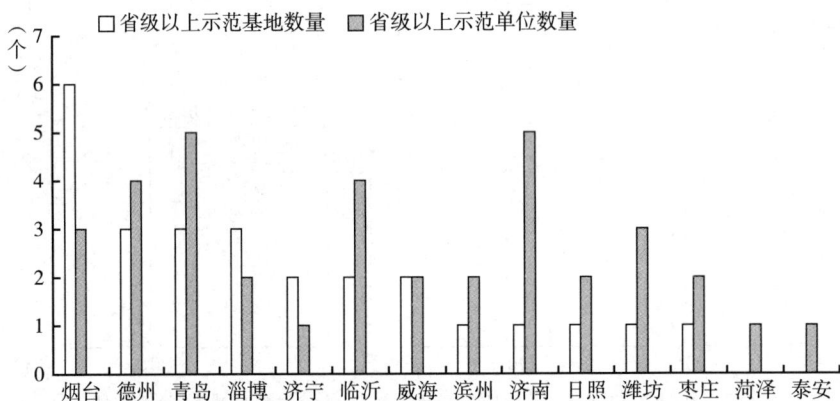

图3 山东省各地市省级以上体育产业示范基地和单位数量

资料来源：课题组整理。

（二）多元化投资市场日益活跃

截至2019年，山东省在册体育类法人单位61743家、个体工商户7007

家，社会团体 1579 家，体育健身休闲业的市场投资由原来的集体和个人承包经营模式，转变为政府、私营、合营等多元化的、多渠道的投资模式。推广连锁经营模式，吸引众多企业纷纷进入体育健身休闲业的市场，如：青岛市与海尔地产集团共同推动的即墨温泉田横休闲运动特色小镇建设达成战略合作意向，双方明确在多个领域展开全面战略合作，另有 2 个项目正式签约，5 个项目完成战略意向签约；万声集团在潍坊市投资建设的"万声健康工场"；由泰安传媒集团承办的第五届泰山国际马拉松比赛探索出一条成功的商业化运作模式，与之配套举办的马拉松博览会吸引了近 20 万人的现场参与，仅仅是马博会的现场就拉动了高达 400 余万元的消费；由北京镕泽投资有限公司计划投资 5 亿元建设的沂水雪山彩虹谷国家登山健身步道项目，到位资金 6900 万元。

（三）健身休闲设施日益完善

健全的健身休闲场地和设施网络是开展群众健身休闲活动的物质载体，在满足群众健身休闲需求方面发挥着不可或缺的作用。《全国体育场地统计调查数据》和《山东省体育场地统计调查数据》显示，山东省大部分指标数据均在全国平均值之上（见表 1、表 2），这对体育健身休闲业的顺畅发展提供了良好的保障。非营利性的公共体育场地满足了普通群众对一般性健身休闲项目的需求；经营性的体育场地在完成经销目的的同时，向对健身器材和体育设施有更高要求的群众提供了更加舒适的健身体验，提高其体育消费水平和体育消费的频次，进一步推进了体育健身休闲产业的发展。

表 1　全国体育场地主要数据（部分）

指标名称	数量
人均体育场地面积（平方米）	1.86
体育场地数量（万个）	316.20
球类运动场地（万个）	193.42
冰雪运动场地（个）	1133

续表

指标名称	数量
全民健身路径(万个)	4.91
健身房(万个)	9.33
健身步道(万个/万公里)	5.57/12.3

资料来源：体育总局、国家统计局：《全国体育场地统计调查数据》，2019。

表2　山东省体育场地主要数据（部分）

指标名称	数量
人均体育场地面积(平方米)	1.91
体育场地数量(万个)	15.88
球类运动场地(万个)	6.12
冰雪运动场地(个)	56
全民健身路径(万个)	7.22
健身房(个)	6027
健身步道(个/公里)	693/3980

资料来源：山东省体育局、山东省统计局：《山东省体育场地统计调查数据》，2019。

（四）健身休闲品牌矩阵初具雏形

体育品牌对体育产业的影响力非常显著。品牌体育产品和消费者之间达成共识，使消费者形成消费"忠诚"，帮助品牌快速占领市场。在体育健身休闲领域，山东省逐渐形成了青岛"帆船之都"、日照"水上运动之都"、淄博"世界足球起源地"、潍坊"鸢都"、泰安"登山圣地"为代表的城市健身休闲名片，培育了山东鲁能泰山、山东西王、青岛国信双星等一批高水平职业体育俱乐部品牌，打造了黄河口（东营）国际马拉松赛、泰山国际登山节、青岛国际帆船周、青岛崂山100公里国际山地越野挑战赛、威海国际铁人三项赛、济南国际山地持杖徒步大会、烟台国际武术节、烟台"和谐杯"国际体育舞蹈公开赛、聊城国际搏击争霸赛（对抗赛），设置各分赛站的星空露营大会、齐鲁赛车英雄会、沿海骑行大奖赛等一批较有影响力的品牌体育赛事，涌现出英派斯、力生体育、泰山体育、迈宝赫、大胡子、飞乐克斯、山东工体等一批知名体育企业品牌，创建了一批国家和省级体育名牌产品和驰名商标。

（五）群众参与热情持续高涨

全民健身上升为国家战略后，山东省更加积极地推出多项措施，助力全民健身落到实处。在为人民群众提供丰富设施的同时，还打造了各种健身休闲娱乐圈、休闲长廊、娱乐带等，如各市积极打造的"15分钟生活圈"，使得群众参与体育健身项目的热情不断高涨。数据显示：省会济南市通过各类体育活动，涉及健身群众超过270万人次。参加第五届泰安国际马拉松赛的人数达到23359人，线上参与人数更是达到276355人。日照市举办的中国体操节设置了包括全民健身操在内的四个大项，直接和间接共有3万多人次参赛。烟台市级体育社会组织超过40个，每年各类体育赛事活动100多场次，参与人数达到20多万人次。威海市2018年已发展20多个钓鱼俱乐部，钓鱼爱好者30多万人，休闲钓鱼游客超过350万人次。德州市目前健身俱乐部注册会员达到近万人，通过举办全国青少年武术散打锦标赛、京津冀鲁龙舟邀请赛、全国拔河精英赛等高水平体育赛事，极大地带动了德州市体育健身休闲业发展。滨州方煜科技旗下所涵盖产品涉及健身人群6万余人。菏泽市通过举办夏令营、冬令营，培养优秀足球人才1万余人次。

（六）产业集群效益凸显

当前，伴随产业融合的不断深入，体育健身休闲项目逐步融入各类体育中心、商业中心和大型文化旅游片区，致力于打造文体、体娱、体旅一体化生态圈，在加速产业融合步伐的同时，提高了产业集聚水平。在商业模式层面，逐步形成连锁经营模式，很多品牌也开始加盟，将目光锁定健身俱乐部这一行业，采用各种营销手段对健身俱乐部的各种业务进行营销，不定期推出优惠活动，使普通顾客升级为会员，取得良好的营销效果。虽然健身俱乐部这种升级会员的营销手段没有得到绝大部分人的认可，但不可否认，会员制营销依然是有效拉动体育消费的方式，证明了健身俱乐部行业的未来开发价值。

三　山东省体育健身休闲业发展的问题与不足

从近几年来看，体育产业虽属于新兴产业、朝阳产业，但是必须要清醒地认识到，体育健身休闲业的发展也存在"预期过于狂热、监管不到位、发展路径不清晰"等问题。体医融合、体教融合水平虽有一定提升，愿意参与到体育健身的人群越来越多，但是人民群众还没有把健身作为生活中的必需品，需要花费更多的精力引导居民建立科学的主动健康理念和健身休闲方法体系。

（一）专业专项人才缺失

目前，山东省通过积极开展大众运动主体培训工作，进一步为市场提供高质量、规范性的社会体育指导员、教练员等专业性人才。但总体来看，专项人才供给总量相对不足，体育人才类型培训发展不均衡，高层次的创新性人才短缺。对专业专项人才的培训模式还处于探索阶段，体育人才对普通群众的培训也在不断地摸索尝试中，但都还未充分发挥效用。

（二）资本市场吸引力不足

尽管山东省体育产业品牌影响力不断提升，涌现出一些体育知名企业，但品牌附加值以及抵抗风险能力较差，导致在资本市场中的竞争力不强。山东省目前只有英派斯一家主板上市公司，不足 10 家新三板挂牌公司，在地方性、区域性股权交易市场挂牌的企业也不是很多，由于主板上市公司门槛较高，普通小企业难以满足稳定性经营、营收等上市条件。但是对比资本市场发展比较好的地区如福建省晋江市，山东省体育产业规模与其形成巨大反差，具体细化到体育健身休闲业，与整体产业规模相比更是不相适应。在这一点上要充分意识到，尤其在赢利性质的体育健身休闲产业相关领域，其产业市场化进程在不断加快，加入市场后需进行资本市场拓展，而如何拓展是首要解决的问题。

（三）产品服务有效供给不足

体育健身休闲业是人民群众接触最为密切，最能促进人们参与体育运动、提高身体素质的行业。但在体育产业的大背景下，体育健身休闲业同样存在有效配套设施供给不足的问题。现有的产品和服务还远远不能满足市场的需求，更难以引领市场需求。低端体育器械、服装等产品趋于饱和，但新业态、新产品、新服务供给量不足，体育健身休闲标准缺失，市场准入门槛较低。体育健身休闲的确带动了与之相关的体育用品行业的发展，但是体育健身休闲业的发展也离不开其他周边配套产业的支撑和保障，各市区包括下属行政村，在地方性配套设施方面仍需进一步加强综合保障，从而扩大体育参与人群和消费人群规模。

（四）健身休闲消费不活跃

促进体育产业蓬勃发展的起点和关键在于促进体育消费。而近几年，山东省在资金扶持方面投入超过一亿元，发挥了应有的作用，但是相比发达省份还存在不小的差距。同时，省内各区域之间的体育消费也出现不均衡的问题。2018年阿里体育"双十一"体育商品消费数据显示，排名前五的是广东省、江苏省、浙江省、上海市、北京市，而山东省不在其行列，在成交额前十的排名中也没有出现山东省的城市。人民群众的体育消费动力不够，体育消费需求不高，仅仅靠政府资金扶持和企业投资是不够的，群众的体育消费活跃度不高甚至说是低沉，难以带动体育健身休闲业的发展。

（五）智慧体育水平亟待提高

当前，体育健身休闲行业在智慧体育赋能基础上，催生了许多新业态和新模式，已然成为未来健身休闲产业发展的重要方向。如阿里体育、腾讯体育、PP体育、虎扑体育、Keep健身、微信运动、支付宝运动等应用软件备受体育迷和体育爱好者的喜爱，具有很强的体育消费带动力。其中微信运动的步数数据排行榜一目了然，能够使人们从健身中找到满足感。山东省在智慧体育应用方面与其他发达省份相比差距较大，健身休闲企业主动创新意识淡薄，多数产品和服务从属于市场跟风地位，商业模式陈旧，市场环境亟须规范和优化。

四　典型案例分析

（一）济南中健银座健身俱乐部运营发展分析

1. 济南中健银座健身俱乐部发展历程

山东银座健身发展有限公司成立于 2004 年 6 月，济南银座健身俱乐部的各个门店隶属于山东银座健身发展有限公司，经 2015 年改制后独立注册了中健健身品牌，2017 年全面收购台湾高端健身品牌亚历山大。中健健身集团为济南市及山东省健康产业领域重点企业，集团内部设置总裁办、连锁发展中心、综合管理中心、市场策划中心、财务管理中心、销售管理中心、预售管理中心、教练管理中心、运营管理中心、监察管理中心、游泳管理中心、餐饮酒店中心、中大国际健身中心，各子公司实行区域化管理模式。俱乐部管理规范、实力强劲，先后获得"中华人民共和国全国运动会指定健身机构""澳洲体适能中国区指定培训机构""山东省全民健身运动先进单位""山东省体育产业示范单位""济南市全民健身志愿服务推广示范单位""济南市第十二届消费者满意单位"等荣誉称号。目前中健健身在山东省内有 44 家门店，济南市有 20 家门店，门店的使用面积大约3500 平方米，累计服务会员达到 200 万人，各门店平均活跃会员量 2500人，门店日均锻炼会员 300～500 人；现有会员中，约 45% 的会员购买了私教课程。

根据资料，中健银座健身俱乐部依靠音像媒体、互联网新媒体、优惠促销活动作为其主要的营销方式。在互联网时代背景下，微信、QQ 等社交软件成为营销人员和教练员与新老会员之间沟通的最基本也是最重要的方式。济南中健银座健身俱乐部的各种设施、服务、产品提供等由山东鲁商集团投资并运营管理，采用会员制管理模式，中健银座健身俱乐部的收费标准多样化，具体分为：68元/次、220元/月、660月/季度、1200元/半年、2360元/年。营销方式的多样化可以有效促进老会员续费、新会员入会，增强会员的体育消费额度，增加俱乐部收入，进而积攒俱乐部口碑，扩大俱乐部影响力。

通过走访调查发现，中健银座健身俱乐部的优惠促销活动比较多，如大型节假日购买银座年卡可以优惠50%～70%不等，这样的优惠力度对于消费者来说是非常有吸引力的。在营销渠道方面，中健银座健身俱乐部与其他健身俱乐部并无多大差异，但中健银座健身俱乐部属于经营性场所，在公益活动领域做得还不够全面。若通过拓展公益领域，参与公益活动，可能会达到比投入广告更加明显的宣传效果。在营销方面，根据俱乐部工作人员介绍，目前中健银座健身俱乐部每年的销售活动频次保持在20次左右，每月2次左右，公益活动每年保持4次，每季度1次。2017年、2018年连续两年俱乐部营业额有所上涨，但是2019年的营业额受整体经济的影响有所下降。电话营销和网络营销是银座健身俱乐部常用的营销手段。对于关系营销和体验式营销的投入相对不多。门店内乃至是各门店的会员与会员之间的宣传和推荐，也是非常重要的营销手段。会员之间的宣传和推荐可以增强会员对某一门店或银座品牌的体育消费忠诚度。中健银座健身俱乐部也需要考虑到总部的直接投资管理具体到门店后，管理模式是否会顺应门店需求等问题。

2. 俱乐部发展特点

中健银座健身俱乐部是济南地区最具规模的直营专业健身会所。俱乐部秉承"拥有健康，奉献快乐"的经营理念。俱乐部内拥有美国进口、专为亚洲人设计的专业体适能检测设备，配备世界级的美国MATRIX全套心肺功能训练设备以及力量训练设备，定期对会员进行免费的专项健康体适能监测，并制定相应的运动处方及营养建议，主营项目为美容纤体。俱乐部内部设置明星教练，教练团队按照 1~5 星分级，5 星教练属于明星教练。教练团队每月进行 1 次培训，操课每季度调整更新 1 次，最大限度地满足不同年龄、不同喜好人群的健身需求。俱乐部为会员提供休闲娱乐配套设施，包括音像系统、换气设备、淋浴房、桑拿房、休闲商务区等。

3. 市场供需发展建议

根据政策导向和市场需求，秉持科学健身的理念，统筹政府、各级各类企业、科研院所以及专业体育团体的优势资源，突出健身俱乐部在体育健身休闲业中的重要位置，最大化地发挥市场作用。

一方面，中健银座健身的老会员续费率占到 70%，占比比较可观，但仍有提升的空间。调查显示，老会员退会的原因主要表现在工作调动、搬家、怀孕以及照顾孩子等方面。建议在挖掘现有资源潜力的基础上，通过创新开发新型运营模式，探索门店之间无缝连接的续费渠道，开发针对性课程等，切实有效地促进健身俱乐部发展新会员和解决老会员续费难的问题。

另一方面，应充分利用好中健银座健身俱乐部特有的国际先进设备，实现先进设备和健身设施利用效能的最优化，引导会员在认识到自身的骨密度、血管机能、亚健康等身体情况后，积极参与科学健身，做好体适能检测的增值服务，形成会员内部与外部的宣传体系。在此基础上拓展基础服务和有偿服务业务，满足不同层次和年龄消费群众的需求。

（二）济南黑骏马健身俱乐部运营发展分析

1. 俱乐部基本情况

济南黑骏马健身俱乐部创办于 2000 年 5 月 1 日，坐落于山东省会济南市，同时是山东省健美队训练基地、中国青少年体育俱乐部。拥有专业健身管理体系和全套标准的有氧、无氧健身器械。开设课程包括高温瑜伽、有氧舞蹈、动感单车、街舞、肚皮舞、跆拳道、搏击散打、普拉提、活力踏板、芭蕾形体、炫拉丁、杠铃操、力量器械、塑身球等。

2. 俱乐部市场分析

根据部分调查数据，黑骏马俱乐部的市场消费人群定位在 19～51 岁，95% 的实际顾客年龄在 19～51 岁，18 岁及以下和 52 岁及以上的客户潜力有待开发。关于选择黑骏马俱乐部进行体育消费的决定因素，会员价格占的比重最大（26%），其次是健身效果和教练团队（占比 21% 和 18%）。有95% 的被调查者认为黑骏马俱乐部的销售产品与其他俱乐部并无差别，只有1% 的被调查者觉得黑骏马俱乐部的销售产品相较于其他俱乐部更加新颖；有 74.7% 的被调查者认为黑骏马俱乐部的收费价格稍高，在这 74.7% 的被调查者中具体是因为健身效果达不到自身预期程度，还是对俱乐部内服务不满意，或是单纯认为价格偏高，有待继续考察分析。另外，俱乐部在处理售后服务方面需要极大改进。调查显示，处理问题事件占 26%，其中及时处理的仅仅占 7%，售后服务好与坏是影响会员是否愿意在门店继续消费的重要因素。对于会员遇到的问题，无论事情大小，教练员、营销人员、管理团队进行及时的回应，使会员的消费得到便利，可以显著提高会员对俱乐部的满意程度。

综合素质高、技能指导能力强、销售水平高的教练员队伍是营利性健身俱乐部可持续发展的重要保障。黑骏马俱乐部的教练员存在教学指导年限短、经验不足等问题，明星教练团队仍然需要继续扩大，教练员队伍结构有待优化。另外，科学化规范化的管理是健身俱乐部顺利发展的关键一点。管理层需要对俱乐部的场馆、器械、教练员团队中出现的问题进行精准甄别和解决，同时教练员团队应该尽量保证俱乐部各个门店的课程具有稳定性和持久性。

3. 市场供需发展建议

体育消费者在选取健身俱乐部的时候，不仅有自身的需求，还会对各个类型的俱乐部进行筛选比较，选出最合适自己当前需求的健身俱乐部。消费者在筛选比较时，考虑的问题会涉及：俱乐部与住处的远近距离，俱乐部会员费用是否能承受，俱乐部的内部环境包括健身区和休闲区的卫生环境、健身区的面积大小等，俱乐部健身器材的丰富性，俱乐部的健身课程安排包括课程时间、课程密度、教练资源、会员人数等。而对于老会员来说，他们会进一步考虑到俱乐部的服务态度和健身效果，如身体机能是否发生积极变化、体态是否趋向完美等因素。

黑骏马健身俱乐部最具优势的特点是拥有私人教练团队和明星教练组合，俱乐部内的健美团队多次在国内、省内获奖，并且名次靠前，这是无形的广告，有效地对科学健身进行宣传，起到示范性作用。因此，通过私人教练和明星教练来建立会员个性化的科学健身管理体系，使服务更加人性化，更加贴近消费者心理需求，从而使供需双方达到更好的契合度，促进行业市场发展。另外，运用个性化信息与定制基础服务的营销模式，与会员签订长期连续的合同，对会员健康状况实时监控，定期反馈，提升会员消费需求，以保证体育消费投入到健身俱乐部的持续性。

（三）济南德照体育文化发展有限公司

作为大学生创业的典型成功案例，德照体育18年间从最初的2名教练、1名学员发展到目前拥有50家跆拳道馆，累计培训青少年学员超过3万人。公司不断挖掘传统武术文化精髓，形成独特的中国儒武文化理论和实践模式，展现出企业的家国情怀和责任担当，是齐鲁文化和体育精神完美融合的典范企业。

1. 基本情况

济南德照体育文化发展有限公司（原汉城黑带跆拳道俱乐部）创办于2002年，目前拥有50家跆拳道馆，累计培训青少年学员超过3万人，向各大院校输送跆拳道专业人才70余名，安排就业200余人，帮助大学生创业50余例，是山东省目前规模大、学员多、影响广的连锁跆拳道服务机构。公司经过18年的发展，已形成自己独特的中国儒武文化理论，并在此理论体系指导下构建了特色儒武课程，依托"儒武研究中心""德照山主题公园""德照山武术馆"等设施建设和"儒武示范团"的成立，实现了从"汉城黑带"到"德照黑带"再到"德照武道"的蜕变与成长，完成了品牌全面升级。公司主要深耕健身培训市场，在跆拳道和武术培训中摸索出一套自己的独特经验。

在青少年健身培训方面，德照旗下有两大品牌——德照黑带和儒武武术。德照黑带致力于开展跆拳道服务与培训，儒武武术则融合中华武术与儒家文化精髓，结合青少年身心特点，发展更适合孩子的中国武术。儒武是两位创始人近30年习武经历与18年的跆拳道教学经历所沉淀出来的少儿武术搏击形式，有套路、有实战、有器械（箫）。例如武道书法的表演，利用武术的内容，加上传统书法、传统音乐、香道、茶道等，培养孩子的综合素质和能力，传承儒武文化，培养家国情怀，振奋民族精神。

在公司管理体制方面，德照黑带有专门的培训部、市场部等，对所有员工进行统一管理。通过一整套完整的培训体系，帮助教练迅速成长。教练员经过严格的培训，考核达标后方可开设德照黑带跆拳道馆。另外，公司内部以创业的方式实现迅速开馆，有效助力大学生自主创业。

为了更好地推广跆拳道和武术运动，德照黑带以赛促练，先后举办多场赛事，扩大了公司的影响力。2006年8月，德照武道成功举办"济南市'汉城黑带'杯跆拳道比赛"。同年，德照武道被济南市民政局评选为"济南市十佳社团单位"。2007年8月，德照武道成功举办"全国海峡两岸四地跆拳道比赛"，并获得关工委、教育部、文化部三部委颁发的优秀组织奖，德照武道创始人辛廷忠、辛廷华获国家优秀教练奖。2004年起，汉城黑带积极参与各种社会公益活动，每年"六一"儿童节都会组织不同形式的捐助活动，先后向社会捐款捐物20余万元。5次被济南市民政局评为"济南市十佳先进组织"单位、"十佳民办非企业单位"。济南部分幼儿园、小学在汉城黑带的免费帮助下开设了跆拳道兴趣班，跆拳道首次走进济南校园。

2020年新冠肺炎疫情期间，德照体育组织了线上教练集训，各馆通过网络直播进行在线课程授课。利用疫情闲暇时间，对公司整体的组织架构以及发展规划进行了重新整理。教练核酸检测合格后，开始在公园等空旷场地组织一对一的户外训练，取得了不错的效果。

2. 做法与成效

（1）首创国学跆拳道。国学跆拳道创始人辛廷忠、辛廷华通过拜访资深国学大师孔令仁、杨朝明先生和多年的潜心研究，深入挖掘跆拳道的国学文化渊源，结合十余年的跆拳道教学经验，形成了独特而完整的国学跆拳道体系，得到国内外知名专家的认可。以跆拳道运动为载体，以国学文化经典为内涵，以培养青少年综合能力、塑造优秀人格为目的的跆拳道，即为国学跆拳道。

国学跆拳道现有教学团队500余人，该课程已经在全国120家跆拳道馆推广使用，其中山东省内80家（济南市45家），北京、天津、河北、江苏等地40家。2013年，德照武道举办首届德照论坛会，服务全国近千家跆拳道馆落地国学跆拳道课程，传播国学理念。

（2）开发以素质教育培养为核心的套餐教育模式。为达成"青年兴则国家兴，青年强则国家强"的教育使命，德照黑带一直以"德育素质"为教育宗旨，通过实践总结出以体育运动为载体、以素质教育培养为核心的教育形式，并形成套餐教育模式。其中核心课程主要包括弟子规品势、中正棒教学、舞台式晋级等，另外还有精品二十四节课、兵法实战等配套课程。其课程的培养重点也各有侧重，如：弟子规品势重在修身养性，启智育心；中正棒教学重在教育学生保持中正之态，凡事掌握分寸，正确面对挫折、诱惑和攻击；舞台式晋级则重点培养孩子的舞台驾驭力和自信心，锻炼出良好的公众表现力。同时，主题课程围绕国学智慧"忠孝仁礼义廉耻信"，培养孩子良好的品性。

孔裔嫡系76代孙，孔令仁先生为德照教育题字：德育应以儒家文化精髓为引导。在教练员的选拔及培养上，德照黑带德育为先，注重言传身教的教育作用。在教学中注重学员基本素质能力的培养，挖掘并运用体育运动之上的教育价值，使学员在练习跆拳道的同时还掌握了其他综合素质能力，此教育模式得到了家长及社会各界充分的认可。

自2013年5月至2020年10月，公司创立的"弟子规品势"全国邀请赛已经连续举办8届，德照国学跆拳道高峰论坛已经连续举办13期，先后开设全国馆长培训班13期，共接待全国100多个跆拳道馆馆长、400余名教练员。德照品牌及其教学理念、课程等通过网络及各馆长的培训传向了全国各地。目前，全国有120余家道馆在使用德照设计的课程弟子规品势、舞台式晋级等。

（3）开创中国儒武学术流派。儒武强调以武传德，以武术为载体、以儒家文化经典为内涵，传承中华优秀传统文化及道德观念，培养文武双全、德艺双馨的社会公民，为他们打造德行护照。儒武将文、史、哲、儒、释、道、武术甚至中医、阴阳等学说交汇融合，从单纯的技术层面上升到一种文化现象。儒武兼采百家而独成其长，儒家的仁爱精神为武术提供了伦理思想内核，道家的阴阳、五行、八卦是其哲学依据，墨家的兼爱非攻与侠道精神成为其精神实质，兵家学派更是与武术技击技术的发展有着千丝万缕的联系，丰富了其技法谋略。因此，儒武不仅是技击、健身之道，更是精神修养、人格净化的一种途径。为此，儒武首创十二字精神即"浩然正气，持而不有，如如不动"，指导儒武习练者更好理解儒武精神内涵。

"浩然正气"取于孟子的"我善养我浩然之气"，正所谓"正存于内，邪不可干"，一个武者通过外在筋骨皮的修炼从而达到内心的豁达与坚毅。"持而不有"取于老子的"玄德"，生而不有，为而不恃，长而不宰，是谓玄德。儒武精神把生而不有改为了持而不有，持而不同于生而，这样有助于儒武的小学员们体会"持而不有"的三层境界。第一层于武者而言，学习是要练习很多的招式，然而在实用中却要把招式全部忘掉，按照潜意识的本能反应随机出招。第二层不持而持，意在让学员明白，练习武术不是坚持锻炼而是生活的习惯。第三层境界持而不持，希望学员们谨记物质是为了达成精神追求的媒介，而不是精神追求的目标。"如如不动"取于《金刚经》"不取于相，如如不动"，在武术方面希望儒武的学员在竞技场上无论对手怎样变化都能沉着冷静，在生活中不被变幻的世界迷惑，始终追逐最初的梦想与初心。

2016年3月，德照山武术主题公园投入建设，同年"儒武研究中心"正式成立。2018年3月，德照山武术馆成立，并组建"儒武示范团"，从而实现中国儒武文化理论体系落地。2019年8月，德照武道省体育中心儒武示范店成立，迈出了"做世界的中国武术"的第一步。2020年6月，"德照黑带"升级为"德照武道",同时成立"儒武五行示范队",由总校长亲自教学与示范,精心培养第一代儒武学员。通过产品和品牌的升级,成功把儒武嫁接到目前社会接受度更高的跆拳道上。儒武五行以"踢、打、化、摔、拿"五个代表性动作习练为依托,其中蕴含了中国文化的"仁义礼智信"五个信念,以代表"金木水火土"的五种颜色为品级标识,融合了儒释道等中华文化精髓,打造儒武文化体系。通过线上平台、自媒体平台等媒介广泛传播,在全社会营造儒武习练氛围,传播儒武文化。

德照学院以儒武基地——德照山——为依托,研发武术文化的新形式,提高武道从业者和学员的综合素质,从而达到以武传德的教育目的。与时俱进的武术形式,对弘扬传统武术有着积极的推动作用。德照山不仅是德照黑带的素质拓展基地,目前更发展建设成为了独具特色的武术主题公园,它不断完善,为德照黑带提供了以下服务:儒武武术研发、国学跆拳道联合会总部、公益武术馆(为济南南山区孩子免费提供培训)、德照黑带精品课、武术文化主题拓展、武术主题夏令营、教练员集训基地等。

德照学院还是山东中医药大学体育艺术学院、山东体育学院、齐鲁理工学院、齐鲁师范学院体育学院等高校的定点实习单位,通过与高校的合作,加强了学术交流,一方面促进了公司的发展,另一方面则承担了一定的社会责任,为高校师生提供实践基地,受到社会好评。通过理论体系构建和教育实践基地的建设,保障了儒武学术流派的发展既有理论指导又有实践支撑。

(4)公司股份制改革的升级发展。企业社会化是企业做大做强、保持长久生命力的主要途径,企业的社会化就是把更多的优秀员工发展成企业的合伙人,让优秀的员工与企业一起有福同享有难同当,为了达到这一目标,德照公司做了一个20年股权激励发展规划,即用10年的时间通过股权激励把公司49%左右的股权分配给优秀的合伙人,第二个10年再把公司15%左右的股权分配给优秀的合伙人。股权的稀释是一个漫长且复杂的发展过程,德照公司之所以有这样的一个计划亦是因为2020年新冠肺炎疫情期间,公司遇到了前所未有的困难,也发现了发展中的一些问题,如组织架构不稳定导致人员流失严重等。一方面,通过出让股份让优秀的店长、教练员成为公司股东，提高教职员工的职业荣誉感和对公司的归属感，帮助期望创业的大学生实现合伙人创业，解决他们的后顾之忧。另一方面，根据公司成功的经验，公司最早一批的学员已成长为各分店的店长和骨干教练，由此对于有潜力的小学员重点培养，为公司的扩张增加人才储备。为了做大做强儒武这一品牌，除了公司内部的改革，在外部资源的利用方面，德照公司大力吸引社会资本和社会力量，通过出让股权等形式，快速积累资本和人力资源。

3. 未来发展方向和思路

在后期的发展中，德照将致力于寓武于乐。中国武术在青少年中的传承和发展亟须解决兴趣的问题，要向跆拳道学习，用市场来撬动武术练习的繁荣发展。借鉴跆拳道的商业运营模式，针对青少年打造一个武术培训体系，暂定为五行带（五种颜色集齐），把防身自卫作为青少年武术培训的核心，而不仅仅停留在强身健体的表面。

"十四五"期间，德照公司计划通过以下几个方面的努力，把儒武这一品牌做大做强：儒武运营体系全面成熟，借助全国的7万家跆拳道馆向全国推广，争取做到500家店。德照黑带国学跆拳道升级为德照武道，依托现有的50家门店继续开拓店面，争取做到200家店。把儒武发源地德照山建成全国武术爱好者的聚集地，组织世界武术大会，输出武术教练员，输出儒武文化，开发适合青少年武术培训的产品，做全国的武术平台。由于儒武具备更鲜明的中国文化属性，通过孔子学院面向世界的计划，儒武发源地德照山会输出更多的武术教练员，以支教的形式向孔子学院输送师资，传播儒武文化，打造泰山派的武术形式。

（四）小结

1. 提高会员终身体育意识

终身体育的本质是全民都有终身参加体育锻炼和健身活动的主动意识。在专业健身教练的指导下，通过科学的健身活动，不断提升自身身体素质，缓解来自学习和工作中的压力，同时还可以了解更多与体育相关的健身知识、医学知识、营养知识等。

2. 培养俱乐部文化氛围

营利性健身俱乐部的文化建设往往会伴随集团文化建设，在营销过程中，将企业文化建设与门店文化建设进行整合，使健身活动和体育项目相契合，激起体育消费者对健身俱乐部文化的共鸣，使健身俱乐部形成有效竞争力，从而引导会员主动续费缴费。因此，企业和门店需要推进文化建设，不断整合，将会员情感融入体育健身文化中，使会员形成续费、缴费意向，促进销售量的增长。

3. 形成长期战略眼光促发展

不论是大型企业公司还是小型门店，都需要形成长期的战略发展眼光，避免短期目标所带来的弊端。长期战略目标的制定、目标的实施、具体实操方案以及紧急问题处理办法等，需要多角度、多领域地利用综合市场资源，进而开拓健身俱乐部市场又好又快发展的新渠道。

五 山东省体育健身休闲业发展策略与建议

产业的发展离不开市场，着眼于政府与市场资源要素之间的均衡关系，为推动山东省体育健身休闲业更好更快发展，提出如下建议。

（一）加强供给侧与需求侧的管理，提高市场运转效率

加强山东省健身休闲业的供给侧与需求侧的链接管理，提高体育健身休闲业的市场运转效率。加强市场需求侧的管理，针对需求侧所需的产品，着力开发不同类型的健身产品，引导需求侧的优化升级。对供给侧的管理来说，供给侧要有针对性，对需求侧不能一概而论，对不同年龄段、不同职业、不同身体状况的人群应该设计专门、合理的产品和市场，从而为山东省体育健身休闲业更广阔的发展创造空间。

（二）加快落实体育产业相关政策，增强产业辐射功能

加快落实体育产业相关政策，对国家已经发布的扶持政策，各级行政

部门要加快属地管理政策落实。面对政策落实难的问题,属地在遵守国家政策的前提下,可根据各个地区的实际情况颁布本地体育产业管理的相关政策,在完成好属地政策后加快落实国家政策,跟紧国家体育产业政策的步伐。让资源流通到社会各个方面,使体育产业能辐射到其他产业共生发展。不论是政府还是市场,发展好体育产业的目标是一致的,可以尝试各级政府在统一协调下对体育产业的发展规划、资金分配使用、信息宣传与共享等方面进行宏观审视和多方位整合,以促进山东省体育健身休闲业的快速发展。

(三)倡导"健康储蓄"理念,提高消费意识和热情

倡导"健康储蓄"理念,促使健康关口向前迁移。积极与银行开展合作,发行专属健身银行卡。体育相关部门筛选认定符合条件的健身机构为一卡通消费点。在电视、报纸宣传的基础上,充分利用抖音、微博、微信公众号等新兴媒体,宣传科学健身的知识和方法,推介各类体育健身场所及其服务,增强群众体育消费倾向,从而形成定期参与体育消费习惯。

(四)加强健身休闲产业规划,突出地域特色

山东省各地市、区县应根据地区经济发展水平和自然资源,将健身休闲产业发展用地纳入城乡土地总体规划。围绕山东省黄河流域沿岸和黄河入海口,挖掘、整合、优化黄河沿岸和黄河三角洲文化遗存、生态资源和水利景观,优先发展具有黄河流域特色的体育健身休闲、体育旅游、体育康体养生、航空体验等项目。积极培育以民俗、民间体育为主的黄河体育文化创意、体育培训、体育拓展训练等服务型体育文化产业。重点打造国家级休闲渔业示范区、生态体育产业制造示范区。围绕京杭大运河流经区域及周边大中型湖泊、湿地,充分发挥其世界文化遗产的区位、资源和文化优势,大力开展龙舟、摩托艇、皮划艇等水上休闲运动,创新发展户外运动、休闲旅游、武术文化创意等产业项目。

（五）重视产业人才队伍培养，拓展人才成长平台

教育部门应从准入制度和资金支持等方面，支持山东省体育院校联合其他专业申办体育休闲管理、体育健身医疗、体育经济等相关专业。鼓励山东省高校实现跨境合作，联合办学，招收体育经营管理型专业人才，对已开设社会体育经营管理专业的院校进行课程内容调整，开设经济学、营销学、管理学等课程，培养一批既懂体育又懂经营管理的复合型体育人才。另外，可依托山东大学体育产业研究中心和智慧体育创新中心，建立校企合作、校政合作、校协合作等平台，为体育健身休闲产业人才建立实习实训平台。

（六）加快相关产业融合发展，释放产业耦合效应

山东省体育健身休闲业应与教育、健康、养老、旅游、农业等产业融合发展。重点发展体育旅游，规范体育旅游示范基地建设标准，实施体育旅游精品示范工程，编制体育旅游重点项目名录。重点支持旅游景区拓展健身休闲项目，鼓励国内旅行社结合健身休闲项目和体育赛事活动设计开发旅游产品和路线，打响"好客山东·运动之旅"系列品牌。推进体医融合，探索制订运动与健康促进发展方案。重视运动康复医学发展，积极引入国内外品牌健身医疗机构，建设具有体能检测、运动处方、养生医疗、健身锻炼等综合功能的体育健康综合体，力争形成连锁机构。鼓励社会资本开办康体、运动康复等机构；推广运动处方，建设运动干预慢病防控示范站。

（七）推进"互联网＋健身休闲"，提高智慧体育水平

依托山东数字经济产业园（济南市市中区）、济南高新区齐鲁软件园、日照高新智慧谷、青特集团产业园、济南信息产业园、齐鲁数谷（淄博市）、O·Tech（橙色云）协同创新数字智慧园区（烟台市）、齐鲁大数据产业园（枣庄）、青岛国际创新园、淄博新一代人工智能产业基地、东营软件园、泰山神农智谷大数据产业园、龙湖软件园（临沂市）闽台云计算产业示范区等数字经济园区，充分发挥互联网背景下大数据分析功能，完善健

身休闲公共体育信息服务大数据库，探索体育线上线下有机融合，创建网上预约与线下参与新模式，促进多种消费业态的发展。同时，应建设市民体质测试档案、运动处方库、体育专业人才智库等数据平台。

参考文献

苏义民：《我国体育健身产业发展现状与政策建议》，《西安体育学院学报》2010年第6期，第662～665页。

黄海燕、张林、陈元欣：《"十三五"我国体育产业战略目标与实施路径》，《上海体育学院学报》2016年第2期，第13～18页。

孙晋海：《优势互补高质量发展的山东区域体育产业发展布局思考》，淮河生态经济带体育产业高峰论坛，临沂，2020年8月22日。

王惠：《山东省连锁性健身俱乐部营销模式的研究》，山东体育学院硕士学位论文，2018。

迟正奇：《4Cs理论在健身俱乐部营销中的探索》，山东师范大学硕士学位论文，2014。

B.5

2018~2020年山东省体育场馆服务业发展报告

蔡捷 徐阳*

摘　要： 近年来，山东积极推进公共体育设施网络建设，体育场馆数量与利用效能显著提升，全省体育场馆业迅速发展。本文运用个案研究法、调查法等方法，针对山东省体育场馆服务业特征、现状与问题进行梳理，在分析济南奥林匹克体育中心等案例基础上，从部门协同、平台搭建、智慧服务等几个方面对山东省体育场馆服务业未来发展提出建议与对策。

关键词： 体育场馆服务业　俱乐部　山东省

山东省作为经济文化大省和人口大省，地理环境优越，经济实力雄厚，群众体育、竞技体育等体育事业连续多年位居全国前列。而体育产业"十三五"规划等措施的深入实施，为山东省体育场馆服务业的发展奠定了坚实基础、带来了重大机遇。随着全民健身国家战略和"健康山东"战略的不断推进，供给侧结构性改革和创新创业等发展理念的积极引领，尤其是人们收入水平的不断提高，大众消费结构发生巨大变化。体育场馆服务业与人们的运动健康及生活质量密切相关，社会需求不断提高，山东省体育场馆服务业的发展前景十分广阔。

---

* 蔡捷，山东大学体育学院2016级博士研究生，研究方向为体育产业；徐阳，齐鲁师范大学体育学院讲师，研究方向为社会体育组织管理。

一 体育场馆服务业的重要性与产业特征

体育场馆是体育产业发展最重要的物质载体之一，体育场馆服务业是体育场馆的重要组成部分，能为人们提供场馆服务。体育场馆服务业的水平除了直接影响消费者的消费意愿，还对场馆的经济效应产生影响，并对社会效益产生长远影响。由此可见，体育场馆服务业是体育场馆的关键和核心内容。随着我国经济的发展，体育场馆数量迅速增加，体育场馆服务业也飞速发展。《2019年全国体育场地统计调查数据》显示，截至2019年底，全国体育场地共354.44万个，体育场地面积共29.17亿平方米，人均场地面积2.08平方米。从运动项目类型看，篮球场地97.48万个，全民健身路径82.35万个，乒乓球场地80.56万个，居各类体育场地数量前三位。其他项目方面，健身步道7.68万个（17.93万公里），足球场为10.53万个，排球场地8.77万个，羽毛球场地19.06万个，全国冰雪场地达到1520个，其中滑雪场地644个，滑冰场地876个。与体育相关的基础设施建设也发展迅速，2019年体育场地设施建设实现增加值高达212亿元，增长速度高达41.7%，占全部体育产业增加值比重为1.9%。

与此形成鲜明对比的是，不少体育场馆仍面临运营管理的难题，投入大量资金却并没有获得足够的收益。在"以体为主，多种经营"的改革理念下，不少体育场馆的转型已经取得了成效，然而部分体育场馆因为单纯追求经济利益而降低了服务质量，忽视消费者需求，影响了体育场馆的形象，造成了不良的社会影响。针对上述问题，规范体育服务市场行为、提高管理效率成为体育场馆服务业发展过程中亟待解决的问题。

1. 从业机构多为传统事业单位

当前我国体育场馆业的从业机构主要以事业单位为主，一些体育场馆采用事业单位与企业共同经营或者事业单位企业化管理等方式进行体育场馆运营。随着体育场馆改革工作的不断开展，体育场馆服务业除了对传统管理方式进行改革，也对人力资源进行了大刀阔斧的改革，很多体育场馆实施了绩效工资制度。

2. 运营方式多元化

为了提高经济效益，增加社会影响力，我国体育场馆在运营方式上不断改革创新，目前已经形成了自主经营、承包经营、租赁经营、委托经营（特许经营）以及合资（合作）经营等多元化运营管理方式。一方面，很多体育场馆已经对餐饮、安保、卫生清洁等采取服务外包的方式进行运营，另一方面，一些体育场馆对体育场馆配套的商业设施采用场馆自主经营与租赁经营并存的方式进行经营管理。虽然当前我国体育场馆服务业还是以自主经营为主要经营方式，但自主经营与承包或租赁经营等相结合的多元化运营模式已成为大势所趋。

3. 经营范围广泛

我国体育场馆在长期改革实践过程中，为优化资源配置，避免场馆闲置，依据场馆自身优势，结合市场需求，努力开拓市场，积极开展业务，已经逐渐形成了以本体经营为主、多种业态并存的经营局面。体育场馆服务业的经营范围非常宽泛，除了传统的赛事承办、赛事策划、体育健身、运动培训、文体晚会等本体经营活动，还拓展了餐饮、博览会、商品销售等其他经营活动，经营范围囊括了体育、文艺、旅游、商业等各行各业，形成了百花齐放的局面。冠名权、永久坐席区、VIP 包厢使用权等体育场馆无形资产也得到了重视，体育场馆有形和无形资产实现两手都要抓，两手都要硬。部分体育场馆还主动承担社会上的体育赛事策划活动，增加盈利渠道。

4. 消费者普遍参与性

消费者的参与是体育场馆服务业中的重要一环，消费者购买体育场馆提供的服务包括硬件和软件两大部分，每一部分对消费者而言都非常重要。其中，体育场馆的硬件环境包括体育场馆的场地、器材、声光等，软件环境包含健身教练服务态度、业务能力，服务人员的服务态度，体育馆的品牌、文化等。

二 山东省体育场馆现状

（一）体育场馆总体数量逐步增加

近年来，山东省积极推进公共体育设施网络建设，体育场馆数量与利用效能显著提升，切实落实公共场馆向社会公众开放的要求，积极探寻智慧化体育场馆建设，全省体育场馆业迅速发展。

以2018年12月31日为标准时点，山东省体育局组织开展了体育场地统计调查工作，共有36277名调查员参与此次体育场地统计调查。结果显示，山东省体育场地15.88万个，体育场地面积1.92亿平方米，人均体育场地面积1.91平方米（见图1）。

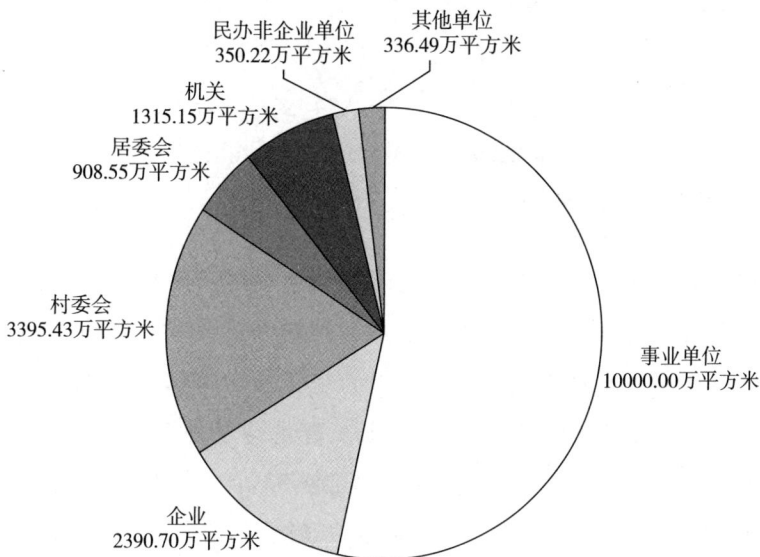

图1 山东省体育场地面积情况（分机构类型）

资料来源：课题组整理。

在基础大项场地方面：全省有田径场地1.29万个，场地面积7304.79万平方米，其中400米环形跑道的田径场地7346个，占56.95%，其他田径场地 5587 个，占 43.31%；游泳场地 503 个，场地面积 1042.63 万平方米，其中室外游泳池 147 个，占 29.22%，室内游泳馆 328 个，占 65.21%，天然游泳场 28 个，占 5.57%（见图 2）。

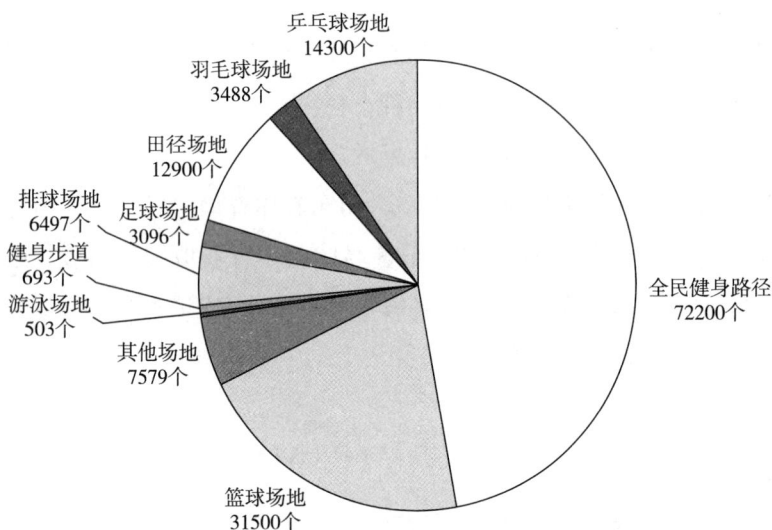

图 2 山东省体育场地数量情况（分场地类型）

资料来源：课题组整理。

在球类运动场地方面，全省有球类运动场地 6.12 万个，场地面积 4973.75 万平方米。其中，足球、篮球、排球"三大球"场地 4.11 万个，占 67.16%；乒乓球和羽毛球场地 1.78 万个，占 29.08%；其他球类运动场地 2304 个，占 3.76%。具体而言：山东省足球场地 3096 个，场地面积 796.23 万平方米。其中，十一人制足球场地 733 个，占 23.68%；七人制足球场地 1014 个，占 32.75%；五人制足球场地 1340 个，占 43.28%；沙滩足球场 9 个，占 0.29%。山东省篮球场地 3.15 万个，场地面积 1981.43 万平方米，是数量最多的体育场地。其中，篮球场 2.87 万个，占 91.11%；三人篮球场 1911 个，占 6.07%；篮球馆 864 个，占 2.74%。山东省排球场地 6497 个，场地面积 322.10 万平方米。其中，室外排球场 6416 个，占 98.75%；排球馆 81 个，占 1.25%。山东省乒乓球场地 1.43 万个，场地面积270.88万平方米。其中,室外乒乓球场1.18万个,占82.52%;乒乓球馆2494个,占17.44%。山东省羽毛球场地3488个,场地面积89.76万平方米。其中,室外羽毛球场2342个,占67.14%;羽毛球馆1146个,占32.86%。山东省冰雪运动场地56个,场地面积286.35万平方米。其中,滑冰场地19个,占33.93%;滑雪场地37个,占66.07%。

在体育健身场地方面:山东省全民健身路径7.22万个,场地面积2360.73万平方米;山东省健身房6027个,场地面积732.27万平方米;山东省健身步道693个,长度3980公里,场地面积1934.49万平方米。表1展示了2018年山东省体育场地总体情况。

表1　2018年山东省体育场地统计

指标名称	数量
人均体育场地面积(平方米)	1.91
体育场地数量(个)	15.88万
基础运动场地	
田径场地(个)	1.29万
游泳场地(个)	503
球类运动场地	
足球场地(个)	3096
篮球场地(个)	3.15万
排球场地(个)	6497
乒乓球场地(个)	1.43万
羽毛球场地(个)	3488
冰雪运动场地	
滑冰场地(个)	19
滑雪场地(个)	37
体育健身场地	
全民健身路径(个)	7.22万
健身房(个)	6027
健身步道(个/公里)	693/3980

资料来源:课题组整理。

截至 2019 年，山东省共有体育服务综合体 103 个（临沂市数据未统计）。各市建成了全民健身活动中心，97% 的县建成了公共体育场，83% 的乡镇街道建有室内外健身设施，80% 以上的行政村建成了健身广场（包括 8654 个省定贫困村）。2019 年投入省级资金 3000 万元，资助建设了 1000 个农民体育健身工程，截至 2020 年 10 月工程建设已基本完成。体育场馆中有国家级示范单位一个（济南奥林匹克体育中心）、省级示范单位一个（威海市奥林国际健身中心）、省级示范项目一个（滨州市奥林匹克体育馆综合利用开发项目）。从总体上看，山东省体育场馆的市场主体总量和成长性都有新的提升。

（二）体育场馆服务业发展规模稳步提升

"十三五"期间，山东省体育场馆服务业规模稳步提升。2015 年，山东省体育场馆服务业总产出为 15.12 亿元，占同期全省体育产业总产出的 0.7%；增加值为 7.12 亿元，占同期全省体育产业增加值的 1.2%。2016 年，山东省体育场馆服务的总产出为 18.12 亿元，较 2015 年增长 19.84%，占同期全省体育产业总产出的 0.8%；增加值为 8.55 亿元，较 2015 年增长 20.08%，占同期全省体育产业增加值的 1.2%。2017 年，山东省体育场馆服务的总产出为 22.89 亿元，较 2016 年增长 26.32%，占同期全省体育产业总产出的 1.0%；增加值为 10.81 亿元，较 2016 年增长 26.43%，占同期全省体育产业增加值的 1.4%。2018 年，山东省体育场馆服务的总产出为 21.35 亿元，较 2017 年下降 6.73%，占同期全省体育产业总产出的 0.9%；增加值为 9.18 亿元，较 2017 年下降 15.08%，占同期全省体育产业增加值的 0.9%。表 2 为 2015 ~ 2018 年山东省体育场馆服务业总产出和增加值的具体情况。需要说明的是，2018 年为全国经济普查数据，2015 ~ 2017 年为山东省体育统计数据，数据不可比。

（三）体育场馆服务业服务平台进一步完善

山东省体育产业服务平台在"十三五"期间得到进一步完善，特别是

表2 2015~2018年山东省体育场馆服务业总产出和增加值情况

单位：亿元，%

年份	占体育产业比重			
	总产出	增加值	总产出	增加值
2015 年	15.12	7.12	0.70	1.20
2016 年	18.12	8.55	0.80	1.20
2017 年	22.89	10.81	1.00	1.40
2018 年	21.35	9.18	0.90	0.90

资料来源：课题组整理。

体育场馆服务业通过整合政府资源和市场资源，共建智慧体育服务平台，通过电子地图、场馆预约、资源交易、赛事服务、媒体转播等多种方式打通供给侧和消费侧链接。例如，山东省体育中心积极引进"互联网＋"，将大数据和软硬件应用于传统体育场馆，迈出了智慧场馆建设的新步伐。山东省体育局与山东海看网络科技有限公司共同建设了海看体育－山东体育产业公共服务平台，其范围涵盖场馆电子地图、健身场地预约、健身指导、赛事报名、资源交易等功能，切实解决广大人民群众"去哪健身、和谁健身、怎么健身"的问题。烟台市体育局开发"搜动烟台"App，威海市体育局发布电子健身地图等，及时发布体育运动、体育锻炼等信息，方便广大体育爱好者预约场馆、参与健身和赛事报名。

（四）公共体育场馆改革逐步深化

为有效解决人民群众对体育健身的新需求和体育场馆有效供给不足的问题，山东省积极响应国家体育总局"两改分离"试点工作要求，稳步推动公共体育场馆"两改试点"工作，确立了"为全民健身、竞技体育、体育赛事、城市体育公共活动提供满意服务"的功能定位。对标国内先进场馆运营管理经验，努力缩小在承办国内外高水平体育赛事、群众性健身比赛活动和儿童青少年体育训练等方面的水平差距。济宁市承办第二十三届省运会的四家体育场馆和枣庄市文体中心由珠江实业集团管理运营。济南市体育局原下属副局级事业单位的济南市奥林匹克体育中心在 2019 年 12 月已由济南文旅发展集团有限公司进行了代管。青岛市中联李沧运动公园、即墨创智新区体育中心等部分大型场馆委托专业运营公司管理运营，实现了经营权与所有权分离，另有 20 多个场馆有意向开展两改试点。

三 山东省体育场馆服务业发展的问题与不足

（一）总量规模与发展质量有待提升

山东省体育场馆服务业的发展速度相对缓慢且不稳定，总体规模偏小，总产出和增加值相对较小，增加值在全省体育产业增加值中所占份额相对较小，2018 年较上一年度出现了下滑。整体发展水平不高，核心竞争力不足，产品和服务趋于同质化，欠缺特色经营、特色产品、特色服务。

（二）产业融合和资源共享有待强化

山东省体育场馆服务业仍存在与其他行业之间融合程度不够的问题。特别是作为承载赛事的硬件设施，山东省大部分体育场馆缺乏优质的赛事资源，与健身休闲业、竞赛表演业、体育用品制造业等行业没有形成稳定的合作，缺乏资源共享，尚未形成优势互补与合作共赢的局面。

（三）项目设置与服务供给有待优化

山东省大部分体育场馆提供的可供选择的运动项目集中于篮球、足球、排球、乒乓球、羽毛球、网球、游泳等大众运动项目，没有重视蹦床、风洞等小众项目的引进。根据国内外体育场馆服务业的发展经验，足球、篮球、排球等传统项目占地面积大，导致其使用坪效低，带来的增加值也相对较低，对增加客流的贡献不大。为发展多元化经营模式，优化项目设置，提高服务供给，当前应积极引进蹦床、风洞、射箭等小众项目，这些小众项目与传统运动项目相比不仅占地面积小，使用坪效高，增加值高，而且由于体验消费的门槛低，休闲娱乐性强，能够吸引更多的消费者，特别是年轻消费者，从而提高场馆的经营活力。

（四）场馆改造与管理运营渠道不畅

我国体育场馆的改造涉及场馆所有方、经营方、消费者等多元利益主体，基于"两权分离"的历史原因，政府相关部门拥有公共体育场馆的所有权，社会力量拥有体育场馆的经营权，因此，体育场馆的改造除了考虑消费者的实际需求，还必须要综合考量政府部门和社会力量的意见。根据山东省当前的公共体育场馆改造的经验，体育场馆的资金主要来源于政府的财政资金，社会力量投入的资金很少，政府几乎主导了场馆功能改造的全过程。这种改造模式容易导致忽略社会实际需求，盲目进行改造，造成改造的失败，不利于今后体育场馆的管理运营，而造成这种现象的最重要的原因就是公共体育场馆经营权未完全向社会放开。

（五）全面服务体育发展的能力不够

体育产业在一定程度上属于城市现象。将体育场馆改造提升为城市体育综合体是全面发展体育场馆服务业，促进体育产业全面提高的重要举措。然而目前山东省各市的城市体育综合体并不多，导致全面服务体育发展的能力不强。当前山东省体育场馆服务于群众体育、竞技体育、体育文化等体育事业的能力依然不强，需要通过创新发展载体与模式予以完善。

四　典型案例

（一）济南奥林匹克体育中心运营发展分析

1. 济南奥体中心基本情况

济南奥林匹克体育中心（以下简称"济南奥体中心"）位于济南市经十

东路，主要包括：6 万座席的主体育场，以及配套的田径训练场和足球训练场；1 万座席的体育馆，以及配套的训练馆、20 片室外篮球训练场；4000 座席的网球馆，以及配套的两片 1000 座席的网球半决赛场、14 片网球预赛场；4000 座席的游泳馆；约 6 万平方米的中心区观众平台，其地下用于商业和停车等。此外还有户外广场、道路及绿化景观等。济南奥体中心共占地约 81 公顷，总建筑面积约 35.7 万平方米，总投资概算约 50 亿元。济南奥体中心的场馆规划呈现"三足鼎立""东荷西柳"的外观布局，能够承担全国性体育赛事和国际单项体育赛事，是泉城济南非常具有特色的标志性建筑之一。

2. 发展态势分析①

截至 2020 年，济南奥体中心建成投入使用已经 10 多年，在承办第十一届全运会之后，还举办了诸多大型文艺演出、各类展览和商业服务，不仅成为济南体育运动中心、文化活动中心和群众健身中心，还在运营上实现了体育产业化，成为规模较大的商业与娱乐综合体。

坚持社会效益、经济效益并重。践行大型体育场馆免费低收费开放社会责任，坚持场馆健身开放公益旗帜不动摇，始终坚持室外健身场地免费向市民开放，室内场地均以至少低于市区同类场馆（地）30% 的价格开放办法，对老年人、城乡低保对象、残疾人等实施优惠和免费服务，实行常年无休对社会开放，最大限度发挥场馆公益性和社会效益。目前，各项目平均每天低价开放 10 小时以上，每周低价开放 70 小时以上；中心体育场、室外篮球场、笼式足球场、健身公园、二层平台塑胶跑道等设施实行全年全天免费向市民开放，并结合市民健身需求增设了室外羽毛球、乒乓球、气排球场地，每周开放时间大于 105 小时，中心全年开放时间不少于 350 天；科学健身馆全民体质监测设备全年免费向市民开放，并根据体测结果开具健身指导处方，指导群众科学健身、安全健身；中心充分利用节假日开展了"三八女

---

① 《济南奥林匹克体育中心座谈会资料汇总》、《济南市"十四五"体育发展规划调研汇报提纲》。

神节"、全民健身月、全民健身日等场馆免费开放活动，为增加活动的惠民力度和便捷度，让更多市民享受运动的快乐，每年活动期间发放各类免费健身体验券万余张；同时每年积极举办包括家庭节、会员乒乓球赛、会员网球赛、3V3篮球争霸赛、小篮球赛、青少年笼式足球争霸赛等多个全民健身公益活动，涉及足球、篮球、乒乓球、业余马拉松和游泳等多种群众喜闻乐见的体育项目。

不断提升核心业务能力。赛事举办是大型体育场馆的重要本体功能，也是宣传中心形象的重要机遇。作为济南市规模最大、功能最全、档次最高的综合性体育建筑组群，五年来中心接连承办三届全国少儿游泳冠军赛、三届国际级田径比赛（田径大奖赛或青少年田径锦标赛）、四届全国东西南北中羽毛球大赛、2016年畅游泉水国际邀请赛、2016年ITF国际男子网球巡回赛（济南站）、2017年ATP国际男子网球挑战赛、2018年及2019年济南网球公开赛、2019年国际泳联游泳世界杯等高端赛事。

稳步提高运营开发水平。"十三五"以来，济南奥体中心稳步推进运营开发，激发场馆内生活力，各类活动场地租赁年收入约4500万元。积极统筹内外资源，对外加强协调联络，与国内知名演出公司进行对接，商洽文化演出合作；对周边电话回访，增加客户忠诚度，争取达成长期合作意向，对罗麦、华旗、克缇、金天雪企事业单位进行走访调研，加强文体活动联络；对有过合作的企事业单位进行常态化互动交流，新时代等国内知名企业已连续多年在中心举办企业年会及庆典会议等活动；对内充分发挥大型综合性体育场馆优势，拓展经营范围，优化、细化了场地租赁流程和服务，大大提高了场地查看、活动洽谈、协议签订等环节的效率，向时间要效益；同时对活动开展的服务保障工作提出了更高标准要求，确保活动快速、稳妥落地，场馆资源得到更加充分的利用。

3. 发展建议

（1）整合联动场馆资源。目前，济南奥体中心旗下的场馆、项目采用独立经营的方式，且主要是内部承包责任制，前来消费的人群无法在此进行多项目的消费，增加了消费障碍，限制了消费者的消费热情。济南奥体中心除主场馆外，还有11届全运会省建场馆、大规模体育比赛场馆及历城赛马场等。根据当前济南奥体中心内场馆数量多、运动项目杂，且多数独立经营的局面，应积极开展场馆的集团化规模化经营，形成济南奥体中心内部资金、票务、器材设备、交通旅游等资源共享，根据各个场馆的经营优势，进行合理规划，尽量减少独立经营、单独消费的情况，多方联动，构建内部利益共同体，实现集团化发展。积极引导消费者办理通卡和通票在济南奥体中心进行多项目体验和消费，提高消费者的兴趣，最终实现向社会健身俱乐部的会员制过渡。

（2）整合开发旅游资源。济南奥体中心体育场馆在设计规划建设之初就结合济南当地的自然风光特色，将体育场馆办赛功能与视觉景观相融合，"东荷西柳"，整个场馆区域密切结合了济南这座城市的自然风光景色，既提高了自身的地域特色，也成为济南标志性建筑，为济南奥体中心的体育旅游开发提供了发挥的余地。荟萃奥体文博片区的自然生态、人文景观、文化优势，统筹区域内自然、人文与体育协调统一的旅游资源，开发体育文化、休闲旅游。

（3）多方引进培养人才。一是改变引进人才的单一渠道，不仅要引进高校体育专业、市场营销专业、管理专业的优秀毕业生，也要加大对驻济院校、企事业单位的人才引进力度，利用有吸引力的工资待遇、有发展前途的职位吸引更高层次的体育场馆管理人才加入济南奥体中心的运营管理工作中。二是加强对济南奥体中心现有人员的培训力度，努力提高人员的管理素质，拓宽其视野，打造属于自己的复合型管理人才。三是积极开展与高端体育人才和管理人才的多方合作，建立自己的智囊团，鼓励各方建言献计，激发奥体中心的活力。

（二）体育服务综合体：山东乐动产业发展集团

山东乐动产业发展集团在体育产业升级转化中，取得了体育工程、健身服务、赛事运营互补式发展的效果。通过内、外部资源的优化整合，实现了管理运营的提质增效，不断提高赛事服务的能力和水平。在青少年健身培训方面，与齐鲁晚报一起打造"齐鲁晚报·乐动 MALL"，成为山东省首家课程培训类体育综合体和地标性体育文化产业品牌。

1. 基本情况

2020 年 7 月，山东乐动体育产业有限公司更名为山东乐动产业发展集团，正式开启集团化运作时代，集团总部坐落于济南市历城区工业北路 58号恒大城东部乐动运动中心。公司目前已是集体育器材生产与销售、体育工程建设、健身休闲服务、青少年体育培训、赛事与场馆运营于一体的体育产业集团。

公司主要产品涵盖体育场馆设施、泳池设备、儿童游乐设备、园林配套设施、室内外健身器材、竞技体育器材、康乐休闲设备等。公司下辖企业山东飞尔康体育设施有限公司，坐落于济南市章丘区，工厂占地面积 2 万平方米，是集产品研发、生产、销售为一体的体育与游乐设施制造商，凭借着产品廉价质优的特色和以用户为中心的服务宗旨，产品不仅获得了德国 TUV认证、欧盟 CE 认证、NSCC 国体认证等资质，产品远销美国、英国、法国、德国、意大利、西班牙、芬兰、希腊、土耳其、波兰、比利时、俄罗斯、中国台湾等多个国家和地区。

公司自 2012 年成立以来已累计承接大小工程项目 460 余项，累计收入3.2 亿元，年收入增长在 20% 左右。产品实现山东省各城市全覆盖，类别包括塑胶跑道、人造草坪、室内外运动场、室内泳池、场馆灯光与照明、室外健身路径等，为数百万人的健身需求提供了良好的硬件条件。

在行业资质上，公司已获 ISO9001：2000 质量管理体系认证、ISO14001：2004 环境管理体系认证和 GB/T28001：2001 职业健康安全管理体系认证（3 体系认证）；获得由商务部、国资委认可的企业信用等级 3A认证、由济南市科学技术局认定的"高新技术企业"称号、由中标联合（北京）认证有限公司颁发的售后服务五星认证及知识产权管理体系认证。在业务资质上，公司已取得建筑工程施工总承包三级资质、市政公用工程施工总承包三级资质、建筑机电安装工程专业承包三级资质，这些资质是公司核心竞争力的重要组成部分。在企业荣誉上，公司曾多次获得省、市"守合同重信用"荣誉称号,目前是中国田径协会场地器材装备委员会会员单位、山东专业运动场地委员会会员单位、山东省体育场馆协会副会长单位。

公司 2015 年开始向体育服务业转型,目前已有乐动健身中心 5 座,包括历城区体育中心(齐鲁晚报·乐动 MALL)、乐动健身恒大城店、乐动健身恒大名都店、乐动健身凤凰国际店、乐动健身金汇瀚玉城店,总营业面积超 5.5 万平方米,累计投资 7000 余万元,固定会员 3 万余人,年营收在 2000 万元左右,在济南市健身行业已初步具有一定的规模和影响力。

新冠肺炎疫情期间,公司不畏艰难,勇于担当,累计向姚家街道办事处、王舍人办事处、济南市各区县体育管理部门、新闻单位、驻济部队、城市建设等单位捐赠价值 21 万余元的防疫物资,并积极组织公司员工下沉防疫一线,志愿服务恒大城社区居委会。新冠肺炎疫情防控期间公司获得了由济南市章丘区教育和体育局颁发的"新冠肺炎疫情防控全民健身突出贡献奖"。

2. 做法与成效

(1)顺应市场需求,积极转型体育服务业。为了更好地实现产业转型,积极顺应市场形势,公司着力开拓体育赛事运营领域、健身服务和青少年体育培训领域。2018 年公司顺利承办济南环华山湖半程马拉松,2019 年继续成功举办,该赛事在行业内已获得"华马"这一简称美誉,与泉城(济南)马拉松互为系列赛。"华马"是济南市首个中国田径协会 A1 类认证赛事,济南市首个中国田径协会铜牌赛事和"最美赛道"特色赛事。2019 年,公司相继承办斯巴达勇士挑战赛和中国击剑俱乐部联赛。大型赛事的成功举办极大地提升了公司的知名度和影响力,让公司内部业务实现"联动",初步取得了体育工程、健身服务、赛事运营互补式发展的效果。大型赛事的承办经验不断积累,使赛事服务这一产业"附加值高、产业链长"的优势逐渐显现,也更加坚定了公司向赛事运营这一方向努力的信心。

在健身服务方面,发挥公司健身俱乐部和健身中心贴近社区的优势,努力提高全体员工主人翁精神和服务意识,使大家都成为公司的"销售代言人",以优质贴心的服务增加客户信任,以实现留住客户的目标。通过政府提供的免费、低收费政策,引导社区居民错时、错峰健身,形成了社区健身的氛围,引导社区居民养成健身的习惯。公司所属的四大健身中心(恒大城店、凤凰国际店、恒大名都店、金汇翰玉城店),均配备全球专业器材供应商提供的运动器械设施。游泳池依照国际标准建设和管理,同时利用自身拥有的专业体育人才,在健身培训和指导、教练员和裁判员培养、全民健身赛事组织等方面提供了优质的服务,助力济南市全民健身事业发展。

青少年体育培训目前已初具规模,自有篮球训练营学员已达 320 余人,每年暑期游泳班收录学员 800 余人,下一步公司将重点打造儿童体适能培训,结合场馆和赛事运营优势,通过举办更多高规格的青少年体育赛事带动青少年体育培训快速发展。

(2)整合外部资源,提质增效公司运营。在外部资源的整合利用上,努力争取外部支持。紧紧抓住华山片区打造成济南北部文旅体育休闲新城和北跨桥头堡这一机遇,以打造"华马"这一赛事为抓手,拓展济南市体育活动空间,为推广宣传济南生态旅游品牌助力,实现体育+旅游的深度融合发展。

为了进一步开拓济南东部市场,为公司后续集团化运作积累更多优质资源,更好地实现体育工程、健身休闲、赛事运营业务之间的互补,2020 年公司利用获得历城区体育中心运营权这一契机,与齐鲁晚报一起打造"齐鲁晚报·乐动 MALL"——山东省首家课程培训类体育综合体。目前已有 10 余家培训机构入驻,项目涵盖球类、田径、武术等。采用一站式服务,通过打包多个项目进校园、统一班车接送服务、课后学业辅导等措施,实现学校体育和课后体育培训的对接,培育青少年参与健身培训的土壤,逐步把这一品牌做大做强。未来,"齐鲁晚报·乐动 MALL"还将加大与体育课程培训机构的深度合作,进一步丰富体育课程项目,满足更多群体的体育课程培训需求。另外,依托历城区体育中心优质的场地资源,利用这一地标式建筑在唐冶新区的影响力,积极引进场馆演艺、文艺展演、企业团建等活动,结合齐鲁晚报的媒体宣传优势,发挥"传媒+体育"的综合运营优势,构建地标性体育文化产业品牌,创造更好的社会效益和经济效益。

(3)避免盲目扩张,优化整合内部资源。公司本着"务实、服务"的态度，主动吸取同类健身服务企业盲目扩张，只重预售不重服务导致大面积关店的经验教训，制定了避免盲目扩张，资源高效整合的战略，在公司主营业务体育工程、健身服务、赛事与场馆运营、青少年体育培训等各板块间实施战略高效整合，实现优势互补，缩减与国内领先体育产业集团的差距。随着公司业务的不断扩大，对人才的需求也日益多元，特别是高端的场馆运营、赛事组织、健身服务等方面的专业人才，为此，公司制定了优惠的人才引进政策，吸引了一大批有志于健身服务产业的优秀人才的加入，为企业发展奠定了雄厚的人才基础。

公司通过出让技术、投资等方式，企业实现了与有关单位的合作共赢，取得了中国田径协会场地器材装备委员会会员证书、建筑业企业资质证书、体育场配套设施售后服务认证证书、体育场配套设施管理体系认证证书等一系列资质。这些资质的取得实现了内部资源的聚集，增强了平台的凝聚力和工作效率，能够快速协调开展工作。

公司始终恪守"品质为本、服务至诚、持续发展"的发展理念，勇于践行企业责任，在后疫情时期无惧困难形势，勇于担当，以高品质的体育产品和至诚的体育健身服务，成就了企业发展的提质增效，为企业的可持续发展提供了强劲的动力。公司主要业务板块为体育工程、健身服务、赛事与场馆运营、青少年体育培训，未来在公司内部组织架构、人员薪酬、职位晋升等方面进行改革，在以人为本的基础上更好地发挥员工主人翁精神，形成一支有竞争力、有责任心、有服务态度的专业团队。

3. 未来发展思路

（1）在创新经营方面，加强外部合作。公司不仅全部实现集团化运作，还将继续推进与盛力世家赛事的合作，结合盛力世家的高效团队管理、高水平赛事运营优势，将公司迅速打造成国内知名的体育服务公司。

（2）在体育工程方面，提升科技含量。公司将聚焦更多智慧体育项目，努力向"体育＋科技＋互联网"靠拢，提升公司核心竞争力，积极争取参与行业内相关管理标准和制造标准制定机会。在赛事运营上，凭借华山历史文化公园深厚的文化底蕴和丰富的旅游资源，公司将济南环华山湖半程马拉松打造成济南的"扬州鉴真马拉松",实现金牌赛事目标的同时向国际标牌赛事看齐,成为"齐烟九点""鹊华烟雨"等文化展示窗口,实现新旧动能转换北跨"桥头堡"的战略目标。

(3)在健身服务方面,提升服务质量。在每年实现 5000 万元收入的基础上,继续优化会员服务和私教服务,补齐与国内知名健身机构的短板。在青少年培训方面,依托山东省青少年体育联合会和"齐鲁晚报·乐动MALL"的优势,通过精心的赛事策划与运营,扩大学员基数的同时为健身服务和"齐鲁晚报·乐动 MALL"带来更多人流。

"不忘初心,砥砺前行,迎难而上"的企业精神是乐动体育团队多年来积累下的宝贵财富。"心怀感激,积极践行企业社会责任"是乐动集团董事长一直倡导的行事理念。在挑战中拥抱变革,在创新中赢得机遇,在服务中赢得发展,一支有激情、有责任、有态度的队伍正在以饱满的热情、执着的心态、优质的服务奋进在山东乃至中国体育产业发展的道路上。

五 山东省体育场馆服务业发展的建议与对策

(一)健全部门协同联动工作机制

在当前阶段,山东省推进体育场馆发展建设的工作任务主要聚焦于体育部门,在这种机制下推进场馆功能改造的力量有限。各市在体育场馆建设运营的实践中,应由当地政府牵头、建立多部门共同参与的公共体育场馆功能改造工作机制。应着力打通当前制约公共体育场馆功能改造的政策"堵点",目前涉及场馆功能改造的政策仅有《国家体育总局办公厅关于在全国范围内开展公共体育场馆"改造功能、改革机制"试点工作的通知》等少数文件,建议对消费者做好调查,考虑民众对体育场馆改造的意见,推动由山东省体育部门联合发展和改革、规划、财政、自然资源等部门共同出台相关指导文件,在山东省城市发展的整体战略中纳入公共体育场馆提升改造计划,明确各部门的工作职责和权力,建立部门沟通机制,力求解除公共体育场馆功能改造的藩篱。

（二）搭建多利益主体的决策平台

在当前阶段，大多数公共体育场馆的资产所有方为政府部门。因此政府部门需要主动作为，积极搭建由政府部门、社会力量、消费者共同参与的决策平台。创新市场化运营管理机制，积极推进场馆经营权招投标，确定运营机构之后再推进场馆功能开发改造，使场馆功能符合运营机构的需求。注重市场需求反馈，尤其应针对消费者进行项目的调查研究和消费需求的持续监测，使场馆功能方案的设计符合消费者的需求。

借鉴国外和其他行业领域的经验，积极建立体育场馆建设或改造的社会公示和听证制度，鼓励公众表达自身利益诉求，应邀请部分群众代表参与场馆功能方案的设计和重大决策决定。建议由山东省体育部门带头，主动联合多部门的力量，努力推广和普及山东省公共体育场馆的社会听证制度，提高决策的科学性。

（三）倡导"重构－运营－移交"(ROT)模式

国务院、财政部、国家发展和改革委员会等推出的《关于加快发展体育产业　促进体育消费的若干意见》《加大力度推动社会领域公共服务补短板强弱项提质量 促进形成强大国内市场的行动方案》《关于推进政府和社会资本合作规范发展的实施意见》等一系列文件，均鼓励采用政府和社会资本合作模式发展体育产业、补充公共体育服务短板。ROT 模式不仅可以引进社会资本力量投资体育场馆业，同时，鼓励社会资本参与的 ROT 模式能够降低体育场馆改造过程中产生的经济成本，节约时间，建立共享利益、共担风险的合作伙伴关系，并且扩大了体育场馆建设改造的资金来源，有效缓解政府部门的财政压力。

此外，社会资本在其他体育行业有丰富的实战经验，能够充分调动员工的积极性，努力提高服务质量，因此建议山东省主动借鉴深圳大运中心等采用"重构－运营－移交"（ROT）模式进行体育场馆改造的成功经验，出台ROT 模式应用到山东省公共体育场馆的配套实战操作指南，努力引导体育健身俱乐部、体育健身休闲企业和体育竞赛表演企业等多元社会力量合理开发升级公共体育场馆的功能。

（四）打造体育服务综合体

近年来，随着以城乡统筹、城乡一体、产城互动、节约集约、生态宜居、和谐发展为主要特征的新型城镇化战略的持续推进，在省政府的统筹部署以及省体育局、地方各级体育部门的积极探索下，一批国家体育产业基地、运动休闲小镇、体育特色村等体育综合体不断落地，取得了积极的创新发展成果。建议结合体育综合体的发展理念，努力挖掘体育场馆现有的空间资源，提升体育文化附加值，发挥周围生态环境的潜力和优势，打造一系列扎根基层、服务群众、独具特色、风格迥异的体育服务综合体，全面提高体育综合体服务全区域的能力，缓解人民日益增长的体育需求与体育发展不平衡、不充分之间的矛盾。将体育综合体发展成为城市中的"集核"，从规划引领、均衡布局、模式设计和建设推进等方面入手，激发体育及相关产业上下游联动、横向行业融合的集聚效应，从而实现体育产业的提质增效，促进体育事业和体育产业的创新、均衡发展。

针对部分体育场馆在功能改造实践中存在的行业布局不合理、服务效率低、资源优势不明显的问题，建议山东省场馆根据非体育用地的分布特点，结合当地消费主流趋势，考虑前来消费群体的消费特点、消费能力、居住区域等问题，将餐饮、购物、休闲娱乐、展览等业态点状分布于体育场馆的整体结构中。以少儿体适能培训为例，可在该项目周围设置一些针对少儿家长的服务业态，通过消费业态组合实现家庭的一站式消费，全力实现体育产业的正外部性作用，为体育场馆带来"1＋1＞2"的增值效应。

（五）联合所在城市协同发展

从大型体育场馆内部空间开发及其与周边空间的衔接角度看，应更加注重交通等基础设施的配套和对接，同城市中心区的发展计划及整个城市发展目标等相结合，利用场所及其相互间的集聚效应进行联合开发。推动机场、火车站等交通节点建筑和地铁等轨道交通、主干道与大型体育建筑的合理接驳，逐渐向商业区、展示中心和文化中心等多功能区转变，形成多功能城市体育综合体。

同时，以大型体育场馆为中心，建立综合交通网络，以当地公共交通为核心，实现多层次、多元化的网络化连接，努力实现交通的便捷、高效、安全、低成本，提升体育场馆周边交通的整体运行效率，充分调动城市各阶层居民的机动性。市政基础服务方面，统筹规划市政基础设施、管线的建设和管理，积极提升城市电力、通信、网络、排水、燃气、热力、广播电视等市政基础服务稳定性和安全性。

此外，在城市发展规划的内容中纳入大型体育场馆，在城市产业规划中提高体育场馆与周围环境要素空间的互动。充分发挥大型体育场馆对优化城市空间结构的主导作用，力求明确城市不同空间区位的发展标准与发展重点。以空间开发为基础，综合考量城市发展的各个角度与层次，创新体育场馆空间开发新渠道，如通过建设与完善基础设施、提高产业与环境互动效率，提升居民消费水平、展示城市文化等。

（六）提高场馆智慧服务水平

体育场馆服务业是体育服务业的重要组成部分。当前中国进入了服务业为主的发展阶段，随着网络技术和数字技术的发展，体育场馆服务业可以借助网络的放大优势，形成规模经济和范围经济。加快"智慧体育场馆"的建设与改造，通过手机等移动终端实现体育场馆信息查询、交通导航、网上订票、网上点餐购物、赛事直播等"一键式"服务，实现体育场馆服务的智能化，提高消费者的便捷化消费体验。依托山东省体育大数据中心进一步摸清全省体育场馆的相关数据，加强数据分析和结果运用，探索制定全省体育场地电子地图，搭建全省体育健身与运动休闲场馆运营管理平台，适时向社会发布，为政府决策和市场整合体育数据资源做好基础性工作。

同时引导、鼓励体育场馆与互联网企业加强合作，打造互联网健身培训、体育资源交易平台，体育智能化平台和互联网赛事报名、赛事转播、交流互动、赛事参与等新业态，做好线上、线下结合文章，大力发展流量经济、规模经济。未来也可通过智慧场馆的大数据功能加强对消费者需求的分析与管理，以期更好地为消费者服务。

（七）提高场馆使用坪效

当前篮球、足球、羽毛球等大众运动项目依然是山东省体育场馆进行体育类消费的主流，虽然该类运动普及率较高，但因开放程度和配套服务问题，亟须提高体育场馆的空间利用效能。目前衡量体育场馆运营效能最常用的经济指标就是坪效，具体而言就是衡量单位面积的场地所创造的营业额。单独就坪效而言，蹦床、击剑、保龄球、潜水、风洞、攀岩等小众运动项目明显要高于足球、篮球、羽毛球等大众运动项目。近年来，很多商场嗅到了小众运动项目的商机，开始布局小众运动项目，小众运动项目成为消费热门，甚至网红打卡地，但是受制于场地、指导人才的不足，这些项目消费人群的总体规模并不大，且增长后劲不足。因此建议场馆根据市场需要结合消费者具体需求，除了设置必要的大众运动项目外，可重点考虑设置一些经济效益较高的小众运动项目，以提高场馆的运营效率。

（八）合理规划供给产品

伴随体育市场社会化供给能力的提高，政府将大型体育场馆的经营权让渡给事业单位和企业，希望推动全民健身，让每个居民受益。体育场馆服务产品的供给需要对服务项目的配额、消费时间与价格等进行相应规范，以提高产品服务质量、丰富产品内容和配额等，从而提高消费者的服务感受和忠诚度。体育场馆经营者应通过社会调研、咨询专家意见等方式了解当地居民有关体育消费的相关信息，制定优化方案，进行合理的时间和价格规划，满足不同群体的消费需求，实现经济效益和社会效应双丰收。同时依据国家的惠民体育政策，合理规划，积极开展体育公益事业，定期举办全民健身宣讲、健康知识讲座、体育文化宣传等活动，丰富居民的体育知识，鼓励居民前来参加广场舞、健步走等群众喜闻乐见的活动，不断丰富体育服务的多样性，提高服务的灵活性，结合当地体育文化，开展丰富多彩的体育活动。

（九）提高无形资产溢出价值

体育场馆服务业的发展离不开无形资产开发。体育场馆服务业的无形资产包括体育场馆冠名权、VIP 包厢使用权、永久坐席的使用权等。其中，在发达国家 VIP 包厢使用权属于体育服务业无形资产开发的重要项目之一，也是主要经济收入来源。目前，我国上海奔驰文化中心得到的商业赞助与 VIP 包厢的收入占其全年总收入的八成以上，但整体而言，VIP 包厢使用权开发并不乐观。提供体育场馆冠名是一项能实现多方共赢的体育场馆服务业，一方面，可以为体育场馆的运营融资，由于冠名的期限一般较长，收益比较高，对体育场馆而言是一项非常稳定的收入；另一方面，也可以提高冠名企业的品牌知名度，打造企业健康向上的形象。

总体而言，今后要建立政府引领、部门协同、市场主导、社会参与的体育场馆服务业发展机制，健全多部门合作的工作机制，搭建多利益主体的决策平台，倡导"重构－运营－移交"（ROT）模式。通过打造体育服务综合体建设智慧场馆，提高场馆使用坪效，合理规划供给产品，开发无形资产增加溢出价值，全面推动体育场馆服务业与其他各业态统筹发展。着眼于构建体育场馆的生态服务链，建立信息互联共享、管理协同高效、应用规范便捷的体育场馆综合服务平台，逐步形成自己的竞争优势，培育体育产业高质量发展的新优势、新动能，有力支撑体育强省和"健康山东"建设。

参考文献

陈元欣、刘倩：《我国大型体育场馆运营管理现状与发展研究》，《体育成人教育学刊》2015 年第 6 期，第 23～31 页。

陈元欣、陈磊、刘恒、郑芒芒：《公共体育场馆功能改造之理论逻辑与现实困境——以洪山体育中心为例》，《上海体育学院学报》2020 年第 5 期，第 37～46 页。

丁云霞、潘时华：《体育综合体转型发展的逻辑动因与路径——基于"以人民为中心"的体育价值取向》，《上海体育学院学报》2018年第6期，第30~35页。

高晓波、郑慧丹、王春洁：《大型体育场馆不同服务主体供给产品多样化研究》，《体育学刊》2019年第5期，第79~85页。

郝海亭、徐晓敏、于作军、霍兴彦：《大型体育场馆与城市协同发展的路径探析》，《北京体育大学学报》2019年第4期，第42~49页。

刘彩凤、靳厚忠：《体育场馆冠名权杠杆作用机理及其实现路径研究》，《天津体育学院学报》2020年第2期，第189~194页。

孔湛琦、孔祥敏：《大型体育场馆运营管理中存在的问题及对策研究》，《山东行政学院学报》2017年第5期，第112~115页。

黄鄢铃子、陈元欣：《全球著名体育场馆运营经验与启示》，《体育文化导刊》2019年第7期，第100~104页。

（济南奥林匹克体育中心座谈会资料汇总）：《济南市"十四五"体育发展规划调研汇报提纲》。

专 题 篇
Special Reports

B.6
山东省体医融合研究报告

丁庆建*

摘　要： 当前"健康中国"和"全民健身"已上升为国家战略，保障人民健康从以治病为中心转向以主动健康为中心，体育与医疗融合发展势在必行。本文运用文献研究法、经验总结法等研究方法，梳理了国内外体医融合内涵问题的演变，对山东体医融合的现状与问题进行研判，并从政策体系、服务体系、人才队伍等方面提出对策建议。

关键词： 体医融合　体育健康产业　山东省

---

* 丁庆建，山东大学体育学院副教授，研究方向为体育健康产业、体育经济管理。

2019 年发布的《中国心血管健康与疾病报告 2019》[①] 指出，"我国心脑血管类慢性病发病人数已达约 3.3 亿人，慢性病总体呈现患病人数多、患病时间长、医疗成本高、服务需求大等特点"。该报告显示，各种慢病、运动缺乏综合征导致发病率急速上升，不健康生活方式与身体活动水平严重不足已是导致慢病蔓延的最大危险因素，因慢性病导致的死亡人数占城市总死亡人数的 85%。这不仅严重加剧了国家和个人的医疗卫生负担，还制约了经济、社会的可持续发展。但慢性病人群数量依然快速增加，致死率、致残率一直居高不下，占据大量医疗资源。一方面政府在卫生事业上不断增加财政支出，但另一方面却是病人越来越多，简单依靠医疗干预模式已经不能解决我国现阶段的健康危机问题。换言之，医学的发展走入了重治疗轻预防的误区。14 亿人的健康问题绝不能完全靠打针吃药手术解决，加强预防，通过"治未病"将健康关口前移才是有效之道。体育与医疗融合发展势在必行，用体育运动的方式作为疾病预防的主要干预手段，协同医疗手段共同为人民的健康服务。

一 体医融合的界定

为更好地促进全民健身与全民健康深度融合，梳理体医融合的内涵问题将成为研究体医融合问题的基础与前提，具有重要的理论和实践意义。

（一）国外体医融合服务发展

美国是世界上最早提出"体医结合"概念的国家。自 19 世纪起，美国的健康专家开始进行有关体育与医疗结合的研究论证，取得了丰硕的研究成果。1945 年美国心脏学会把健康促进作为疾病治疗辅助手段，1968 年著名的库伯发表了《有氧代谢运动》《12 分钟跑体能测试》，1971 年成立了运动

[①] 《中国心血管健康与疾病报告 2019》，新华网，http://www.xinhuanet.com/health/2020 - 09/17/c_1126503717.htm，最后访问日期：2020 年 10 月 10 日。

处方研究委员会。自 1975 年至 2016 年，美国运动医学学会（The American College of Sports Medicine，ACSM）已经出版了 10 版《ACSM 运动测试与运动处方指南》。自 2010 年起，在政府相关部门主导下，积极与非营利实体等多部门协同配合，先后颁布多个具有实际指导意义的计划和文件，为美国人的健康起到了保驾护航的作用（见表 1）。《ACSM 运动测试与运动处方指南》成为世界公认的运动医学、健康体适能、运动损伤与康复领域权威标准，是世界体医融合科学的航向标。

表 1 美国重要的体医融合文件与研究成果

时间	名称	内容
1968 年	库伯发表了《有氧代谢运动》《12 分钟跑体能测试》	利用有氧能力测验标准来测试人的有氧能力和 1.5 英里的健身水准，附带一套有氧运动锻炼的评分系统
1975 年	美国运动医学学会出版《ACSM 运动测试与运动处方指南》第一版	为患有心血管、肺部、代谢或其他疾病及健康问题的患者提供个性化的运动指导，使他们可以更安全地享受科学运动带来的益处
1980 年	《美国健康公民计划》《美国居民膳食指南》	各地方政府、社区和民间专业组织合作开展的全国性健康促进计划，旨在不断提高居民的健康水平
2007 年	美国运动医学学会倡导"运动是良医"的理念	鼓励临床医生将"体力活动"作为基本生命体征融入问诊体系，提倡临床医生与健身指导人员共同参与疾病预防与治疗，促进民众健身科学化水平提高
2010 年	美国疾病与预防控制中心、非营利实体等多部门协同配合，颁布了首个《国民体力活动计划》	强调增加运动和少坐的重要性，通过增加运动和少坐行为，有助于预防慢性疾病，延长生命
2016 年	《ACSM 运动测试与运动处方指南》第十版	专门增加了代谢疾病及心血管危险因素运动处方章节，并着重论述了久坐行为对健康的危害

资料来源：冯振伟著《体医融合协同治理——美国经验及其启示》，《武汉体育学院学报》2018 年第 5 期；美国运动医学学会编《ACSM 运动测试与运动处方指南》第十版，王正珍等译，北京体育大学出版社，2016。

自 20 世纪 90 年代起，英国在慢性疾病多发的背景，在全科医生的推动下，开始在公共休闲设施中进行的、在监督下锻炼的病人"运动转介"计划。该计划在患者筛选、转介流程、计划设计等方面建立了完善的指导体系，并从参与主体、人员责任、准入及培训、效果评估等方面提供了保障机制。由英国卫生部将第三方（通常是健身休闲服务机构）介入治疗长期慢性疾病的患者的健康管理中，鼓励这些患者积极参与到提高他们身体活动水平的干预活动中。经过多年实践，英国卫生部于 2001 年颁布了《运动转介制度——国家质量保证框架》，作为国家标准规范各地"运动转介"计划的开展实施，并取得了非常好的效果。至 2005 年，英国已有 89% 的初级保健机构参与了"运动转介"计划，这种方式成为初级保健中最为常见的体育活动干预形式之一。英国的"运动转介"计划在质量标准、部门之间合作的方式、评估的措施等方面做了细致的规定，取得了良好的社会发展成效（见表 2）。

表 2　英国运动转介制度发展脉络

时间	事件	重要点
2001 年	《运动转介制度——国家质量保证框架》颁布	将患有长期疾病的患者从初级保健转介委托给第三方（通常是休闲服务提供者），这些第三方机构能够提供一个旨在鼓励参与者提高身体活动水平的计划
2010 年	《国家运动转介计划设计、实施和评估工具包》颁布	对计划的设计、实施和评估运动转介进行了规范
2014 年	《运动转介促进身体活动条例》颁布	对于运动转介的愿景、服务对象、使用指南、证据更新提供了新的建议标准
2016 年	《国家运动转介框架》颁布	新的运动转介框架强化了运动转介计划的评估和推广模式，进行了标准化制定

资料来源：韩磊磊著《英国运动转介计划的发展经验对我国体医融合的启示》，《西安体育学院学报》2020 年第 2 期。

（二）中国体医融合发展的兴起与发展

纵观历史，我国的体医融合——养生术的渊源是极其悠久的。这一点从儒、医、文史、命理典籍之中可窥见一斑：周朝的"大舞"、马王堆的导引术、五禽戏、八段锦、太极拳等优秀的锻炼方式，都具备宣导气机、通利关节之功效。这些优秀的传统养生术都是现代体医融合的原型。

进入 21 世纪，国家高度重视全民健康问题，习近平总书记多次指出

"没有全民健康，就没有全面小康"，要求"推动全民健身和全民健康深度融合""努力全方位、全周期保障人民健康"。2016 年 10 月 25 日，中共中央、国务院印发了《"健康中国 2030"规划纲要》，国务院相关部委积极落实《"健康中国 2030"规划纲要》，要求加快推进体医融合服务发展，努力构建为人民群众提供全生命周期的健康服务的体系（见表3）。

表3　21 世纪我国体医融合发展重要进程节点

时间节点	事件及内容
2014 年 9 月	国务院总理李克强主持召开国务院常务会议,研究部署加快发展体育产业、促进体育消费推动大众健身方面,要求"推动体育健身与医疗、文化等融合发展,大力发展体育旅游、运动康复、健身培训等体育服务业
2014 年 12 月	习近平总书记考察江苏镇江市世业镇卫生院时提出"没有全民健康,就没有全面小康"体现出了体医融合对健康中国的重要意义
2016 年 1 月	国务院总理李克强主持召开国务院常务会议,会议修订现行的《高新技术企业认定管理办法》。依据《国家重点支持的高新技术领域》规定的行业范围,把"慢性病的运动预防与干预技术"列入高新技术领域
2016 年 8 月	习近平总书记在全国卫生与健康大会提出"努力全方位、全周期保障人民健康",要"推动全民健身和全民健康深度融合",努力为人民群众提供全生命周期的健康服务
2016 年 10 月	中共中央、国务院印发《"健康中国 2030"规划纲要》,在第六章第三节专门论述"加强体医融合和非医疗健康干预",正式提出推动体医融合发展
2016 年	国家体育总局印发的《体育产业发展"十三五"规划》强调推动体医结合,积极推广覆盖全生命周期的运动健康服务
2017 年 1 月	国务院办公厅印发《中国防治慢性病中长期规划(2017～2025 年)》,第三部分策略与措施中强调促进体医融合,在有条件的机构开设运动指导门诊,提供运动健康服务
2017 年 5 月	国家体育总局与国家卫计委"体医融合工作座谈会"在京召开,会议指出"实现体育和医疗融合是落实习近平总书记关于体育工作和健康中国建设重要指示的迫切需要,是推动健康革命的迫切需要,是回应群众关切的迫切需要",会议强调"实现体医融合势在必行,迫在眉睫"
2017 年 5 月	科技部联合国家卫计委、国家体育总局、国家食品药品监管总局、国家中医药管理局、中央军委后勤保障部印发《"十三五"卫生与健康科技创新专项规划》,正式将主动健康列入其中,标志着主动健康作为我国应对生活方式疾病的模式形成了社会共识

时间节点	事件及内容
2017 年 7 月	国务院印发《国民营养计划(2017～2030 年)》强调"推进体医融合发展。构建体医融合模式,发挥运动干预在影响相关慢性病预防和康复等方面的积极作用"
2018 年 6 月	科技部发布"主动健康和老龄化科技应对"重点专项 2018 年度项目申报指南,突出"战略前移、关口前移",聚焦健康风险因素控制、老龄健康服务等关键问题
2019 年 9 月	国务院发布《关于促进全民健身和体育消费推动体育产业高质量发展的意见》,要求推动体医融合发展,将体育产业发展核心指标纳入全国卫生城市评选体系。鼓励医院培养和引进运动康复师,开展运动促进健康指导,推动形成体医融合的疾病管理和健康服务模式

资料来源:新华网、国务院网站、国家体育总局网站等。

在国家顶层设计政策的引导下,我国各地开展了丰富多彩的试点实践(见表4)。

表4　我国各地体医融合试点实践主要情况汇总

地区或机构		关键点	具体内容
中国体育科学学会		运动处方师培训班	在北京体育大学、北京华彬庄园酒店、南京体育学院、成都体育学院已举办八期
国家体育总局体育科学研究所、中国体育科学学会		香港赛马会助力运动处方师培训	在北京、南京、成都、广州四地举办,完成 396 名家庭医生、全科医生和社区医生的运动处方师培训任务
中国体育科学学会		2019 运动处方国际高峰论坛	论坛主题:"运动处方:体医结合的典范"。论坛是我国首次举办的运动处方国际论坛,论坛邀请了来自美国、英国、德国、中国等国际运动处方前沿的专家做论坛报告,并与会议代表进行深度交流和研讨
北京		"体医融合"协同创新实验室	该实验室依托国家神经系统疾病临床研究中心,构建运动量表、基因和影像等精准体育与健康评估框架
上海	嘉定区	"1 + 1 + 2"社区工作模式	1 个体育指导员,1 个社区医生,再加 2 个居民自我管理小组长,已在各乡镇街道建立运动干预点
	杨浦区	大数据平台共享,医疗数据与运动数据相结合	"预防、治疗、康复"三位一体中构建健康风险筛查、体质健康监测、运动能力测试、运动风险评估等,完善"健康小屋"建设功能

地区或机构		关键点	具体内容
浙江	杭州	深化"两报告、三处方"工作	在医院开展国民体质监测工作,为市民提供体检和国民体质监测两张报告,医疗、健康、运动三张处方,提供科学健身指导
	温州	打造全省首家公立医院运动医学中心	温州市通过"体育＋医院"挂牌成立温州市运动医学中心,运动损伤患者在该中心可得到诊疗和康复一条龙服务
江苏	南京	签署体医融合战略协议和建设有氧运动示范基地	江苏省体育科学研究所联手江苏省人民医院发挥体育与医学各方优势,探索"江苏样本",并且随着美国库珀有氧运动中心的入驻,将研究成果落地为实用的健康处方
	苏州	运动云医院互联网平台构建	苏州市卫健委、苏州市体育局、苏州大学共同开发"运动云医院"App,同时有复旦大学、苏州大学、苏州市立医院等专家提供线上咨询
	常州	以运动康复为主,集医疗、康复、预防保健于一体的专业医疗机构,建设市级公共体育服务体系	建立覆盖全生命周期、个性化、精细化的处方库,兼顾运动医学研究和运动营养研究,力求做到惠及百姓
深圳		体医融合脊柱健康和社康中心服务	深圳市第二人民医院针对青少年脊柱问题提供免费筛查,并提供科学的矫正训练。社康机构开展9项服务,在全市10个社康中心布局青少年脊柱健康的社康便民网点
安徽		设置体医融合服务机构	从政策上将身体素质项目纳入职工的健康体检保障范围。成立"健康教育与科学健身指导中心"承担起基础公共卫生服务中的健康教育和公共体育服务中的科学健身指导职能,建立运动处方库,培训人才
福建		以"医院－社区－科研院所－政府部门"四位一体的体医融合模式来建立一批"体医融合社区示范社区"	由省、设区市、县(市)区三级联创共同建设"老年健身康乐家园"(老年活动中心),在"家园"中开展老年人健身节、趣味运动会等多项益于城乡老年人身心的体育健身项目

续表

地区或机构	关键点	具体内容
广西	体医融合,资源共享	建立体医融合服务机构,建设体医融合人才队伍,开发科学健身指导项目,建立体医融合协作管理机制,发展健康康复产业
云南	以医院为主体,建立运动健康机构	成立中华运动康复教育学院云南分院,开设体医融合中心运动健康门诊
山东	广泛试点,多元模式	体医与卫健委部门紧密联合行动,出台文件,广泛试点,培育体医融合示范项目,探索体医融合成熟模式,打造体医融合地方标准,形成多元化体医融合山东模式

资料来源:新华网、地方新闻网站、门户网站、各地体育局网站等。

(三)体医融合概念

体医融合是应对现代疾病呈现方式不断改变、国民体质状况逐渐下行、慢病逐渐增多等社会现实的有效路径。其基本原理是在医学的思维方法和知识体系中融合科学的体育运动方法和手段,发挥体育对身体机能的改变和健康促进方面的积极作用,两者相辅相成,共同维护人体健康,实现健康关口前移。但作为当前新兴的治病防病模式,其各方面发展还不够成熟,仍处于尝试阶段。

从融合的本质来看,体医融合是从体育与医疗就技术、资源、人才和话语权四方共同融合考虑出发,以适宜运动项目配合相应药物、营养、心理疗法,达到人体健康、预防慢病目的。ACSM 的研究证明科学体育锻炼在慢性疾病的预防、康复阶段具有重要意义,是"预防、治疗与康复"三位一体的健康链条管理实现的重要抓手,从而缓解看病难、治病难的困境,特别是对于慢性疾病的防治尤其重要。科学运动是有效防止慢性疾病的手段,比如:通过科学运动能有效减少心血管疾病发病的风险、缓解心血管疾病的危害,甚至可以阻止或延缓特定的代谢类疾病(如 2 型糖尿病)进展;适当运动还可有效预防肥胖和减重后的体重反弹、提高肥胖人群的心肺耐力和力量素质，实现健康体重管理；同时研究发现某些癌症与缺乏运动、久坐密切相关，合理运动可降低乳腺癌、结肠癌和前列腺癌的发病风险。运动的价值并不仅限于体现在慢性病的防治上，在其他一些疾病的治疗中运动也可以作为传统医疗干预的强有力补充，减少用药量或者消除患者对于药物的过度依赖、加快术后恢复等。因此，体医融合的本质是有效缓解目前医疗供给不足、医疗开支高的问题，在缩减医疗成本、降低医保压力的同时，减轻个人、家庭的医疗负担，实现健康关口前移、共同维护身体健康，从而实现全民健康。

二　山东省体医融合面临的主要问题与挑战

（一）体医融合发展意识滞后，理念有待普及推广

研究统计表明，在我国人群死亡前 10 位疾病的病因和疾病危险因素中，人类生物学因素占 31.43%，行为生活方式因素占 37.73%，环境因素占 20.04%，医疗卫生保健因素占 10.08%。《山东省防治慢性病中长期规划》预测显示，山东省居民心脑血管疾病、癌症、呼吸系统疾病和糖尿病 4 种主要慢性病的早死概率为 14.03%，18~69 岁居民高血压、糖尿病的患病率分别为 21.05% 和 9.13%，居民超重率和肥胖率分别为 35.38%、21.46%，血脂异常率为 35.24%，慢性病导致的疾病负担占总负担的 70%。当前，对慢性病人通过体育锻炼方式进行治疗，医生由于没有系统的体育教育背景，还不能准确指导病人科学锻炼。小到正确的跑步动作，大到运动方案的开设，临床医生面对高血压、心脏病等慢性病患者缺乏相应的体育知识指导。医学专业尚未开设相关针对疾病的实用性体育技能基础课程。此外，体育系统的体质测试指导与卫生系统的体检治疗相结合的、跨部门的运动处方治疗还处于初级试点阶段。

（二）体医融合的顶层制度缺失，体、医两部门协同不够

体医融合制度建设水平必然会影响到群众对体育运动的参与行为和健身

效果实现，但当前政府主导力度不足，体、医两大系统内或系统间资源并没有进行有效整合，体医融合法律政策未到位，呈现管理模式条块化、健康服务碎片化的状态，资源、信息、人才的传递与沟通机制不够健全，尤其在政府责任，部门协同配合，体医权利保障、划分等方面语焉不详。体医融合服务内容供需不匹配或供给不足，导致慢病患者的重视程度不够，群众与组织未建立有效沟通机制，无法深度了解群众切实需求，进而限制了体医机制整合重塑的可能性。究其原因，是体育和医疗部门职能过于清晰、部门间壁垒重重，合作不够紧密，大健康的理念、技术、场馆等资源的融合不足。

（三）人才培养有待加强，体医融合培养质量有待验证

体医融合专门人才是开展体医融合服务的基础，目前人才培养主要分为校内培养与校外培养两种模式。校内培养以体育院校与医学院校为主，目前仍存在医不懂体、体不懂医的问题。运动康复专业学生在培养目标、课程设置、实习实训等环节还有待重视。校外培养主要是运动处方培训班、运动防护师的培训。参与者主要是社会体、医两大部门工作者，存在学历低与学习不系统等问题，学习效果有待验证。医护人员的科学体育运动知识与能力培训缺失，健康管理、健身教练、运动康复师等职业培训及慢病管理方面的有关知识亟待加强。

（四）体医实践的开展处在初步探索阶段，融合标准尚未提上日程

目前体医融合的实践模式主要有医院＋体育俱乐部模式（如日照市中加健康管理中心）、医院健康指导中心模式（如山东大学第二附属医院体检中心、齐鲁医院体检中心等）、中医＋养老康复模式（如山东省中西医结合康复医院）、研究机构主导模式（如山大智慧社区体医融合项目）、残疾儿童体医融合模式（如济南国际医院残疾儿童康复项目），但各方对于体医融合仍在持续探索过程中，还未系统化、体系化开展。另外，体医融合服务标准尚未制定，如服务管理标准、组织资金、参与表达和激励绩效等内容。新

形势下，需要进一步调整完善体医融合策略，在标准指导下全面推进体医融合服务，全力服务于健康山东战略。

三　山东体医融合发展对策与建议

（一）加强主动健康教育，提升社会各界对体医融合的认知

观念的转变需要一定的科学知识宣传推动，开展主动健康教育是提升居民对体医融合认知、推动体医融合发展的关键。第一，政府出台相关宣传政策，推动主动健康教育。体育和卫生医疗部门应共同努力，各自发挥行业的优势，通过体育运动前置，把健身作为非医疗干预健康重要手段，积极倡导"治未病"的健康生活方式。第二，媒体加快数字化"大健康""治未病"教育的传播。通过大数据、云计算、人工智能、5G等先进技术为媒体赋能，宣传健康保障、健康管理、健康维护的重要性，引导居民从透支健康、对抗疾病的方式转向呵护健康、预防疾病的新健康模式。第三，继续加强山东省全民健身活动宣讲工作。充分发挥高校教师在科学健身知识中的指导作用，加强健康理念培养、健身科普知识传授，提升公务员、医学专业学生、体育文化传播者、人力资源管理者等健康理念及科学健身的能力，引导居民养成健康生活方式。第四，积极传播主动健康思想。通过政府官网、微信公众号、微信群的健康知识有奖调查问卷，促进居民广泛学习主动健康知识，以及了解体医融合对健康的重要性。

（二）加快制定体医融合服务标准，将体医融合纳入政策体系

2018年习近平总书记在全国卫生与健康大会上强调"要坚持正确的卫生与健康工作方针，以基层为重点，以改革创新为动力，预防为主，中西医并重，将健康融入所有政策，人民共建共享"。"将健康融入所有政策"是国家卫生与健康工作方针的重要内容，成为推进"健康中国"建设，实现全民健康的重要途径。这就需要各部门扛起责任担当，主动协同、创造性开

展体医融合工作。加快推进体医融合试点工作，在总结试点工作的基础上，制定山东省体医融合服务标准，规范体医融合服务流程的各环节内容，推行科学、有序的主动健康服务模式，明确体医融合发展的方针政策、参与部门的职责，制定合理的激励机制、责任机制、利益分配机制、评价机制、实施细则等，完善健康保障体系，为体医融合提供制度保障。同时在健康山东战略指导下，把体医融合纳入精神文明建设、文明城市、文明村镇、文明家庭、文明单位评价体系之中。

（三）统筹体医优质资源，建立一体化体医融合服务体系

以社区为阵地，以医院、体医科研部门为支撑，把体医融合服务贯穿到生命周期里，通过各种平台宣传运动促进健康的思想，强化"治未病"策略；依托社区卫生中心成立社区体医融合中心，积极开展"治未病"专项计划，加强慢病管理、体质监测、健康评估，提供运动方案指导、慢病预防与康复服务，全面推进体医融合发展。

（四）夯实人才队伍基础，加强体医融合专业人才培养

聚焦体医融合领域亟须的运动健康师、运动医学专业人才，建立体医融合人才数据库，整合现有的运动指导、运动康复、运动防护、运动处方等人才资源，为体医融合的开展提供人力保障。鼓励高校体医融合专业建设，合理引导人才合作、人才就业，为体医产教融合提供支持。制定体医融合职业资格考评标准，加强体育专业、医学专业的继续教育，特别是加强医护群体的体医融合继续教育，使其切实掌握将运动健身作为医疗或非医疗干预的能力。

参考文献

白春燕：《健康中国背景下"体医融合"融入社区困境及推进策略》，《体育文化导刊》2020 年第 4 期，第 45～50 页。

冯振伟：《体医融合的多元主体协同治理研究》，山东大学博士学位论文，2019。

胡扬：《从体医分离到体医融合——对全民健身与全民健康深度融合的思考》，《体育科学》2018 年第 7 期，第 10～11 页。

孟俊鸟：《基于供给侧改革角度"体医融合"人才培养路径》，《四川体育科学》2019 年第 4 期，第 51～53、62 页。

母应秀、李俊平：《健康中国视域下我国"体医融合"开展的困境与发展路径》，第十一届全国体育科学大会，南京，2019 年 11 月 1 日。

王春艳：《体医融合服务标准体系构建研究》，《标准科学》2019 年第 12 期，第 98～102 页。

山东省城乡居民体育消费调查报告[*]

刘远祥[**]

摘　要：　本文采用分层随机抽样方法，并根据国家体育总局《体育消费统计分类办法》编制城乡居民体育消费调查问卷，采取线上线下相结合的方式对山东省城乡居民体育消费开展调查，对山东省城乡居民的体育消费水平、消费结构、消费动机、消费影响因素等的新变化和新动态进行整理分析，从数据收集与分层方面对山东省城乡居民体育消费的层次和比例展开数据调查。

关键词：　体育消费　城乡居民　山东省

一　研究方法

课题组采用分层随机抽样方法，通过网络、学校、入户等渠道，采取线上、线下相结合的方式开展调查，线上使用问卷星在线问卷调查软件，线下纸质问卷采用分层随机抽样方法，以此保证样本数据的充分性、真实性和有效性。共回收问卷 77607 份，其中有效问卷 57717 份，问卷有效回收率为 74.4%。

---

[*]　本文为《山东省城乡居民体育消费调查报告》总报告的节选，有删减。

[**]　刘远祥，山东体育学院教授，硕士生导师，研究方向为体育消费、体育产业经济与管理研究。

根据国家体育总局《体育消费统计分类办法》编制城乡居民体育消费调查问卷，内容分为三部分。第一部分是对调查对象社会学特征进行的调查，主要包括家庭住址、年龄、性别、职业、学历等信息。第二部分是对居民体育消费行为现状的调查，了解居民体育消费支出、消费方式、影响体育消费的因素、消费偏好等情况。第三部分是对居民对体育消费的看法及期望的调查，其中对居民体育消费市场供给满足度、期望情况做了深度的挖掘。

被调查者的基本信息主要包括性别、年龄、职业、学历、收入等，这些基本因素会影响居民体育消费行为、体育参与动机等。对被调查者的基本特征进行相应的归类和分析（见表1）。

表1　调查对象社会学特征（N=57717）

人口统计	变量	样本数（个）	百分比（%）	人口统计	变量	样本数（个）	百分比（%）
性别	男	21902	37.95	职业	国家机关、企业、事业单位负责人	5048	8.75
	女	35815	62.05		专业技术人员	18714	32.42
年龄	12岁及以下	1553	2.69		办事人员和有关人员	1652	2.86
	13~19岁	3578	6.20		商业、服务业人员	4079	7.07
	20~25岁	6701	11.61		农林牧渔水利业生产人员	1288	2.23
	26~60岁	45483	78.80		生产、运输设备操作人员	1221	2.12
	60岁以上	402	0.70		军人	62	0.11
学历	初中及以下	13955	24.18		离退休人员	745	1.29
	高中	7174	12.43		学生	8918	15.45
	大专	8635	14.96		不便分类的其他从业人员	2453	4.25
	本科	25986	45.02		无业	3364	5.83
	研究生	1967	3.41		其他	10173	17.63

续表

人口统计	变量	样本数(个)	百分比(%)	人口统计		变量	样本数(个)	百分比(%)
收入	3500 元及以下	24422	42.31	闲暇时间	工作日	不足 2 小时	21986	38.09
	3501～5000 元	16456	28.51			2～3 小时以内	18478	32.01
	5001～8000 元	13285	23.02			3～5 小时以内	9177	15.90
						5 小时及以上	8076	13.99
	8001～10000 元	2133	3.70		节假日	不足 2 小时	9384	16.26
	10001～20000 元	791	1.37			2～3 小时以内	12063	20.90
	20000 元以上	630	1.09			3～5 小时以内	14433	25.01
						5 小时及以上	21837	37.83

运用 EXCEL 对问卷调查数据进行处理，对相关数据进行回归分析、频数分析和多重比较，为研究提供量化数据支持。体育彩票消费支出，根据山东省 16 地市的彩票销售额和地区人口进行测算。

二　山东省城乡居民体育消费行为分析

（一）体育消费支出水平

体育消费水平是指按一定人口平均的体育实物消费资料和体育服务消费资料的消费数量，反映了一定时期内人们体育消费需要的实际满足程度，即人们实际消费的体育消费品数量的多寡和质量的高低。根据调查结果统计，2019 年全省城乡居民体育消费支出为 2049.8 元，其中体育消费支出水平最高的是青岛市，为 2878.94 元，支出水平最低的是聊城市，为 1785.2 元（见表 2）。

表2 2019年山东省16地市城乡居民体育消费支出情况一览

单位：元

地市	体育用品消费	健身休闲消费	体育观赛消费	体育教育培训消费	体育旅游消费	体育文化消费	体育彩票消费	其他体育消费	合计
济南	1188.2	317.45	96.8	241.73	477.3	98.2	376.88	33.4	2829.96
青岛	1200.5	297.6	95.6	234.2	552.1	109.5	336.34	53.1	2878.94
淄博	977.68	275.85	54.3	206.9	362.1	82.5	258.73	23.8	2241.86
枣庄	851.6	257.15	56.6	199.5	370.25	76.7	149.45	27.3	1988.55
东营	1018.76	287.9	88.2	205.8	408.5	85.1	253.01	34.8	2382.07
烟台	1118.14	275.6	61.3	210.6	420.45	88.9	150.33	27.4	2352.72
潍坊	949.64	253.4	60	198.2	329.5	65.6	237.55	26.5	2120.39
济宁	834.54	261.3	71.3	210.7	384.4	81.2	117.54	26.2	1987.18
泰安	1062.08	285.4	72.9	185.9	313.1	78.6	151.04	27.4	2176.42
威海	940.8	266.2	67.9	193.1	252.5	75.1	264.91	25.5	2086.01
日照	831.02	274.15	54	142	275.8	84.6	176.56	26	1864.13
临沂	805.54	236.35	55.3	134.3	316.5	64.4	210.7	22.1	1845.19
德州	791.66	255.75	55.8	185	323.35	74.2	122.15	24.1	1832.01
聊城	797.9	224.2	60.1	192.7	328.25	61.8	95.36	24.3	1785.2
滨州	813.14	229.65	69.3	245.1	362.4	70.6	155.3	27.3	1972.79
菏泽	763.96	247.45	67.4	211.7	395.6	78.8	79.86	24.4	1869.17
人均	893.92	260.25	61.6	181.6	349.35	76.9	200.08	26.1	2049.8

（二）体育消费结构

体育消费结构是指人们在体育消费过程中的多种消费产品和劳务的构成或比例关系，是反映居民体育消费质量变化状况以及内在构成合理化程度的重要标志。按照国家体育总局《体育消费分类统计办法》，将体育消费分为：体育用品消费、健身休闲消费、体育观赛消费、体育教育培训消费、体育旅游消费、体育文化消费、体育彩票消费、其他体育消费8个类别。根据调查结果统计，山东省城乡居民体育用品人均消费支出893.92元、体育旅游人均消费支出349.35元、健身休闲人均消费支出260.25元、体育彩票人均消费支出200.08元、体育教育培训人均消费支出181.6元，位居人均体育消费支出额度的前5位（见图1）。

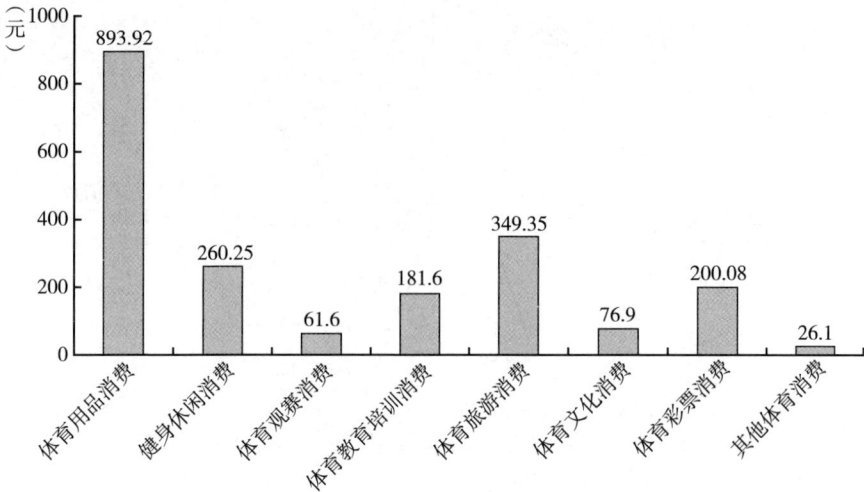

图 1　2019 年山东省城乡居民体育消费结构统计

　　按照消费内容可以将体育消费分为实物型消费和服务型消费（包括观赏型消费）。实物型消费是指人们在进行体育活动时购买的运动装备，满足运动基本需求的消费行为，主要表现为体育用品消费。服务型消费是指人们在参与体育运动时，由于自身技能的缺乏，出资购买专业指导服务以提高技术水平的消费行为。主要表现为健身休闲消费、体育教育培训消费、体育旅游消费、体育文化消费。观赏型体育消费主要是指体育爱好者出于观赏高水平体育赛事和运动员竞技水平的目的，出资购买门票或会费，通过现场或网络观赛的消费行为。调查结果显示，2019 年山东省城乡居民体育实物型人均消费支出为 893.92 元，占体育消费总支出的44%；而服务型人均消费支出为 1155.88 元，占体育消费总支出的 56%（见图 2）。

　　实物型消费包括：运动器材、器械支出；专项运动用品支出；运动服饰、鞋帽袜支出；运动护具支出；运动康复用品支出；运动车、船、航空器支出；户外运动休闲用品支出；其他体育用品支出；体育用品维修支出。在体育用品消费中，以运动服饰、鞋帽袜的消费为主，人均支出达到 446.22

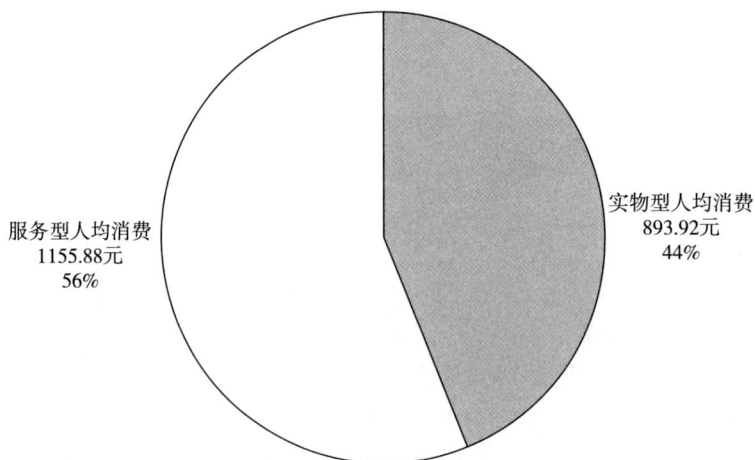

图 2　2019 年山东省城乡居民体育消费结构统计

元，占体育用品消费支出的 49.92%；支出最少的为体育用品维修人均 16.5 元，仅占体育用品消费支出的 1.85%（见图 3）。

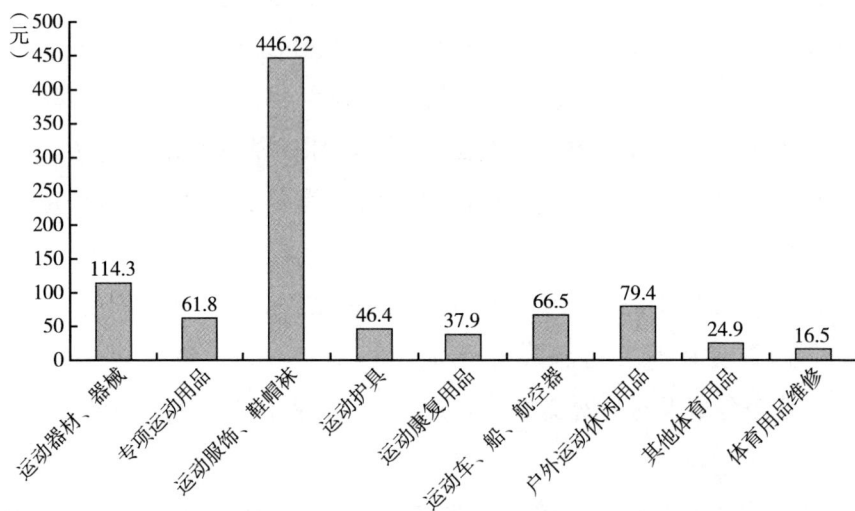

图 3　2019 年山东省城乡居民不同类别体育用品人均消费支出统计

（三）体育消费动机

体育消费动机是推动消费者去从事某种体育消费活动，以满足其对体育消费需要的意图、愿望及信念等，或者说是体育消费者针对特定的消费目标而发出的内驱力或冲动。随着山东省居民整体收入的提高，消费需求的增加，居民的体育消费动机也不断增强，体育消费的形式和结构呈现多元化格局。

1. 体育用品消费

体育用品消费是指城乡居民个人和家庭在进行体育教育培训、竞技运动训练和体育健身休闲的过程中购买或租赁相关物品的支出，主要包括运动器材、器械支出，专项运动用品支出，运动服饰、鞋帽袜支出，运动护具支出，运动康复用品支出，运动车、船、航空器支出，户外运动休闲用品支出，其他体育用品支出，体育用品维修支出。调查结果显示，参与体育活动是山东省城乡居民进行体育用品消费的主要动机（见图4）。

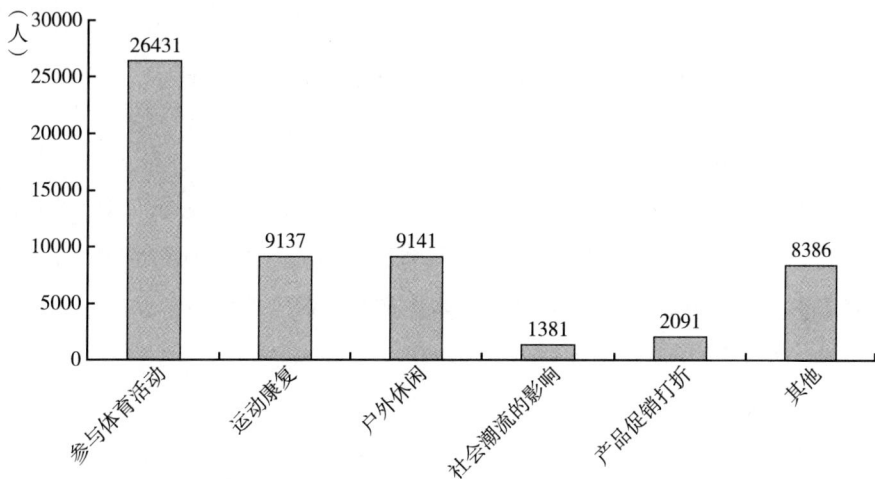

图4　2019年山东省城乡居民体育用品消费动机统计

2. 健身休闲消费

健身休闲消费是指居民为了增强体质、娱乐身心、强身祛病等，用于以各种身体活动或练习为主要表现形式的健身娱乐活动方面的服务性支出，旅游性（非定居者的旅行和暂时居留）健身休闲活动引致的费用支出除外，主要包括会费支出、场租费支出、体育保健与康复服务消费支出。调查结果显示，强身健体是山东省城乡居民进行健身休闲消费的主要动机（见图5）。

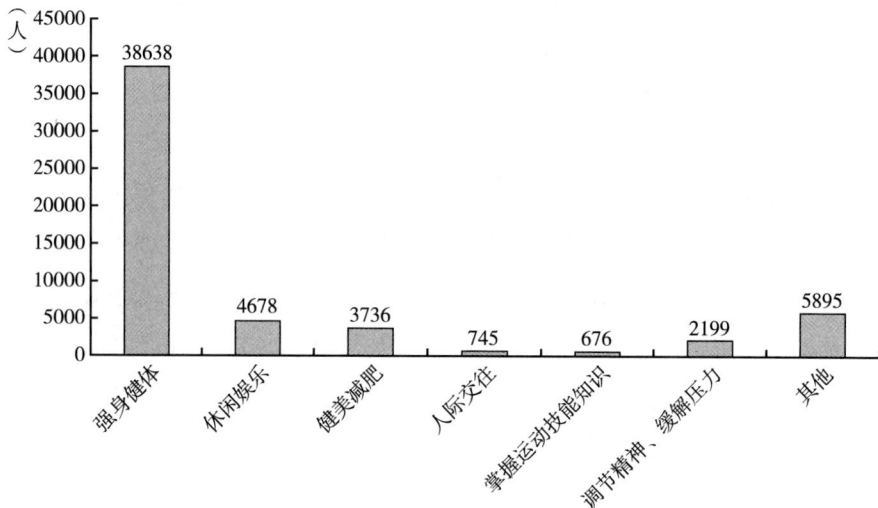

图5　2019年山东省城乡居民健身休闲消费动机统计

3. 体育观赛消费

体育观赛消费是指居民购买门票或支付订阅费，通过观看、欣赏各种体育比赛，以达到视觉和心理满足的各种消费支出，主要包括体育赛事门票、体育赛事节目订阅。调查结果显示，体育观赛消费的动机中，休闲娱乐和调节精神、缓解压力以及其他排在了前三位（见图6）。

4. 体育教育培训消费

体育教育培训消费是指居民接受体育相关专业学历教育所支付的最基本的教育支出，以及基本教育支出之外的运动技能培训费、考试费和咨询费等扩展性、选择性消费支出，主要包括体育学历教育消费、非学历体育技能培训消费、取得体育职业资格的消费、体育咨询服务消费支出。调查结果显示，体育教育培训消费的动机中，掌握运动技能知识、其他、获得学历排在前三位（见图7）。

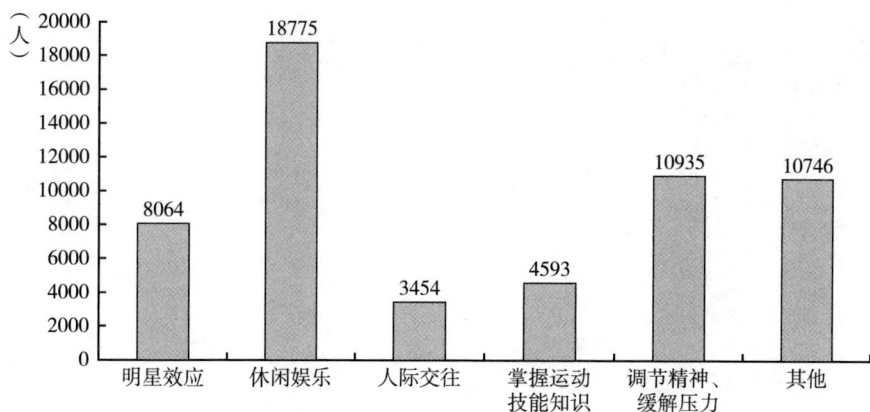

图6 2019 年山东省城乡居民体育观赛消费动机统计

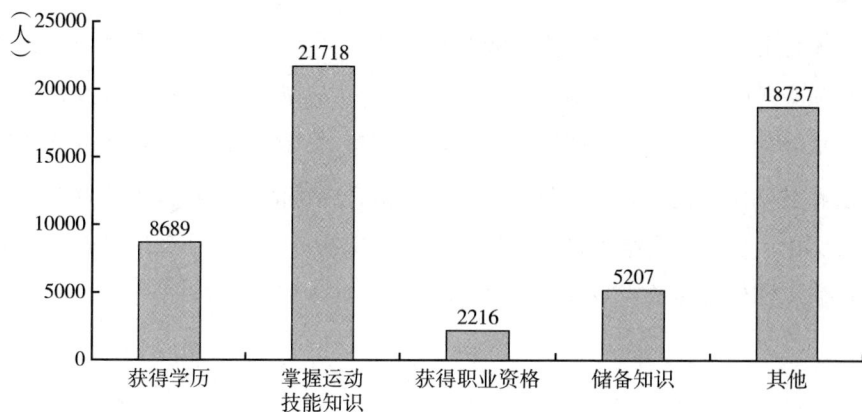

图7 2019 年山东省城乡居民体育教育培训消费动机统计

5. 体育旅游消费

体育旅游消费是指居民以体育运动为核心，以现场观赛、参与体验及参观游览为主要形式，以满足健康娱乐、旅游休闲为目的的消费活动的费用支出。强调体育的原发性消费，以及食住行游购娱等必要的伴随性消费，主要包括体育活动本身的游览、娱乐、研学支出，以及餐饮、住宿、出行、购物、其他消费支出。调查结果显示，体育旅游消费的动机中，参与体育活动、休闲娱乐、其他排在前三位（见图8）。

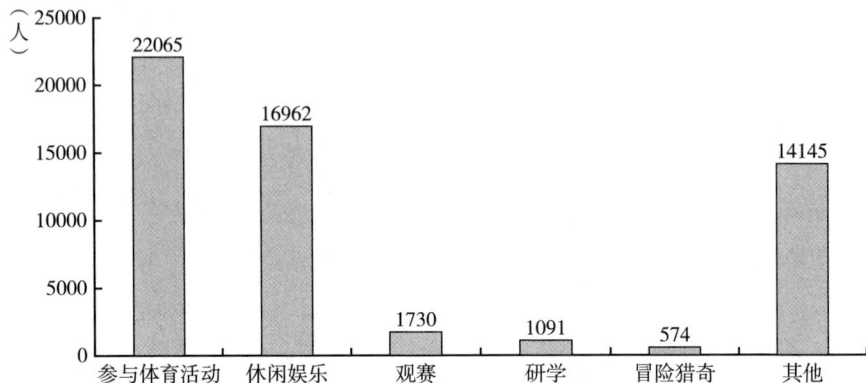

图8 2019 年山东省城乡居民体育旅游消费动机统计

6. 体育文化消费

体育文化消费是指居民为了满足自己的精神文化生活而消费体育文化类产品和服务的支出，换句话说，就是对体育文化类产品及服务的占有、欣赏、享受和使用，主要包括体育影视作品消费、体育新闻和出版物消费、展览创意类体育文化产品和服务消费、数字体育内容的产品和服务消费及其他体育文化消费。调查结果显示，体育旅游消费的动机中，获悉信息、学习运动技能、其他排在前三位（见图9）。

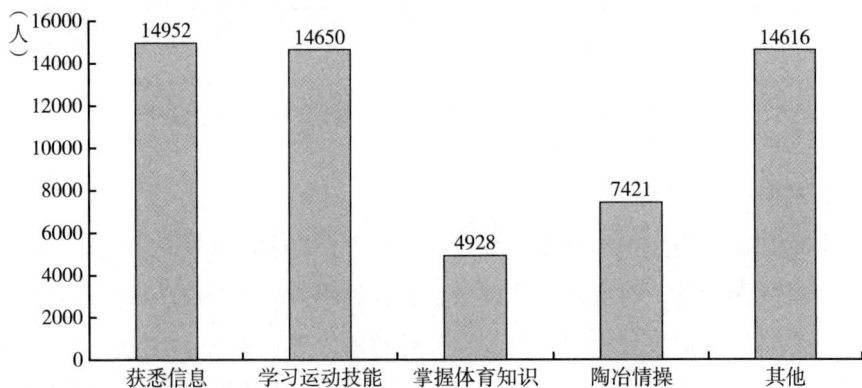

图9 2019 年山东省城乡居民体育文化消费动机统计

7. 体育彩票消费

体育彩票消费是指购买国家体育总局及地方体育局下属的体育彩票管理中心发行的体育彩票的支出。调查结果显示，体育彩票消费的动机中，中奖、其他、支持体育事业发展排在前三位（见图 10）。

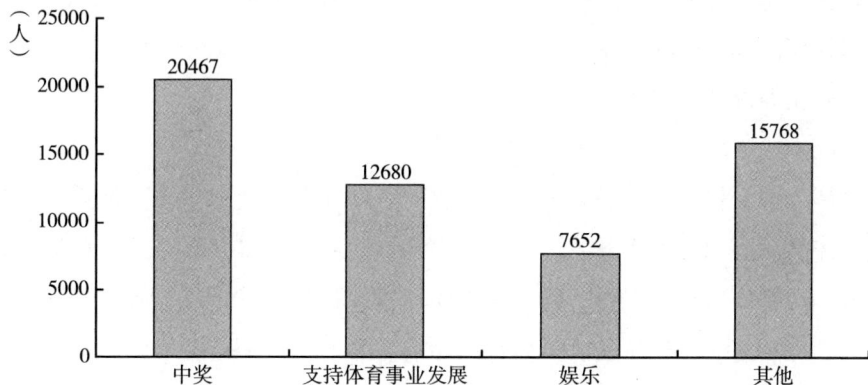

图 10　2019 年山东省城乡居民体育彩票消费动机统计

8. 体育保险消费

体育保险消费是指购买与体育有关的意外保险、健康保险、个人运输保险、旅行保险及其他保险服务的支出。调查结果显示，体育保险消费分别是规避风险、消费体验和其他（见图 11）。

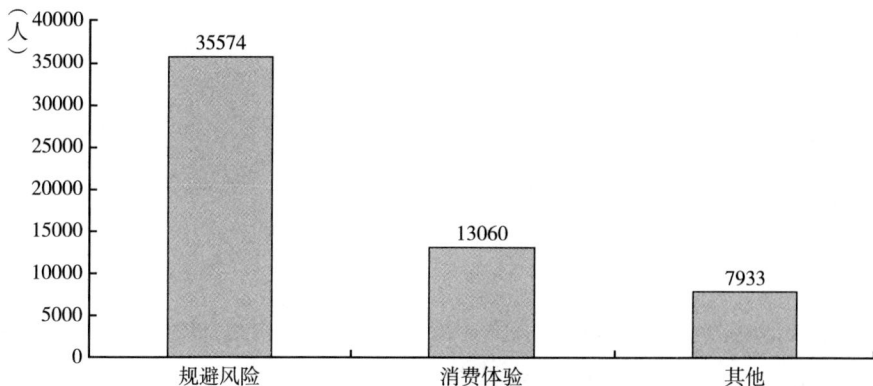

图 11　2019 年山东省城乡居民体育保险消费动机统计

（四）体育消费影响因素

体育消费的增长，与经济发展整体水平以及个人收入水平和消费水平等经济因素密切相关，同时也受居民消费心理、消费习惯、闲暇时间、社会文化背景、体育运动水平等因素的综合影响。从调查结果中可以看出，调查对象每年在体育方面的开支以及开支的多少与被调查者的家庭月收入、文化程度、职业等密切相关。

1. 体育用品消费

调查中，将影响居民体育用品消费的因素分为收入、产品品牌、产品质量、产品功能、卖家服务、消费场所环境、广告宣传和明星代言、家人朋友影响、产品价格9个方面，并按照重要性程度进行了排序。调研结果显示，收入、产品质量、产品品牌为体育用品消费的主要影响因素（见表3）。

表3 2019年山东省城乡居民体育用品消费的影响因素

单位：人，%

消费因素	首选		次选		第三选	
收入	34449	60.90	2454	5.58	1692	4.58
产品品牌	5104	9.02	7714	17.56	2097	5.67
产品质量	5196	9.19	9791	22.28	7793	21.09
产品功能	2182	3.86	5290	12.04	6227	16.85
卖家服务	534	0.94	1298	2.95	1795	4.86
消费场所环境	2340	4.14	5154	11.73	3850	10.42
广告宣传和明星代言	528	0.93	757	1.72	851	2.30
家人朋友影响	3674	6.49	4309	9.81	3911	10.58
产品价格	2560	4.53	7173	16.32	8736	23.64
合计	56567	100	43940	100	36952	100

2. 健身休闲消费

健身休闲消费属于耗时性消费，且对参与者的技能储备和运动场地均有一定的要求。将影响居民健身休闲消费的因素分为收入、闲暇时间、健康状况、运动技能水平、兴趣爱好、场地便利性、专业指导服务、家人朋友影响、社会锻炼氛围 9 个方面，并按照重要性程度进行了排序。调研结果显示，收入、闲暇时间、兴趣爱好为体育健身休闲消费的主要影响因素（见表 4）。

表 4　2019 年山东省城乡居民体育休闲娱乐消费的影响因素

单位：人，%

影响因素	首选		次选		第三选	
收入	32316	57.13	1862	4.09	1164	3.06
闲暇时间	11957	21.14	19101	41.97	2631	6.91
健康状况	3924	6.94	6485	14.25	6814	17.89
运动技能水平	1214	2.15	3454	7.59	3463	9.09
兴趣爱好	4224	7.47	7837	17.22	9974	26.19
场地便利性	726	1.28	2735	6.01	4990	13.10
专业指导服务	252	0.45	838	1.84	1814	4.76
家人朋友影响	992	1.75	1700	3.74	2924	7.68
社会锻炼氛围	962	1.70	1503	3.30	4314	11.33
合计	56567	100	45515	100	38088	100

3. 体育观赛消费

体育观赛消费同样属于耗时性消费，并受当地高水平赛事的供给制约。将影响居民体育观赛消费的影响因素分为收入、闲暇时间、兴趣爱好、赛事时间、赛事地点、赛事水平及观赏性、门票价格、体育明星影响、家人朋友影响、其他 10 个方面，并按照重要性程度进行了排序。调研结果显示，收入、闲暇时间、兴趣爱好为体育观赛消费的影响因素（见表 5）。

表 5　2019 年山东省城乡居民体育观赛消费的影响因素

单位：人，%

影响因素	首选		次选		第三选	
收入	31690	56.02	1475	3.42	1151	3.25
闲暇时间	9245	16.34	17358	40.26	2318	6.55
兴趣爱好	7720	13.65	9792	22.71	9617	27.19
赛事时间	1234	2.18	2887	6.70	2602	7.36

影响因素	首选		次选		第三选	
赛事地点	908	1.61	3201	7.42	4152	11.74
赛事水平及观赏性	645	1.14	1655	3.84	2757	7.79
门票价格	903	1.60	3377	7.83	5822	16.46
体育明星影响	224	0.40	573	1.33	1007	2.85
家人朋友影响	851	1.50	1470	3.41	2554	7.22
其他	3147	5.56	1332	3.09	3390	9.58
合计	56567	100	43120	100	35370	100

B.8
山东标准化服务体育产业
高质量发展研究报告

邢 亮*

摘　要： 近年来，山东省体育局根据国家深化标准工作改革和山东省推进"山东标准"建设总体要求，结合山东省体育工作实际，努力探索体育标准管理运行新模式、新路径。本文运用调查法、定量分析法等研究方法，就山东标准化服务体育产业主要工作开展情况以及存在问题展开讨论，并对标准化建设体系等提出意见建议。

关键词： 标准化工作　体育产业　山东省

一　主要工作开展情况

（一）体育标准化工作管理机制和运行架构逐步完善

一是山东省体育局与山东省质监局于 2018 年 8 月共同发布了《关于进一步加强体育标准化工作的意见》，首次明确了山东省体育标准化工作的总体要求、工作任务、重点领域和保障措施。这是全国首个针对体育标准化工作的省级地方政策，尤其是将基本公共体育服务、竞技体育、体育新业态、

---

* 邢亮，山东省体育及体育用品标准化技术委员会副秘书长，研究方向为体育产业管理。

体育政务服务与体育产业共同列为重点标准研制领域，其行业风向标意义已经初步显现。

二是积极建立体育标准化联合工作机制，联合相关部门集中解决社会关注的体育产品质量问题。2016年前后，校园毒跑道事件发生后，省质监局、省体育局和省教育厅，第一时间就运动面层新标准，联合组织专家研制标准、联合发文推动实施、分工实施监督检查，取得了很好效果，受到了各界的充分肯定。

三是成立山东省体育及体育用品标准化技术委员会。由山东省体育科学研究中心与山东省产品质量检验研究院组成联合秘书处，统一组织、协同配合、科学分工开展工作。标委会工作覆盖竞技体育、群众体育、体育产业和体育文化等领域，产业业态包含体育服务、体育制造与体育建筑门类，地域层面涵盖省市县乃至全国，组织类别包括行政机关、企事业单位、科研院所、高等院校、社会团体、智库等，业务范围囊括管理、研发、检验、认证、生产、销售、反馈等环节。

四是全力支持省质检院在全国率先建立省级体育用品质量监督检验中心，积极筹建全国第四家国家体育用品质量监督检验中心（山东），与泰山体育产业集团联合建设竞技体育产品检测实验室，打造以检验检测为基础、以标准研制为手段、以产品认证为评价的一体化服务平台，提供标准创新、科技研发、全项检测、国际互认和技术培训服务。

五是积极动员和全力支持全省各级体育部门、企事业单位和协会团体组织，广泛深入开展体育标准化工作，推动全省89家体育骨干企业，建立省运动场地专业委员会等团体联盟，携手开展标准研制和实施，推动体育行业技术创新、转型升级和体育品牌创建。

六是依托省级体育彩票公益金安排专项经费近2000万元，采取政府购买服务等方式，直接用于山东省体育类地方性标准研制补助，扶持国家与省级体育用品质检中心机构建设，实施体育扶贫领域器材产品检测检验，支持企业标准成果转化应用等工作。

（二）体育标准化工作开展领域和呈现方式日益广泛

近年来，山东省体育局提出并归口的地方性标准，已批准立项近30项，颁布实施7项。山东省企事业单位和社会组织主导或参与了30余项体育类国际、国家标准和省内外地方性标准的研制，其中有许多标准成果达到了国际领先水平，填补了国内空白，具有重要的推广和应用价值。

一是体育制造业领域，重点推进体育高品质用品、高科技器材、智能性装备、智慧化平台等技术标准的研制修订。支持泰山冰雪模拟训练机、中大智慧健身服务平台、良子动力全地形车发动机、鲁友登山健身步道面层等多个国内体育科技创新项目，将其关键共性技术转化为先进标准。

二是体育服务业领域，积极推动品牌示范创建采用等级评定、资质认证规范标准。山东省体育局组织研制的星级体育健身俱乐部与体育服务综合体、标牌体育赛事活动与全域体育旅游精品线路、A级体育技能培训和赛事运营机构、体育特色小镇等评定规范地方性标准，将作为省体育局与省发改委、省市场监管局联合组织实施的山东省体育服务业品牌示范创建的评定依据。

三是基本公共体育服务领域，以标准化为基准，树标超标、因地制宜、总结提升、典型推广，打造了群体设施建设"城阳典型"、体总建设"济宁模式"、农村体育"菏泽经验"、体医融合"日照做法"、社会力量办体育"烟台样本"等一批标准化服务典型。

（三）体育标准化工作成果应用和效益发挥不断增强

一是山东省发布实施的《运动场地合成材料面层》地方系列标准，涵盖原材料生产、施工、验收、维护保养全过程。该标准被多个省市采用，主要技术参数列为国家标准，为山东省参与研制的几十家市场主体赢得了全国27亿多元的市场份额。

二是山东省体育用品质检中心自成立以来，为山东省体育企事业单位完成检验室外健身器材2200余批次、笼式足球和多功能运动场地等体育类场地 100 余批次、高危险性体育项目（游泳、攀岩、潜水）50 余批次、运动手环 30 批次、跑步机 20 批次、塑胶跑道 2110 个批次，涉及产值超过 45 亿元。竞技体育产品检测实验室 128 项产品通过国际单项体育协会认证，奥运会跆拳道、柔道和摔跤三个项目以泰山体育的产品标准作为器材标准。

三是以先进标准体系引领质量提升，积极推动品牌示范创建。山东省目前拥有 2 个国家体育产业联系点、7 个国家级体育产业示范基地、3 个国家体育旅游示范基地及体育旅游精品赛事、2 个中国体育旅游十佳景区和赛事、27 个中国体育旅游精品项目、7 个国家运动休闲特色小镇试点或资金扶持项目以及几十个体育国家和省级驰名商标、名牌产品，几十家国内外体育博览会金奖企业产品，创建山东省体育产业示范基地（单位、项目）55 个。

二　存在的主要问题

（一）标准化意识不强，重视程度不够

长期以来，山东省体育标准化存在认识误区，以为只有产品、生产、工程建设等领域才存在技术标准，一般认为在管理、服务领域只要有法律法规政策进行规范即可。但一系列产业实践证明，法律法规政策主要在宏观、基础管理层面发挥作用，大量具体、微观事务还需要通过制定执行标准来进行管理和监督。

（二）标准数量少，结构性不平衡

一方面，体育领域现行标准的类型和数量，还远远不能满足体育事业和体育产业发展需要。另一方面，现行的体育标准还主要集中在体育场地、体育产品、体育设施领域，体育服务业标准不健全，尤其是作为体育核心本体产业的体育竞赛表演业尚无一项国家标准、地方标准或行业标准，亟待填补空白。

（三）标准化人才缺乏，经费投入不够

许多标准研究课题缺乏专业人才支撑，尤其在基层体育队伍中掌握标准化专业知识和实务经验的标准化人才严重缺乏。在工作经费上，研究制订标准特别是公益性、基础性、管理性标准，需要投入很大的人力、物力和财力。虽然有较好的社会效益，但经济效益不明显，难以像其他具有广阔市场前景的产品、服务技术标准那样能够比较顺利地通过社会渠道筹集到研究经费。山东省体育标委会在人力、物力和财力上，基本都依附于山东省体育科学研究中心和省质检院，均以兼职形式投入标委会工作中。作为标委会委托的社会单位，有些也不愿意过多承担这些标准制修订项目。

（四）体育标准化引领品牌塑造的作用发挥不明显

山东省体育产业示范基地、品牌赛事、特色小镇等品牌示范创建工作只是依靠下发通知、出台办法等行政手段推动，以规范性标准为抓手的品牌示范创建、等级评定认证还不多。如果有相应的管理标准、服务标准，不仅可以提高工作效率、节约行政成本，而且能有力增强管理、服务的科学化、规范化和提高透明度。

三　对策与建议

一是持续加大体育标准化建设力度。体育标准化建设是改进体育事业发展方式、促进体育产业高质量发展的重要途径，是提升体育公共服务水平、助力新旧动能转换重大工程实施的必要手段，是加快"健康山东"和"体育强省"建设步伐的有效抓手。体育事业和体育产业发展需要体育管理服务向标准化方向转型，体育系统、体育行业应转变发展思路，将提高标准化水平作为推动体育产业高质量发展的重点任务。

二是大力开展体育标准体系研究。体育标准化是一项系统工程，体育事业与体育产业均属于该体系的有机组成部分。如何构建和应用科学合理的体

育标准体系，在满足社会发展需要的同时获得最佳社会经济效益，需要进行科学研究论证。体育标准体系的重点应放在管理、服务领域，建议将这些标准体系作为研究课题，组织力量进行研究，制定出标准体系表和具体应用标准，逐步建立起适应体育事业发展需要的标准体系。

三是各级政府部门增加对体育标准化工作尤其是标准研制方面的全方位投入。标准研制是一项基础性工作，工作量大、技术性高、涉及面广，但体育标准研制工作经费却很少。由于行业标准、团体标准基本没有经费支持，相关工作开展多依赖于省级主管部门及相关研究单位，社会专业组织及第三方机构力量尚未得到充分发挥，制约了标准工作的开展。

四是解决好标准化工作人才队伍建设问题。通过专题培训、课题研究、经验交流、现场观摩、顶岗实习、在职教育等多种方式，培养体育标准化工作骨干队伍。在积极鼓励和支持职能部门的工作人员先学一步、学深一点的同时，要进一步深入开展标准化知识普及和培训工作，邀请质监部门、标准化协会的专家进行专题讲座和答疑，举办机关处室、基层民政部门、有关行业协会、骨干单位的标准化管理工作人员上岗培训，利用编制地方标准、开展标准化工作试点等契机，邀请专家进行指导，提升标准化工作人员的业务水平和实务能力。

五是完善等级评定、合格评定以及示范建设等方面的管理标准。通过标准化等级评定等方式，充分发挥规范标准引领品牌示范创建的作用，在全省打造体育制造业的"独角兽"、体育服务业的"领头羊"企业和体育建筑业的"地标点"。

B.9
首届山东体育用品博览会报告

临沂市体育局

摘　要：　首届山东（临沂）体育用品博览会在临沂国际博览中心成功
举办，本文对此次山东体育用品博览会基本情况展开讨论，
分析了体博会的特色和重要意义机制，并按照临沂市委、市政
府和山东省体育局"打造永不落幕的中国体育用品大型博览
会"的目标要求，在总结成功经验和差距不足的基础上，在任
务部署、宣传手段、项目落实方面提出了具体的目标要求。

关键词：　体育用品　博览会　体育产业　山东省

2020年8月22～24日，首届山东（临沂）体育用品博览会在临沂国际
博览中心成功举办，山东省副省长孙继业出席并宣布开幕，国家体育总局、
山东省直有关部门以及16地市体育部门领导出席开幕式并参观展会。本次体
博会依托临沂市商贸物流优势，瞄准打造永不落幕的高水平、专业型体育用
品展示交易平台目标，突出区域联动和本土项目推介，强化全产业链布局，
助力复工复产和新旧动能转换。作为疫情防控常态化新形势下国内首次举办
的省级体育用品博览会，展会及配套活动精彩丰富，取得良好成效。

一　基本情况

首届山东（临沂）体育用品博览会共有来自全国13个省41个城市共
计378家企业1100多种品牌参展，其中市外企业286家，占比76%，市内

企业 92 家,占比 24%。展会设健身运动器材装备、户外运动休闲及运动食品、运动休闲服饰、运动场馆设施、球类运动及水上运动 5 个展区。据大数据统计,开展 3 天,登记入场的专业采购商共有 1.62 万人次,展会现场人流超 4 万人次,展会意向及合同额近 12 亿元。体博会现场开通云端直播室,共有 32 家企业直播带货,体博会线上观看官方直播的观众达到了 33 万余人次,总计参与展会直播人数超 60 万人次。

二 本届体博会的特点

(一)参展企业整体品质较高

本次体博会筹备时间较短,又是首次举办,但参展省份多、企业龙头多、规模大,吸引了京东、泰山、英派斯、舒华、李宁、红双喜等国内著名企业和品牌出展,展出内容涵盖健身器材、健身路径、游乐设施、体育用品、智慧体育系统、智慧体育公园、人造草坪等体育用品的各个领域,代表了国内体育用品发展的领先水平。

(二)配套活动丰富精彩

淮河生态经济带体育产业高峰论坛顺应地方体育产业区域联动、聚势共赢的新趋势,起到了产业发展的引领作用;中国体育智能制造创新大赛由中国电子学会主办,代表了国内行业最高权威认证机构,推动了体育智能创新发展;体育产业优质资源推介会,通过项目展示,吸引了更多投资客商了解临沂;山东省体育惠民消费季体博会专场,向市民发放了 50 万元专场优惠券,拉动了体育用品采购消费;重点体育产业项目签约仪式,以展会为契机,招引优质项目落地,带动了临沂市产业发展;山东省健美健身锦标赛直播吸引观看人数达 31.78 万人次,与展会形成良好互动,推广了全民健身。

(三)创新办展成效显著

本届体博会打造了线上"云端体博会"和线下展销双核办展新模式。

在采购商邀约上，线上线下同步进行，打通了从"展"到"销"的最后一公里。同步启动云端体博会，通过上线网站、微信公众号、小程序及快手、抖音等新媒体，开启网上展厅、直播专访、网红带货等新形式，打造掌上精品博览会。现场开通云端直播室，32 家企业全天在线带货，观众达到 33.23万人次。临沂融媒、兰山融媒等直播观众超 70 万人次，总计观看展会直播人数 150 多万人次。

（四）媒体宣传广泛深入

本届体博会得到央视、新华社、人民网、中国体育报、大众日报、山东广播电视台、齐鲁晚报等近百家国内主流媒体的关注报道，电视、报纸等发稿 120 余篇，今日头条、抖音、快手、虎扑等媒体进行信息推广 500 余条。中央电视台《朝闻天下》栏目进行了 4 次专题报道，大众日报刊发《临沂体育产业崛起的启示录》，全面展示了临沂市体育产业发展潜力优势。截至2020 年 9 月 6 日，以"首届山东（临沂）体育用品博览会"为关键词进行百度搜索，搜索结果达 513 万条。

（五）签约交易成果丰硕

2020 年 8 月 24 日举行了体博会项目签约仪式，隆基泰和地产集团与临沂市兰山区政府签约，路克士（中国）等 5 家企业入驻中国临沂体育智能制造产业园，上海吉库、上海鹰方等与意向合作企业签约，8 个项目合同投资总额达 26 亿元。山东森林雪公司意向投资 10 亿元，在鲁南高铁片区建设室内高端滑雪场、康养项目等。

三 本届体博会的意义

（一）围绕实现"六稳"目标，落实了"六保""三促"等工作任务

首届山东（临沂）体育用品博览会是在常态化疫情防控新形势下，国

内首次举办的省级高规格专业化大型体育展会，是临沂市乃至全省体育产业高质量发展的一次集中展示，对于加快体育服务消费提质升级、助力复工复产、助推新旧动能转换具有重要意义。

（二）突出临沂商贸物流优势，打造了高品质展示交易平台

本届体博会依托临沂市成熟的商贸物流体系和特色优势产业，构建了高水平、专业型的体育用品展示交易平台。发挥中国体育用品城作为国内第一个体育用品专业市场、全国最大的体育用品采购基地作用，帮助采购商和本地企业商户深度接触市场、精准对接，提升了体育用品产销率和美誉度，形成了展区与市场合作办展、协同发展的良好格局。

（三）重点推介临沂体育产业园，构建了更加完整的体育产业链

在本届体博会上，对占地1000亩的中国（临沂）体育智能制造产业园进行了重点推介，借助体博会庞大的客商资源，着力引进国内外知名品牌和新型高科技企业，打造综合孵化器产业园"样板"。5家企业现场签约入驻，推动了全市体育产业链形成闭环，为产业崛起创造了良好基础条件。

（四）着力提升展会品质档次，引领了全市体育产业转型升级

本届体博会本着"创新方式、专业推介、精准对接"的原则，精准开展全国营销推广和采购商邀请活动，确保采购商数量和质量，帮助企业拓展新客户、开发新市场。为应对专业采购商对商品提出的更高标准和要求，广大参展商在技术研发、产品创新、品牌培育方面持续发力，高品质、高附加值的自主品牌产品不断涌现，在满足采购商需求的同时，也提升了临沂商品的品质和档次。同时举办多场产业推介、采购商对接会等活动，推动本地优秀企业和优秀品牌走向国内外舞台，促进了体育产业发展壮大。

（五）媒体关注度和群众满意度高，取得了良好的经济效益与社会效益

一是满意度高。本次体博会展商整体满意度达到80.55%，有81.48%

的参展商都表示愿意再次参加。观众总体满意度达到 90.68%，有 93.21% 的观众表示展会效果达到了预期，94.63% 的观众表示明年会继续参加。二是贡献度高。本次展会为各行业带来的直接经济效益共计 1.08 亿元，对举办地带来的间接经济效益的产出效应 2.46 亿元，所得效应 1.50 亿元，税收效应 1681.55 万元。三是关注度高。中央电视台、人民网、新华社、山东卫视、腾讯、新浪、搜狐、网易、今日头条等近 70 家媒体宣传报道了展会情况。各渠道媒体对本次展会的传播量为 1813 篇，曝光价值达 1.93 亿元。视频媒体共产生 1.72 亿元的曝光价值。平面媒体中 45 篇次报道分布在 3 个地区，共产生 1757.78 万元的曝光价值。

四　下一步工作打算

按照临沂市委、市政府和山东省体育局"打造永不落幕的中国体育用品大型博览会"的目标要求，在全面总结首届成功经验和差距不足的基础上，将进一步抓好山东（临沂）体育用品博览会筹办工作。

（一）完善工作机制，形成上下工作合力

进一步建立健全工作小组，细化工作流程，明确责任分工，不断提高工作效率。对重点工作和重要环节，要安排专人负责，及时做好沟通与协调，切实做好综合性服务保障工作，确保在活动实施过程中做到无缝对接。

（二）梳理总结经验，做好下届体博会工作部署

全面梳理总结体博会工作，将各种资料整理成册，分类建档，积累经验。同时提前开展整体谋划，尽快启动招标和招商工作，争取第二届体博会办得更有特色、规格更高、规模更大。

（三）利用多种手段，加大体博会宣传力度

瞄准三大展会——中国（上海）国际体育用品博览会、中国（淮安）

淮河生态经济带体育产业发展大会、山东体育产业发展大会，加大宣传推介，实现规格更高、规模更大，知名度和影响力更加显著。

（四）推进项目落实，强化体博会成果运用

整合优化全市体育产业链条，完善"一会一城一园两基地"〔即山东（临沂）体育用品博览会、中国体育用品城、中国（临沂）体育智能制造产业园、沂南制球产业基地和郯城高端体育用品加工出口基地〕的体育产业规划布局，并借势推进国家级体育产业基地创建。

案 例 篇
Case Reports

B.10
日照市水上运动之都的成长

成会君　司湘湘*

摘　要： 近年来，日照市认真贯彻落实《体育强国建设纲要》和《关于促进全民健身和体育消费推动体育产业高质量发展的意见》，运用市场化思维发展"大体育"，成为首批国家体育消费试点城市之一。本文就日照市体育产业发展基本情况、做法与成效、未来发展目标及举措，进一步总结日照市体育产业在创新发展方面的好做法。

关键词： 水上运动之都　体育产业　体育消费　日照市

一　基本情况

为贯彻落实《国务院办公厅关于促进全民健身和体育消费推动体育产

---

* 成会君，山东大学体育学院副教授，硕士生导师，研究方向为体育产业理论与政策；司湘湘，山东省体育产业发展中心综合部副部长，研究方向为体育产业。

业高质量发展的意见》，有效应对新冠肺炎疫情的不利影响，推动体育消费市场回暖，国家体育总局于2020年5月部署开展体育消费试点工作，依托一批消费试点城市探索体育消费的促进经验。首批试点周期为2020～2022年，申请试点的条件为城市体育消费工作机制健全、产业基础较好、体育设施健全、支持措施明确。副省级城市、地级市、直辖市下辖区（县）均可申请参与试点。

考虑到2020年疫情的影响，评选条件特别说明"在应对新冠肺炎疫情过程中，采取措施帮助体育企业平稳发展、渡过难关，并取得明显成效的城市优先考虑"。通过推荐申请、综合论证，国家体育总局于2020年8月30日公布了包括日照市在内的40个国家体育消费试点城市名单。在开展试点工作后，国家体育总局通过年度考核方式评估试点城市工作成效，将总结的成功经验和措施推广示范。

二　做法与成效

（一）健全高效工作机制

日照市坚持以人民为中心，将体育事业和体育产业发展等工作写入市委全委会报告和政府工作报告，并纳入城市总体发展战略。市委常委会、市政府常务会议、市委市政府专题会议多次听取体育工作汇报，市人大、市政协每年对体育工作开展专题视察和对口协商，并成立市主要领导挂帅、各区（县）和有关部门共同参与的市重大体育赛事领导小组、市全民健身工作联席会议和市体育产业领导小组。目前，市委副秘书长兼任市体育局局长，设立日照市体育赛事管理服务中心。在各区（县）增设科级体育总会，确保体育工作有人管、有人抓、有人干。市委、市政府将体育工作纳入全市经济社会发展综合考核指标体系。

（二）构建完善产业体系

日照市体育产业经过多年的发展，已经形成良好的产业基础和健全的产业体系。

1. 品牌赛事

日照市已经形成"春打太极拳、夏开水运会、秋跑马拉松、冬办体操节、四季打网球、全年下围棋"的赛事格局。连续举办七届大青山国际太极拳大赛，每年有 40 多个国家和地区的 2000 余名选手参加。以群众性水上运动为主题的休闲水运会，涵盖陆海空项目，突出体验性和娱乐性，成为广受群众喜欢的赛事品牌。2019 年中国（日照）国民休闲水上运动会参赛人数 1 万余人，观赛人数超过 26 万人次。2017 年开始举办的日照国际马拉松、2018 年开始举办的中国体操节以及网球赛事、围棋赛事等不仅成为日照的城市名片，也丰富了群众的体育文化生活。

2. 全域体育旅游

日照的旅游资源非常丰富，近年来按照景区景点之间"体育用赛事串，旅游用项目串、属地用特色串"的理念，打造的"海滨山岳行"、山海天阳光海岸等被评为"中国体育旅游精品线路"，日照奥林匹克水上运动公园入选中国体育旅游精品景区，大青山国际太极拳大赛、24 小时挑战赛被评为中国体育旅游精品赛事。2019 年，日照市荣获"中国体育旅游十佳目的地"。

3. 体育产业平台

日照着力打造国家水上运动训练大本营，先后建设运营了国家水上运动训练基地、国家游泳队山东日照训练基地。作为全国首批运动休闲特色小镇试点，日照奥林匹克水上运动小镇连续两年荣获"中国体育旅游精品景区"。建成日照网球中心、大青山太极拳基地等体育综合体，有效拉动了体育消费。另外，日照全市还建成国家级体育产业示范基地 1 处，省级体育产业示范基地（单位）4 处，为日照市体育产业发展发挥了示范引领作用。

（三）完善体育设施和组织

1. 综合性体育场馆设施

新建改建日照香河体育公园等 22 处大型体育场馆，所有场馆均可满足全民健身、体育赛事及赛后产业运营的需要，并于 2021 年底前建成投入使用。

2. 方便全民健身设施

利用"一场多用"等方式，在城区"金角银边""街头绿地"等处建设 97 处绿荫健身工程，改造提升 159 处老旧小区健身设施，对外开放 177 所学校体育场地设施，探索社区 1 元大众健身房，全力打造城市 10 分钟健身圈，实现全市乡镇体育公园、行政村（社区）全民健身工程和 301 个省市贫困村扶贫工程全覆盖，全市人均体育场地面积（含水上）达 4.7 平方米，位列全省第一。

3. 全域体育健身设施

实施阳光海岸提升行动，建设 28 公里滨海步行道、骑行道；建设城市绿道、健身步道、自行车道、登山步道共计 1500 余公里，通过体育休闲设施将全市景点串珠成链；新建海曲公园、铁路公园、银河公园、儿童运动乐园、老年人门球公园、足球公园、篮球公园等。

4. 众多群众体育组织

日照现有 207 个市级单项体育协会、俱乐部，117 个县级协会、俱乐部；乡镇体育总会实现全覆盖；3089 个村（社区）建立体育组织，覆盖率达到 95%。市、县、乡、村四级健身组织网络已逐渐完善，并在群众健身活动中发挥着重要作用。

（四）夯实政策保障体系

日照市坚持市场主导、政策引导和与市场需求相结合的体育资源配置理念，有力推动了体育产业的发展。积极贯彻落实国家、省出台的关于促进体育消费、发展体育产业的各项政策措施，加强体育消费顶层设计，建立完善全市体育产业、体育消费统计调查制度。编制了《日照市体育事业发展"十四五"规划（2021～2025年）》《日照市全民健身实施计划（2021～2025年）》《日照市全民健身公共设施专项规划（2020～2035年）》。在全市十三五体育产业发展规划基础上，编制《日照市体育产业发展规划（2020～2035年）》，对体育产业发展布局和体育消费提振做了长远规划。印发《日照市人民政府关于认真落实鲁政发〔2015〕19号文件加快发展体育产业促进体育消费的通知》《日照市人民政府办公室关于加快体育产业高质量发展的实施意见》等政策文件，在资金、土地、人才、税费等方面强化体育产业发展的政策支持。印发《日照市体育领域黑名单管理办法（试行）》，进一步规范体育市场秩序，优化体育消费环境。出台《日照市社会力量举（承）办重要体育赛事市级补助资金管理办法》《日照市市级体育发展资金管理暂行办法》，支持社会力量举（承）办体育赛事并给予资金扶持，激发了社会力量的办赛热情。成功入选第二批全国社会足球场地设施建设重点推进城市，争引国家预算内资金补助3000万元。成立体育产业双招引专业招引小组，统筹推进全市体育产业招商引资、招才引智。

（五）战"疫"措施有效

1. 政策引导支持

印发《日照市应对新型冠状病毒感染肺炎疫情支持中小企业共克时艰若干政策》，明确加大金融信贷、融资担保、稳岗返还、减轻税费、降低运营成本、建立贸易纠纷专项法律援助机制等8条支持举措；发布《关于全市体育社会组织及健身场所做好复业开放工作的通知》《公共体育健身场所恢复开放工作指南》。通过网站和微信公众号推出"战役政策包"二维码，便利企业查询政策、知晓政策、落实政策，享受政策红利，帮助体育企业克服疫情影响，实现平稳健康发展。

2. 线上线下融合

成立体育经济运行应急保障领导小组和驻企服务队，协助解决企业遇到的生产经营困难。组织体育企业收看《体育线上讲堂》《体育产业公益讲堂》，并进行体育产业复工复产企业联融发展网上签约，有效促进企业管理和经营资源共享、优势互补。

3. 发放体育消费券

开展"激发消费潜力、促进消费增长"专项行动，制定《体育健康消费惠民行动方案》。作为省级500万元体育惠民券发放首批三个试点城市之一，日照市联合47家健身场馆，向市民发放市级体育消费券50万元，撬动全市1.13亿元的体育企业消费券。

案例1 体育服务综合体：日照奥林匹克水上运动公园

日照奥林匹克水上运动公园依托全国领先、世界一流的硬件设施，探索出一条集世帆赛基地、水上运动中心、网球公园、足球公园等多项目运营管理、多种业态融合发展的路径，激活了体育服务综合效应，创造了体育服务领域综合运营管理的"日照模式"。

（一）基本情况

日照奥林匹克水上运动公园位于日照市万平口区域，总面积9.2平方公里，核心区总面积4平方公里，周边常住人口12万人，距离日照高铁站12公里、日照机场20公里、高速公路入口10公里，交通便捷。

日照奥林匹克水上运动公园建设了全国领先、世界一流的硬件设施。世帆赛基地建有近320个船艇泊位、停船广场、艇库和青少年水上运动体验中心；水上运动基地建有龙舟、摩托艇、赛艇码头，艇库，终点塔等；日照游泳中心主体建筑面积3.1万平方米，包括游泳馆、跳水馆、训练馆和戏水馆四个部分和室外游泳池、跳水池、广场等，设有3500个座席。水上运动公园成为全国唯一可以举办所有水上运动项目的小镇，2019年国家级运动休闲特色小镇试点项目建设交流培训班在日照奥林匹克水上运动小镇成功举办。2020年6月26日，国家发展和改革委员会下发通知向全国推广日照奥林匹克水上运动小镇在"突出企业主体地位"方面的典型经验。

自2004年至2020年，日照奥林匹克水上公园共成功举办了三届世界帆船锦标赛、五届中日韩国际帆船赛、两届中国水上运动会等 100 余项重大国内、国际水上运动赛事，水上运动的影响力日益扩大，"水上运动之都"成为日照对外形象的鲜明标志，日照被命名为国家水上运动训练基地、国家沙滩排球训练基地、国家级全民健身基地、国家游泳（跳水）队日照训练基地、中国网球协会训练合作单位。2016 年以来，先后举办了全国游泳锦标赛、全国航海模型比赛、山东省龙舟比赛、山东省第 24 届运动会皮划艇、赛艇、游泳比赛等 40 多项省级以上水上赛事活动，给奥林匹克水上公园带来了旺盛的人气。公园每年接待游客 1000 余万人次，拉动消费 40 余亿元。

（二）主要特点

日照奥林匹克水上运动公园突出企业主体地位，创新资源整合、设施建设和运营管理模式，并依靠社会力量办体育，探索出体育服务综合体建设的"日照模式"。

1. 多运动板块科学布局

水上公园空间布局为一核、两环、多板块，其中以水道、绿道、步道和自行车道相连接，公园核心区占地 4 平方公里，由水上运动基地、游泳中心、世帆赛基地等组成，通过城市共享环、海岸乐游环将内湖运动、网球运动、足球运动、海上运动区域相连接。公园坚持"一业主导、多元发展"，突出水上运动特点，开展帆船、帆板、赛艇、皮划艇、摩托艇、游泳、跳水、龙舟、滑水、垂钓等所有的水上运动项目，同时辐射网球、足球、自行车、铁人三项、轮滑、定向、太极、室内健身等多项运动，满足不同群众的健身需求，实现了全人群、全天候健身服务。核心区周边规划了约 5 平方公里的拓展区，建有中加国际健康管理中心、东夷小镇、日照海洋馆、科技文化中心、海之秀等文体项目。

2. 突出企业主体地位

坚持"政府引导、企业主体、市场运作、产业跟进"的发展思路，在日照市委、市政府支持及市发改委、市体育局等部门的帮助下，水上运动公园积极吸引社会力量管理运营，构建了"1＋4＋N"管理运营模式，带动产业发展，提高综合效益。"1"，即成立 1 家专门公司对公园进行管理运营。
2016 年成立日照市文化旅游集团有限公司，为公园运营提供全方位、全周
期、全天候的服务。"4"，即在文旅集团统一协调管理下，吸引 4 家社会力
量参与公园发展，组建了日照中健体育发展有限公司、日照安泰体育产业发
展有限公司、日照海岸足球俱乐部有限公司、中加国际健康管理中心，分别
对水上运动、网球运动、足球运动、体育康养等体育项目进行分类运营管
理。"N"，即多个综合体。公园内培育形成了世帆赛基地、水上运动基地、
日照游泳中心、网球公园、足球公园、海之秀景区、东夷小镇、日照海洋
馆、日照科技馆等多个综合体。各综合体分别组建了专业运营团队，统一协
调指挥、多方资源共同参与，充分发挥各自优势，最大限度释放公园活力。

（三）做法与成效

公园突出水上运动特色，围绕"打造品牌赛事、促进全民健身、产城
融合发展"等重点任务，做足"体育＋"融合发展文章。

1. 做精运动品牌赛事

办赛事就是做产业平台，有赛事就有了人气和商机。2018 年创新举办
了自主 IP 赛事——中国（日照）国民休闲水上运动会，设竞技类比赛 6 项、
群众性赛事 13 项 150 余个小项，全国 2.5 万名运动员和体育爱好者参赛。
通过赛事接待、旅游、海滨体验消费等实现直接收入近 1000 万元，并给附
近区域带来近 1 亿元的旅游收入。赛事场地串联整合了万平口旅游区、日出
东方·海之秀、东夷小镇等旅游度假资源，打造了"赛场就是景点，比赛
就是旅游"的格局。2020 年 6 月 6 日，举办了中国陆上赛艇极限挑战赛，
打响了全国体育竞赛复工复产的第一枪。7 月 18～27 日，举办了中国赛艇
皮划艇队奥运选拔赛、Team China 全国陆上赛艇"百日创纪录赛"、全国桨
板锦标赛、全国皮艇球公开赛。在发挥水上运动龙头作用的同时，公园依托
设施优势，打造了"春打太极拳、夏开水运会、秋跑马拉松、冬办体操节、
四季打网球、全年下围棋"的品牌赛事格局。如 2019 年举办中国围棋大会，
吸引了 55 个国家和地区 6 万名围棋爱好者在日照"同下一盘棋"。2019 年 5
月正式运营的安泰网球公园半年时间就举办各类网球赛事 24 场，参赛人数

约 5000 人次，成功引进"第二届全国青年运动会网球预选赛"，中网青少年巡回赛 U12、U14（日照站），"ITF 国际元老赛"等多场重量级赛事。赛、会、展一体化运营，拉动消费 1 亿多元，让公园成为全国关注的焦点，带来了可观的人流、物流与资金流。

2. 做大"体育＋旅游"

公园为满足广大运动员及家属游客的多元化需求，先后在公园拓展区建设了一批重点休闲旅游精品项目。投资 1.5 亿元建设了大型跨媒体实景演出项目"日出东方·海之秀"，填补了日照市夜间旅游项目空白，持续引爆全国同类项目市场，获"亚太旅游协会金奖"、"IAAPA（国际游乐园及游艺设施协会）'铜环奖·最具创意多媒体演出奖'"等荣誉。总投资 7 亿元建设的日照海洋馆，由国内最新一代海洋馆、唯一的四季花鸟园、海洋主题餐厅、沿街商业及无动力主题游乐设施组成，占地 161.7 亩，2018 年投入运营。建设了总建筑面积 42 万平方米的日照科技文化中心，包含大剧院、文化展厅、未来馆等设施。整体看，公园已初步构建形成"吃、住、行、游、购、娱"和"运、健、学"等要素相融合的业态体系，打造了"一人参赛，多人旅游；一日比赛，多日停留；单人竞赛，多人消费"的体育旅游新模式。

3. 做强"体育＋康养"

建设了日照市中加国际健康管理中心，坚持"治未病"的理念，在糖尿病、高血压、心脏康复、健康老龄化等慢病管理方面推广覆盖全生命周期的体医结合健康管理服务。运营 4 年来，该中心发展各类会员 7000 余人，每天前来运动健身的市民达 1000 余人次。在线慢病管理人群达 30 余万人，100 余位 2 型糖尿病患者受益，初步建立了针对不同人群、不同环境、不同身体状况的运动处方库。公园内建设了环绕周边的 40 多公里的健身步道、绿道和自行车道，每天有数千名市民在公园优美的环境中进行跑步、健步和骑行等各项健身活动。"花在眼前，绿在身边，健身在家门口"，水上运动公园成为体育康养的示范区、体育康养结合的日照模式在全省推广。

4. 做实"体育 + 培训"

每年，国家帆船队、皮划艇队、赛艇队及上海、海南、辽宁帆船帆板队以及多个省市游泳队等均在日照驻训。2020 年 3 月，国家赛艇队、皮划艇队到日照进行为期 4 个月的封闭训练；6～7 月，国家女子水球队、国家女子橄榄球队先后到日照集训备战东京奥运会，公园成为全国水上运动训练的大本营，常态化推出帆船帆板、皮划艇等培训活动。公园内建设了 2 处陈中华太极馆，邀请国内太极界知名专家举办讲座，每年培训上万人次。每年与各中小学校联合开展帆船帆板、航海模型、网球进校园活动，有 5000 多名青少年学生参训。

5. 做深"体育 + 文化"

位于公园内的日照市青少年水上运动体验中心，免费向中小学生开放，普及水上运动文化。2017 年，与山东电视台联合打造了"我要去航海"真人秀节目，传播日照水上运动文化。2019 年，举办了网球文化节、中国围棋博览会等体育文化推广活动。2020 年 8 月 4 日，举办《超球少年》真人秀节目，拍摄期 2 个月，来自全国的足球明星教练、足球小队员代表参加拍摄。2019 年，由安泰实业制作的国内首部网球动漫系列剧《网球世界》以日照为背景，以网球游戏为线索，以青春、励志、成长为主题，塑造了网球特色鲜明的文创 IP，展现了新时代年轻人的活力与生机。发掘海洋文化、太阳文化和太极文化资源，充分融入特色公园中，每年举办享誉海内外的"元旦迎日祈福大典"、"日照海洋音乐节"和世界太极日活动，吸引数十万名国内外游客参加。通过龙神庙、祈愿阁、戏台、茶楼、书院等公园特色建筑的日常展演，把日照的民俗文化、东夷文化、渔文化传播到国内外。

6. 做好"体育 + 扶贫"

公园及周边曾是渔村，村民以养殖、捕捞为生，随着近海渔业资源的枯竭和禁海休渔制度，渔民收入受到很大影响。投资 6.8 亿元建设东夷小镇，项目占地面积约 245 亩，集吃住行游购娱于一体，含民俗客栈、160 种特色餐饮、地方特产商铺、文化休闲及游客服务中心。2018 年 5 月投入运营以来，吸纳了周边大批村民直接就业，并带动周边渔村开展渔家乐民俗旅游、游艇经营、旅游纪念品销售、餐饮服务、冲洗服务及其他旅游配套服务。公园共安置商户 550 余家，带动从业人数 1 万余人，有效解决了海滨旅游转型升级、国企转型、旧村改造三道难题，成为体育扶贫的典范。

（四）未来发展思路

1. 打造"体育＋""＋体育"的产业生态系统

在组合式发展的思路引领下，公园将围绕做好体育旅游、健身休闲、运动康养等工作，争取将水上运动和体育赛事经济做大做优，形成高水平赛事引领效应，在全国范围内树立水上运动赛事品牌。

2. 打造水上运动体育服务综合体行业标杆

充分发挥中心的场馆优势，除了高水平赛事外，争取举办更多文艺演出、商业展览等类型多样的活动，实现水上运动公园与区域产业发展的互促共荣，为日照市筹办山东省第 25 届运动会和创建全民运动健身模范市，促进全民健身和体育产业发展做出更大贡献。

3. 继续发挥日照社会力量办体育的优势

进一步简政放权，在政府引导下加强市场协作，形成集体育技能培训、体育用品销售、休闲娱乐、体育赛事广告、体育传媒服务等于一体的体育产业链条。将日照奥林匹克水上运动公园这一体验式文化体育服务综合体打造成为日照新地标，使其成为日照的亮丽名片。

案例 2　体育旅游线路：日照海滨山岳行

体育旅游作为新兴的时尚生活方式，既满足了广大人民群众休闲放松的需求，又可通过体育运动锻炼身体、增强体质。日照"海滨山岳行"体育休闲旅游线路自 2015 年起，连续 5 年在中国体育文化博览会、中国体育旅游博览会（以下简称"两博会"）上荣获"中国体育旅游精品线路"称号，在 2017 年两博会上被评为"2017 中国体育旅游十佳精品线路"，成为推进"体育＋旅游"融合发展的典范案例。

（一）基本情况与现状

1. 地理环境与优势分析

日照作为"水上运动之都"，以"蓝天碧海金沙滩"闻名，100 公里金沙滩适合开展帆船帆板、沙滩运动、赶海休闲等活动，日照奥林匹克水上公园作为国家级游泳、帆船、皮划赛艇、沙排训练基地和全民健身活动基地，先后承办了8届国际帆船比赛和160余项国家级帆船和沙排锦标赛；以白鹭湾优美风光融合龙舟、高尔夫和马术等项目，打造体育休闲度假区；依托五莲山、九仙山4A景区和江北第一野生杜鹃基地、江北第一佛资源，打造国家级山地自行车基地；松月湖风光秀丽，帆船、皮划赛艇运动盛行；大青山是旅游养生圣地，因国际太极拳大赛闻名于世；黑虎山为大型国际标准化狩猎场，飞碟、射箭等令人神往，世界闻名的"龙山文化"发祥地就在该线路上；顺丰阳光海洋牧场是集休闲旅游、休闲垂钓、海上观光、海上采摘、祈福放生、渔俗文化、海鲜美食等于一体的综合性休闲度假园区；日照花仙子景区是目前长江以北最大的婚纱外景拍摄基地，春、夏、秋三个季节繁花似锦，色彩斑斓，各色花卉交相辉映，令人心旷神怡，流连忘返。

日照奥林匹克水上运动公园建有国际先进、亚洲一流的水上运动基地和设施，历经10年造就了一支100余人的经验丰富的专业服务团队，常年与海事、海洋等部门配合，有完善、高效、快速、无缝隙的救援应急体系，并经受了多次台风和160余次大赛的检验。海边洗浴清洗等设备质量符合国际标准，数量上每天能满足50万名游客的需要。各个景区都承接过国际级、国家级、省级等专业赛事活动8年以上，设施齐备，有专业服务人员和经过专门培训的兼职人员。医疗救护、救援、安全保障、赛事组织等各项措施齐全。

2. 产业现状与发展规模

日照"海滨山岳行"体育休闲旅游线路总长度160公里。其中北线60公里，串联日照奥林匹克水上运动公园、万平口风景区、东夷小镇、阳光海岸露营公园、日照海滨国家森林公园、万宝海滨风景区、白鹭湾湿地公园、大北山、五莲山、九仙山、松月湖、大青山景区、黑虎山狩猎场；南线40公里，串联东方太阳城景区、顺风阳光海洋牧场、多岛海景区；西线60公里，串联花仙子景区、沭河景区、浮来青生态园、浮来山景区。整条线路将全市20余家景区、景点串联在一起，涵盖网球、帆船帆板、皮划赛艇、游泳、龙舟、海钓、路亚钓、滑雪、潜水、射击等上百项运动项目，能满足不同年龄和爱好的人群的需求。

通过举办精彩的体育赛事活动，以专业赛事带动群众赛事、变群众赛事为旅游项目，将线路上最美的海滨和山岳景区有机融合在一起。该线路先后举办了中国（日照）大青山国际太极拳大赛、中国（日照）国民休闲水上运动会、日照马拉松、中国体操节、中国围棋大会、第二届全国青会网球预选赛等体育赛事活动，打造了"春打太极拳、夏开水运会、秋跑马拉松、冬办体操节、四季打网球、全年下围棋"的品牌赛事格局。2020年6月起，先后举办了国家赛艇皮划艇队奥运选拔赛、全国陆上赛艇"百日创纪录赛"日照站、全国桨板锦标赛、全国皮艇球公开赛、拳力联盟第六季拳击系列赛等体育赛事活动。2018年通过体育赛事吸引旅游人数突破1300余万人次，拉动旅游收入近100亿元，与2017年相比，体育旅游带动消费同比增长40%。2019年，全市通过体育赛事吸引旅游人数达1500万人次，拉动体育旅游消费近100亿元。

日照"海滨山岳行"体育休闲旅游线路自2015年起，连续5年在两博会上荣获"中国体育旅游精品线路"称号，在2017年两博会上被评为"2017中国体育旅游十佳精品线路"。通过点面结合，线路串联的各节点达到"遍地开花"的效果。山海24小时极限挑战赛、中国（日照）大青山国际太极拳大赛获评"中国体育旅游精品赛事"。日照奥林匹克水上运动小镇连续两年获评"中国体育旅游精品景区"，日照市也获评"2019中国体育旅游十佳目的地"。

（二）做法与成效

1. 推动体旅融合发展

日照市高度重视体育在经济社会发展中的重要作用，为贯彻国发〔2014〕46号文件，适应加速发展的"体育+旅游"产业和巨大的体育旅游市场的需求，日照市委和市旅游局等相关部门围绕"旅游富市"战略实施，将丰富的山岳、海洋、湖泊、森林资源与体育健身休闲运动深度融合，按照"体育用赛事串，旅游用项目串，部门用优势串，属地用特色串"的理念，联合打造了"海滨山岳行"体育休闲旅游线路，受到体育界、旅游界、全国各级新闻媒体及社会各界的广泛关注与好评。依托特色海滨、山岳资源，因地制宜打造体育赛事活动，进一步激活体育资源与旅游资源的耦合效应，有效拓展和拉伸了体育旅游产业链。

2. 助力幸福产业增长

凭借资源开发合理、空间布局科学、气候条件良好和赛事项目丰富的优势，日照体育旅游业态极为丰富，体育与文化、旅游、养生、养老等业态实现深度融合，形成了"一日比赛，多日停留；一人参赛，多人旅游；单人竞赛，多人消费"的体育旅游新模式，引起了体育主管部门和专家学者的高度关注。日照"海滨山岳行"体育休闲旅游线路自2015年起连续3年被评为"中国体育旅游精品线路"，在2018年两博会上，该线路再次获得大会组委会的青睐，第四次获得"中国体育旅游精品线路"。日照"海滨山岳行"体育休闲旅游线路，上榜"2019春节黄金周体育旅游精品线路"，是山东省唯一上榜的旅游线路。据不完全统计，2018年日照市通过体育赛事吸引旅游人数突破1300余万人次，拉动旅游收入近80亿元。在不断完善中进步，日照"海滨山岳行"体育休闲旅游线路正成为日照"旅游富市"的重要推手。

3. 打造体育旅游品牌

作为链接体育旅游的最佳渠道，体育赛事活动将日照"海滨山岳行"体育旅游线路的业态体系和活动节点实现有机衔接。以专业赛事带动群众赛事，变群众赛事为旅游项目。2018年全市开展各类赛事活动1100余项，线路上的赛事活动700余项，省级以上赛事活动37项。中国（日照）国民休闲水上运动会，共设19个大项150多个小项，将竞技性与群众性比赛相结合，融休闲、娱乐、趣味于一体，既保证了赛事精彩，又满足了群众参与。将赛事与旅游完美融合，赛事场地整合了万平口景区、海洋公园、日出东方·海之秀、东夷小镇等景点，赛场就是景点，参赛就是旅游。赛事项目定位全民参与、赛事活动丰富多彩，项目涵盖海、陆、空，能够全方位、多角度地展示水上、沙滩、空中等各项运动的魅力，2018年共吸引了2万余人参赛。中国（日照）大青山第六届国际太极拳大赛共有来自中国、美国、加拿大、英国、澳大利亚等38个国家和地区的128支代表队1250名选手参加。2018年10月14日，日照国际马拉松鸣枪开跑，12000人参赛，数十万人参与，上百万观众观赏，被誉为"山东省赛事服务最好赛事之一"。2018年中国体操节是我国首次举办体操类综合性活动，共吸引来自26个省35个市的近万名运动员前来参赛。

（三）未来发展思路

1. 进一步明晰体育旅游市场定位

"十四五"期间，将继续坚持形象宣传与产品营销相结合，进一步明晰"海滨山岳行"的市场定位，形成宣传重点集中、多方力量叠加的营销机制。加快日照全域旅游集散中心和咨询服务中心建设，推动机场、车站、码头与旅游线路交通的无缝对接，提升"海滨山岳行"线路的品质。推进"海滨山岳行"旅游交通标识体系建设，力求标识准确、设置规范、科学合理。

2. 进一步完善精品线路品牌管理

建立"海滨山岳行"品牌建设推进机制，明确相关部门的责任分工，形成政府主导、政企联合、社会参与、强力推进的建设格局。充分发挥企业的市场主体作用，推动旅行社、旅游景区、饭店、餐馆、旅游投资企业积极参与"海滨山岳行"的品牌建设、管理、服务与营销。

3. 将体育基因植入城市肌理和城市发展

用城市文化激荡体育力量，让精彩的体育赛事活动将最美的海滨和山岳景区有机融合。"春打太极拳，夏开水运会，秋跑马拉松，冬办体操节，全年下围棋"的赛事格局不仅为城市增添活力，也让"中国·日照""活力之城、运动之城、健康之城"的形象更加鲜明。

三　未来发展目标

（一）总体目标

力争用3年时间，将日照市建设成为体育消费活力显著、消费需求旺盛、消费结构合理、体育产品和服务充分有效供给的国家体育消费示范城市，打造成为全国一流的体育旅游目的地、国家级体育训练大本营，成为全国具有重要示范意义的体育产业城市和国内外具有重要影响力的知名海滨体育城市。

（二）年度目标

2020年，全面启动创建国家体育消费试点城市工作，积极健全创建体制机制，完善各项工作措施。2021年，全市体育消费结构不断优化、升级，体育消费在机制创新、政策创新、模式创新、产品创新等方面取得阶段性成果。2022年，体育消费试点工作目标全面完成，体育公共服务实现有效供给，"体育＋""＋体育"深度融合成效显著，体育消费环境全面提升，形成在全国可复制、可推广的体育消费试点日照特色经验，人均体育场地面积4.75平方米，经常参加体育锻炼人数比例达到48%，体育产业实现增加值占全市地方生产总值比重提高到1.5%以上，体育服务业增加值占体育产业增加值比重达到68%。

四　未来工作举措

（一）实施体育公共服务强化行动，夯实群众体育消费基础

推动体育设施与校园体育设施、市政设施及社区融合，利用景区、郊野公园、公园广场、公共绿地及空置场所，建设休闲健身场地设施。引导各类体育场馆设施向公众提供免费或低收费服务，优化场馆服务环境，加强服务监管，为市民提供优质便捷的体育消费服务。推动体育资源向农村倾斜，实现乡镇体育公园、村（社区）体育设施全覆盖，促进城乡体育消费一体化。按照1个体育总会、1个老年体协和1个社会体育指导员协会、多个单项体育协会"1＋2＋N"模式，构建市、县、乡、村（社区）四级体育健身组织网络，提升群众体育健身专业化、规范化水平。推动赛事活动向企业、学

校、社区、农村延伸。开发适合不同健身人群特点的健身项目，满足差异化体育消费需求，夯实群众体育消费基础。

（二）实施体育赛事赋能城市行动，促进体育赛事消费

深化体育赛事改革，用活市场机制，与政府购买服务相结合，面向全市体育企业、体育俱乐部等多元主体开放办赛。每年设立不少于 200 万元的体育产业引导资金，支持社会力量举（承）办体育赛事。坚持"办好一次会、搞活一座城"，办好山东省第 25 届运动会。实施精品体育运动项目和优质体育赛事资源引进工程，争办国内、国际顶级体育赛事。打造高端自主知识产权赛事品牌，不断完善日照品牌赛事体系。推动体育协会、职业俱乐部实体化、规范化经营管理，支持市内有条件的体育企业、俱乐部组建职业队伍。承办好中国女子排球超级联赛山东女排主场比赛。

（三）实施体育产业提速升级行动，激活体育消费引擎

支持市内体育企业转型升级。依托日照经济技术开发区国家级体育产业基地，引导体育企业利用大数据、云计算、人工智能、区块链、5G 等新技术，打造智能体育制造品牌，推动基地向制造、旅游等方向融合发展；建设智慧场馆和线上线下融合的体育消费体验馆、智慧健身房，发展数字体育、在线健身、线上培训等新业务，创新体育产品和服务供给，满足群众体育健身新需求，培育体育消费新业态、新模式。探索成立国有控股的文体旅产业集团，打造体育产业发展运营主体和投融资平台。支持山东体育频道发展有限公司做大做强。积极筹划举办体育产业洽谈会、招商推介会、体育博览会等展会活动。以日照奥林匹克水上运动小镇、香河体育公园、奎山体育中心、日照国际足球中心等为核心，打造各具特色的体育产业集聚区。

（四）实施"体育+""+体育"行动，培育体育消费新增长点

促进体教融合、体旅融合、体文融合、体银融合、体农融合发展。完善学校体育教学、训练和竞赛体系，支持学校与体育部门建立运动员共同培养

机制。培养学生运动技能，通过政府购买服务等方式，为学校体育课外训练和竞赛提供指导。实施体育旅游精品示范工程，打造一批有影响力的精品线路、精品赛事、精品景区和体育旅游目的地，优化提升"海滨山岳行"体育休闲旅游精品线路，丰富体育旅游模式，加大日照体育旅游宣传力度。加强体育雕塑、体育人物、赛事品牌形象等城市体育文化符号建设。推动体育赛事与文艺表演、影视动漫、网络传媒等深度融合，促进赛事策划、赛事推广、赛事传媒、赛事纪念品等文化创意产业发展。举办主题式节庆活动，打造体育文化嘉年华。加强银企对接，完善体育消费支付和信用方式，丰富体育金融服务产品。发挥10亿元体育产业基金引导撬动作用，为日照处于快速成长期或成熟期的体育企业提供资金支持。实施"体育＋康养"工程，积极发展太极拳、登山、养生等具有消费引领性的健康运动项目，支持社会力量开办运动康复机构。探索发展"美丽乡村＋体育""农业特色小镇＋赛事""家庭农场＋休闲运动"等新模式，打造农业体育品牌，在乡村发展马拉松、路跑、徒步、露营等休闲体育运动，扩展乡村体育消费空间。

（五）实施体育消费市场、体育消费环境优化行动，促进体育消费健康发展

完善体育市场监管体制，健全行业监测评价机制，落实体育行业红黑名单、体育企业信息公示制度，强化信用约束和失信联合惩戒机制，推进体育行业信用体系建设。加快培育体育中介市场，积极引进国内外知名体育中介服务机构，着力培育引进体育经理人、经纪人。做好大众体育培训，满足市民的多元化体育消费需求。市政府每年发放不少于100万元体育消费券，引导体育企业配套发放相关体验券、优惠券，促进体育消费快速增长。

B.11
青岛市时尚体育城市的蝶变

刘瑞江　朱青莹　司湘湘*

摘　要： 近年来，青岛市委、市政府认真贯彻全民健身国家战略，加快建设体育强市，努力办好让人民满意的体育，各项工作都取得了明显成效。本文通过梳理青岛市体育产业发展的建设经验、发展目标、工作举措，分析青岛迈金智能科技有限公司、"远东杯"国际帆船拉力赛、青岛市水陆环岛户外体验体育旅游线路的成功经验，为山东省乃至全国体育产业发展提供示范经验。

关键词： 时尚体育城市　体育产业　体育消费　青岛市

一　建设经验

（一）工作机制健全

青岛市高度重视创新促进全民健身和体育消费的工作机制，形成了多层次、复合型的体育消费、体育产业推进和保障体系。如2011年，青岛市成立了市长任主席的青岛市重大国际帆船赛事活动组委会，2012年，

---

* 刘瑞江，山东师范大学体育学院副教授，研究方向为体教融合；朱青莹，山东大学体育学院副教授，硕士生导师，研究方向为体育产业；司湘湘，山东省体育产业发展中心综合部副部长，研究方向为体育产业。

成立了常务副市长任组长的青岛市服务业发展领导小组等。2018 年，青岛市成立副市长为组长，体育、发改、旅游、卫计、民政等多部门组成的旅游健康产业推进专班，形成了体旅、体医融合的健康产业发展推进保障机制。2019 年，青岛市成立了体育局牵头，发改、自然资源和规划、文旅、宣传等部门参与的"时尚与体育攻坚队"，为青岛体育消费和体育产业发展提供了坚实的体制机制保障。长期以来，青岛市积极贯彻落实国家促进体育消费、发展体育产业的各项优惠政策。新冠肺炎疫情期间，青岛市更是采取多种措施帮助体育企业渡过难关，成效显著。

（二）产业基础较好

青岛市，规划路径明确，各类体育市场主体健全，体育产业发展居全省首位。体育产业门类齐全，几乎拥有所有体育及相关产业业态，其中体育健身休闲业、体育竞赛表演业、体育场馆建设与服务业等行业占比持续提升。制定体育产业发展规划。从 2009 年开始委托专业调查公司在全市范围内开展体育及相关产业专项调查工作，每年发布《青岛市体育及相关产业专项调查报告》。

（三）体育设施齐全

青岛市重视体育设施建设和管理，体育场地设施数量、结构和水平逐步实现由量的积累转向质的提高。2019 年，青岛市完成市内五区的公共体育设施专项规划（2018～2035 年）。体育场地面积居全省首位。各类体育设施分布合理，功能齐全。青岛市体育场地设施共有 87 类，排名前十的为小运动场、高尔夫球场、天然游泳场、篮球场、田径场、全民健身路径、体育场、海上运动场、十一人制足球场和高尔夫练习场，为人民群众日益增长的体育健身需求提供了多元化设施供给。

二　发展目标

完善体制机制，加快推动体育产业健康发展，推进政策保障、消费模式、产品服务、数据统计等创新发展，不断培育体育消费新理念、新业态、新模式，着力打造平台支撑高地、政策引领高地、品牌隆起高地、人才聚集高地，实现全民健身普及化、体育消费时尚化、体育产业规模化。到2022年，争取全市经常参加体育锻炼人数比例超过50%；争取每年举办5项以上国际国内高水平赛事；培育本土品牌赛事10项以上；市民体育消费观念显著增强，体育消费规模不断扩大。

（一）体制机制完善、高效

体育消费领域的促进机制更加完善，市场机制全面革新，服务机制更加高效，保障机制更加到位。2020年体育资源IP交易平台、智慧体育平台开始推广。2021年，着手建立体育企业清单管理和分级分层管理协作及服务机制，体育资源及IP交易平台覆盖更多体育赛事，智慧体育平台在更多体育产业和体育消费领域使用。2022年，体育企业清单管理和分级分层管理协作及服务机制全面建立，体育资源及IP交易平台功能更加完善，智慧体育平台全面推广使用。体育产业统计逐步完善，体育消费统计逐步建立，建立起城乡居民体育消费统计调查长效机制，着手建立体育消费统计调查制度，开始发布体育消费数据。

（二）政策保障全面、有力

促进体育消费的财税、金融、土地、人才等政策逐步完善并发挥作用。2020年，促进体育企业复工复产的减税降费政策落实到位，出台《青岛市促进体育消费实施意见》，着手编制《青岛市"十四五"体育产业发展规划》，研究土地保障政策。2021年，出台促进体育消费的相关配套措施办法，编制《时尚体育城市发展规划》。2022年，土地保障政策落实到位，财政奖补政策落实到位。

（三）体育产品和消费内容丰富、时尚

时尚体育深入人心，体育消费新理念、新业态、新模式全面形成。2020

年，着手实施全民健身"六个身边"工程，群众性时尚运动、订制健身、网络消费、假日体育等成为体育消费热点，体育夜经济初具规模。

体育产业提质增效明显，体育消费和产业发展载体更加丰富，体育与其他领域融合更加紧密，体育场地设施更加健全，打造一批国家和省级体育产业基地，建成一批一站式多功能体育综合体，体医融合、体旅融合、体教融合全面深入，培育打造体育旅游精品线路。

三　工作举措

（一）完善政策，实施体育产业规范发展工程

落实国务院办公厅《关于促进全民健身和体育消费推动体育产业高质量发展的意见》，制定青岛市促进体育消费实施意见，配套出台措施办法，加快推动体育产业高质量发展。对体育产业布局与架构、重点产业发展模式、发展重点和保障措施等方面进行深入调查研究，编制"十四五"体育相关规划，同时开展时尚体育城市项目设计，建立与城市发展相适应的时尚体育场地设施、赛事服务、市场主体、消费导向等体系。

（二）精准发力，实施体育消费潜能激发工程

培育体育消费理念。实施《健康青岛全民健身行动方案（2020～2022年)》，完善城市社区"8分钟健身圈"和农村社区"15分钟健身圈"。开展全民运动健身示范区、"十百千万"健康大使评选活动。推动体质监测常态化，有针对性地进行科学健身指导，让更多人掌握专业的健身技能，倡导每天健身1小时。激发体育消费热点，鼓励体育消费行为。通过政府购买服务、延长公共体育场馆开放时间、发放健身消费券等途径，引导和支持体育企业提供更多适应群众体育消费需求的产品和服务。优化体育消费环境。推进国家体育消费试点城市建设，支持各区（市）出台鼓励消费举措。

（三）汇聚资源，实施时尚体育品牌提升工程

引进举办顶级时尚体育赛事。积极对接国际和全国体育组织，落地一批国际国内顶级赛事和单项体育赛事的锦标赛、分站赛、巡回赛和积分赛等有影响力的赛事。办好亚洲杯足球赛、克利伯环球帆船赛等重大赛事。打造自主品牌，举办各类时尚体育赛事活动。支持社会力量举办各级各类赛事活动。鼓励各区（市）发挥自身资源禀赋优势和民族传统体育文化优势，培育特色赛事活动。创办时尚体育节，集中组织电竞、马术、自行车、跑酷等时尚体育赛事活动。鼓励发展职业俱乐部。普及群众性时尚运动，支持青岛足球、篮球、羽毛球等俱乐部高质量发展，发挥其作为体育消费龙头的带动作用。

（四）积极创新，实施体育产业提质增效工程

壮大健身休闲产业。加快健身休闲服务内容、业态和商业模式创新，开发专业化、个性化、时尚化健身课程和健身产品。大力发展帆船、电竞、球类、游泳、骑行、登山等普及性广、关注度高、市场空间大的运动项目。鼓励开展海洋运动，山地户外运动，冰雪运动，湖泊、河流运动和汽车摩托车等户外运动项目。支持体育用品制造业转型升级。引导体育用品制造企业加快数字化、智能化改造升级，支持企业加快智能运动装备、智能场馆、可穿戴设备等运动装备的研发与制造。鼓励体育用品制造企业科学布局产业链，依托产业向体育服务领域延伸。增强市场主体竞争力。加强政策引导和扶持，吸引知名体育企业设立区域总部、板块业务总部、研发和销售中心。开展星级服务品牌创建活动，培育打造一批星级体育健身俱乐部。

（五）平台支撑，实施体育消费空间提升工程

引进和举办具有国际影响力的体育用品展会和论坛活动，探索打造"一带一路"、上合组织、黄河流域城市和胶东经济圈一体化合作交流平台。

搭建体育产业智库平台，扩展体育资源及 IP 交易平台功能。依托海尔卡奥斯工业互联网技术，打造智慧体育平台。创新计划单列市时尚体育城市联盟协作机制，扩大交流与合作。创建一批国家和省级体育产业示范基地（单位、项目），鼓励各类园区设置体育产业板块"园中园"，打造一批一站式多功能体育综合体，培育帆船、足球、冰雪等体育产业聚集区。建设一批时尚运动公园、时尚健身社区、智能健身吧，试点安装第二代智能健身设施，实现农村体育健身设施全覆盖。推进行政事业单位和有条件的学校体育设施有序向社会开放。

（六）推动融合，实施体育消费新业态培育工程

推动体医融合。开展运动处方培训活动，推广使用《全民健身"运动处方"推广手册》。开展运动健康咨询服务试点，结合"六进"活动，打造体医融合示范社区。深化科学健身指导，依托健身站点，推行社会体育指导员定点指导制度。加大体育旅游宣传推广和市场开拓，打造一批有影响力的体育旅游精品景区、精品线路和精品赛事。推进山海河湖等旅游资源与登山、越野、水上运动融合。加快体教融合，推进帆船、足球、羽毛球、冰雪等体育项目进校园活动，加强对体育教师和教练员的培训。组织举办中小学生超体重健康夏令营，开展中小学生游泳技能培训。鼓励社会力量举办青少年体育赛事活动。办好市级中小学生体育联赛、青少年单项锦标赛、冬夏令营等赛事活动。引导和支持中小学校和体育俱乐部参加"青少年体育后备人才基地"认定。

（七）强化服务，实施体育资源改革优化工程

推进市场化资源配置改革。推动公共资源向体育赛事活动开放，鼓励体育赛事经营权、电视转播权和新媒体版权，体育组织名称和标志使用权以及体育专利权公开交易。盘活竞技体育市场资源，实现竞技体育国家办与社会办的创新融合。优化政务服务业务流程，深化"一次办好"改革。推进体育行政部门直属事业单位分类改革。

案例1 体育科技企业：青岛迈金智能科技有限公司

当今社会，智能体育成为全球体育当仁不让的重要角色。从人工智能到VR，从传统健身房到高效的EMS黑科技健身，科技重塑着体育的呈现与消费方式，也改写着人们对于体育的认知。青岛迈金智能科技有限公司（以下简称"迈金科技"）是国内将骑行领域软硬件产品做到完美结合的代表性企业，是国内智能体育比赛的主要技术提供方之一，是山东体育科技企业的典型代表。

（一）基本情况

1. 公司的理念和使命

迈金科技成立于2015年12月，注册资金322.58万元，是一家注重自主研发的高新技术企业。作为室内骑行领域的高新技术企业，迈金科技专注于研发尖端科技产品、制造智能运动设备以及提供运动智能化方案，集研发、生产、销售及全方位服务为一体，将创新性科技产品融入体育运动中，提高运动爱好者的使用体验，为目标客户群提供室内骑行、科学训练、大众健身、全民运动整体解决方案。迈金科技致力于打造用户体验一流的智能运动设备，致力于改善人们的运动健身质量。

迈金科技秉持"客户导向、奋斗分享、协同创新"的核心价值观，努力打造让每个人都能发挥价值并获得成长和收益的企业文化，让更多人科学、快乐地运动也体现在公司的发展愿景中。

2. 发展历史

2015年12月，迈金科技成立之际就组成9人研发团队，开始第一代智能骑行台的研发。2016年8月，Onelap1.0版本上线，开创国内虚拟骑行游戏。2017年5月，发布Onelap2.0版本，并荣获上海展创意奖。2018年1月，在青岛万象城发布全国首台非直驱骑行台和Onelap3.0。2018年1月，迈金科技落定A轮融资，估值1.5亿元，在国内智能骑行台市场占有率超过70%。2018年6月，与知名自行车品牌捷安特达成深度战略合作。2018年6月，与蓝天绿野联合举办全国智能体育运动会暨京杭大运河智能单车挑战赛。同月与知名自行车品牌捷安特达成深度战略合作，双方未来将在消费场景打造、品牌联合、门店服务等领域展开深度合作。2018 年 7 月，双方首次联合举办"领骑环法季"骑行挑战赛。2018 年迈金科技评为"国家高新技术企业"，公司产品"智能功率骑行台"通过第七批青岛市"专精特新"产品认定。

作为国内智能骑行运动的开创者，迈金科技拥有国内第一套完整的软硬件功率训练系统以及国内在线人数最多的功率训练平台，得到众多骑行爱好者的广泛认可。近两年，迈金科技研发的智能骑行台、功率计、心率带等产品在国内市场地位领先，具体产品在目前国内保有量中的占有率分别为：骑行台 80%、功率计 30%、踏频器 70%。目前迈金科技已发展成为国内智能骑行领域的领军企业。

公司 2018 年实现销售收入 4085 万元。2019 年实现销售收入 1.3 亿元，利润超过 1000 万元。2020 年实现销售收入约 1.8 亿元，利润超过 2500 万元。迈金科技的飞速发展也得到了各级政府的大力支持与肯定，创始人于锋被评为泰山产业领军人才、青岛市创业领军人才等称号，项目获得"创业齐鲁"创业大赛优胜奖，"千帆汇"创新创业大赛青岛市三等奖，"市长杯"创新创业大赛优胜奖、最佳人气奖等。

（二）做法和经验

1. 让"科学"和"快乐"融入运动产品设计内核

近年来，人们的健身意识、健身热情得到飞速提升，但与之形成鲜明对比的是，人们普遍缺少健身的科学知识。对于迈金科技创始人于锋和他的团队来说，怎样把枯燥的健身变得有趣、变得更加科学，是智能健身项目的"初心"。软件专业出身的于锋和团队研发了一组虚拟运动游戏的软硬件产品，依托电磁传感硬件采集运动信息，让健身者在游戏的带动下，激发运动兴趣。如 2016 年开发的顽鹿竞技软件通过游戏、场景、社交等功能，解决室内骑行的枯燥、孤独等问题。为了让参与者在游戏中达到更专业的健身效果，团队进一步吸纳了有运动医学专业背景的成员，开发了针对定制课程、分析运动效果的辅助训练软件。让更多人科学、快乐地运动的理念，始终贯穿在迈金科技产品的设计、研发中，提升了用户的兴趣，增强了用户的黏性。

2. 持续研发创新打造核心竞争力

创新是企业发展的生命力，研发是企业技术创新体系的核心组成部分，也是企业进行技术储备、增强发展后劲和形成新增长点的重要依托。迈金科技将自主研发视为公司发展的基石，致力于打造优秀的研发团队，提升公司研发实力。公司目前员工超过 200 人，研发团队份额占一半以上，队伍年轻，思维活跃。成员大多来自国内专业一流的知名大学，研发实力雄厚，为迈金科技形成核心竞争力奠定坚实的基础。在优秀的团队支撑下，迈金科技在电磁加阻、无线通信、智能算法及大数据分析、骑行设备工业设计等行业核心技术领域掌握了大量自主研发技术，建立了初步的知识产权架构体系，申请了核心专利 3 项和配套辅助专利 10 余项，同时申请了国际 PCT 专利检索及软著百余件，形成了厚实的知识产权实力。同时公司还拥有实用新型专利、外观专利近百件。迈金科技非常注重研发投入，每年在研发上的投入是销售额的 10%。公司与北京知名知识产权律师事务所签订了长期合作协议，旨在建立完善的知识产权架构体系，稳固自身的行业技术领军地位。

3. 创新商业模式提升迈金品牌的影响力

对于初创的迈金科技来说，如何沉淀更丰富的数据、增加更高频次的互动，培养更多有付费意愿的消费者，是公司突破发展的关键点。迈金科技创新商业模式，整合优势资源，从以下方面进行突破。

（1）自主研发硬件产品，搭配自己开发的软件产品，快速抢占骑行市场，创造高端骑行品牌。自 2016 年底第一代直驱式智能骑行台上市，经过 4 年的发展，迈金目前已成为国内智能骑行领域的领导品牌。第一代直驱式智能骑行台凭借其超静音设计、3% 的高功率精度，以及比同类型国外竞品更高的性价比，上市即热销，供不应求。2017 年 12 月，在延续第一代直驱式智能骑行台优势的基础上，性能更加优化升级的第二代直驱式智能骑行台 T100 正式发布。2019 年 11 月，迈金科技第三代旗舰系列骑行台 T300 正式发布。T300 采用基于全球 10w 的用户验证的全新功率算法，拥有独到设计的车架保护系统和更加精准的功率精度，再加上全新的酷炫外表，给骑行热爱者带来了很好的骑行体验。与美国 WOHOO 公司的合作，不仅吸引了国外的投资，也为进军国外高端智能骑行台市场奠定了基础。2018 年迈金科技在高端骑行领域占据市场第一的位置。迈金科技通过自主研发软硬件，利用互联网收集骑行用户健身数据。通过深度数据计算，分析用户行为，为用户提供精准的服务，增加用户黏性。

（2）与传统健身企业合作，形成优势互动，营造合作共赢的局面。2019 年进军健身领域后，积极与传统健身器材生产商合作生产智能健身车——G81 顽鹿智能单车。这是一款专门为燃脂瘦身打造，家用型电磁控阻、静音小巧的智能单车。另外，App 线上智能课程可以定制专属强度课程，单车匹配 1 对 1 真人教练，可远程安排训练计划和运动数据化教学。智能化的动感单车和数据的精细分析，成为真人教练远程指导用户训练的根据。通过合作，健身器材生产商让健身产品升级换代，而迈金科技通过软件服务获取用户数据，并将自己的技术在更短的时间推广出去，最终实现双赢。2020 年，迈金科技不忘初心，积极与更多企业合作，为企业、用户提供服务。

（3）开展线上赛事技术支持，发展多元化业务模式。迈金科技发挥技术优势，与赛事举办方合作，通过为赛事提供线上软件支持获得盈利。

典型赛事合作案例方面，2018 年 5～10 月，由中华全国体育总会主办、浙江省体育局承办的全国首届智能体育大赛暨京杭大运河智能单车挑战大赛，迈金科技作为唯一线上选拔赛主办方参与。通过人、智能骑行台、智能骑行软件的组合，让选手可以在任何时间、地点与任何骑手一起畅骑世界经典骑行赛道。2019 年骑闯天路骑行台挑战赛，由骑闯天路和迈金科技共同举办，这是首次将骑闯天路 G381 川藏极限挑战赛全真模拟还原到线上。打破时间限制，穿越空间障碍，让更多的骑行爱好者感受极限体验，传承骑闯精神。2020 年 2 月，由湖北省体育局社会体育管理中心指导，武汉沌盟体育发展有限公司与迈金科技在新冠肺炎疫情期间，联合举办的 2020 "武汉加油·我们一骑"线上骑行挑战赛，以完赛即可领取软件内虚拟骑行服的形式吸引大家多骑行多运动。2017～2020 年迈金科技举办赛事情况见表 1。

表1　2017～2020年迈金科技举办赛事情况统计

年份	举办赛事次数（次）	参与人次（万人次）	参与人数（万人）
2017年	5	5	1
2018年	10	15	3
2019年	15	30	5
2020年	25	50	10

（三）未来发展思路

1. 开发和扩展大众骑行数据市场

通过低成本硬件接入模式，开发低成本硬件接入模块，与国内家用单车工厂合作，向每年的全球单车增量市场用户提供高性价比的内容服务方案，吸引软件平台用户（全球市场）。通过低成本外设接入模式，开发低成本硬件外设，通过对软件服务内容的营销推广，引导全球单车存量市场用户利用现有设备接入软件平台，实现用户的快速增长（全球市场）。

2. 扩大自行车爱好者群体影响力

（1）硬件产品方面。

骑行台类：将陆续推出具备不同功能特点的骑行台产品，形成T600、T300、T200、T100四个产品系列，满足用户不同价位需求，以此作为更加广泛地推广室内骑行文化的契机，将室内骑行打造成运动自行车领域现象级产品。

功率计类：丰富功率计产品线，降低功率计产品入门门槛是下一阶段首要工作方向，亦是推广功率训练文化的重要举措。

心率、踏频传感器类：对各传感器产品线进行迭代和丰富，将速度踏频、心率传感器细分为3～4个不同价格区间及功能的产品线。在此基础上加大海外市场开拓，用以挖掘各国线下渠道资源，便于高端功率产品推广，为公司创造更高的业绩与推广价值。

码表类：2020年上市首款码表产品C406，2021～2022年陆续推出C106、C206、C606多款产品，将与迈金传感器类产品形成产品套餐销售，用以满足各层次自行车用户对自行车运动数据的采集、实时查看、记录、统计、分析需求。

（2）软件与服务方面。大力开展自行车赛事合作业务，与自行车国内外业内大型赛事 IP 进行合作，推动室内智能骑行运动发展。通过线上线下赛事的举办，扩大媒体声量，促进更大体量的用户了解产品生态，并通过运营手段维护潜在用户并促进转化。

与中国体育（zhibo.tv）建立长期合作，利用其拥有环法、环意等各大世界顶级自行车赛事转播权，在各类赛事期间开设与智能骑行相关的赛事节目，利用演播厅展示使用场景并建立销售渠道，扩大宣传效果并提高销售转化。

从 2020 年开始开启体验店加盟计划，作为基本的线下地推单元和赛事参赛点。通过线上赛事等活动及线下导流政策，推动骑行爱好者进入体验店参与活动，了解智能骑行并形成转化。

（3）专业体育方面。与专业车队合作，进行人才培养训练，组织骑行赛事、公益活动等。继续与 Hunter Allen（与 Andrew Coggan 联合创立自行车功率训练理论）建立并运营的 PCG（Peaks Coaching Group）深度合作，打造 PCG·Magene Power 品牌，成为国内自行车专业训练领域最权威的组织。加强与中国自行车协会的合作，在成为官方指定赛事承办单位和指定赛事品牌基础上，加强合作力度。

在未来的市场推广中，迈金科技将继续响应全民健身国家战略，让公司的产品服务于人民，满足人民健身需求，为建设体育强国贡献力量。

案例 2　体育精品赛事："远东杯"国际帆船拉力赛

体育产业的核心和基础是赛事，需要彰显地方资源和城市特色。山东在引进更多国内外赛事同时，必须要培育山东特色赛事和 IP 品牌赛事。"远东杯"国际帆船拉力赛无疑是本土赛事、民间赛事的典型代表。

（一）基本情况与现状

1. 基本情况

作为"一带一路"重要节点城市和中国近现代帆船运动发源地，青岛的城市特色之一是帆船运动文化丰富。2008年北京奥运会帆船比赛后，青岛以帆船运动为载体，着力开发21世纪海上丝绸之路休闲体育发展带，加强与"一带一路"沿线国家和地区间海上休闲体育运动互联互通。

国际帆船拉力赛的举办是进行"21世纪海上丝绸之路"开拓的一次全新尝试，旨在增进东北亚国家地区之间的紧密联系，打通中日韩俄长距离帆船拉力赛航线。"远东杯"虽然自创始至2020年仅有四年，但是这项发端于民间的赛事自诞生之日起就被赋予了青岛开展时尚体育的创新梦想："远东杯"国际帆船拉力赛是青岛本土开创的跨国离岸赛事品牌，也是目前为止亚洲航程最长的世界帆联跨国二级离岸赛，填补了远东地区没有长距离帆船拉力赛的空白，在中日韩俄四个国家间搭建了体育、文化、经贸等领域的交流平台，通过人文合作促进了民心相通。

2. 历史追溯及发展现状

"远东杯"的诞生不是偶然，这项赛事的飞速成长，既是青岛这个中国航海运动摇篮地孕育出的希望之花，更是青岛帆船运动在奥帆赛之后10余年积累的基础上，乘着经济社会高质量发展的东风而迸发出的运动创业精神，而国家的"一带一路"倡议和青岛正在全力推进的国际时尚城建设，再次给赛事插上了腾飞的翅膀。

自2016年创办以来，一年一度的"远东杯"国际帆船拉力赛航程不断增加，规模持续扩大，国际知名度和美誉度与日俱增。首次举办的21世纪海上丝绸之路——2016"远东杯"国际帆船拉力赛是一项包含拉力赛和场地赛的综合比赛。"远东杯"不仅得到世界第六大港口——青岛港的鼎力支持，且开辟出一条全新航线。首届"远东杯"赛事采用博纳多F40龙骨型赛船，航线为中国青岛—韩国木浦—中国青岛，俄罗斯七尺队、韩国世翰大学队、澳大利亚道友队、法国博纳多队、清华大学队和青岛帆协队6支船队参赛。首次举办的"远东杯"一经推出便在国际航海界产生热烈反响。2017年第二届"远东杯"由6支队伍扩展至8支队伍，涵括中国、俄罗斯、法国、韩国4个国家60多名运动员，航线仍为中国青岛往返韩国木浦。

2018年，"远东杯"开辟了青岛往返俄罗斯符拉迪沃斯托克的全新航线，6 支船队驾驶 40 英尺长的博纳多 First40 级帆船，在东北亚海域上演了异彩纷呈的顶级帆船角逐，俄罗斯七尺队、韩国京畿道零号帆船队、中国·上海合作组织青年队分别荣获 2018 赛季冠、亚、季军。"远东杯"国际帆船拉力赛被纳入俄罗斯东方经济论坛，中国、俄罗斯等五国领导人参加颁奖仪式，"远东杯"获得东方经济论坛最佳赛事组织奖。

2019 年，"远东杯"扩容升级，首度登陆日本并在富山县设立了停靠站，全程达到了 2300 海里。来自中国、俄罗斯、韩国、日本、新加坡、中国香港、澳大利亚等十几个国家和地区的 8 支精英船队驾驶相同的"博纳多"F40 级大帆船进行港内赛和离岸赛的海上竞赛，赛程长达 33 天。赛程的延长意味着难度的增加和体验的丰富，常年参加世界顶级离岸赛的上海诺莱仕队也派出意义非凡的全华班参赛，意在创造东北亚参赛新纪录。"远东杯"在收官阶段成就"从富山湾到浮山湾"的佳话，无论是参赛规模、组织水平还是竞技水平都实现了大跨步的飞跃，实现了赛事高质量的进阶。

2020 年国家体育总局体育经济司公示了 20 个国家体育产业示范项目，已成功举办四届的青岛自主品牌赛事"远东杯"国际帆船拉力赛成功入选，比肩中国网球公开赛、北京国际长跑节等颇具影响力的体育产业项目。

（二）做法与成效

1. 凝心聚力，打造本土国际赛事

"远东杯"国际帆船拉力赛的举办是进行"21 世纪海上丝绸之路"开拓的全新尝试，旨在推动 21 世纪海上丝绸之路沿线国家和地区间体育人文交流的扩大化，增进东北亚地区之间的紧密联系，打通中日韩俄长距离帆船拉力赛航线。

作为青岛市培育扶持的自主品牌赛事，"远东杯"国际帆船拉力赛进一步响应"一带一路"国家倡议，深化青岛"帆船之都"城市国际品牌综合优势，以帆船为纽带，促进沿线国家体育、文化、经贸、旅游交流与合作，为开发建设 21 世纪海上丝绸之路休闲体育发展贡献力量，为逐步打造东北亚地区最具影响力的国际长距离帆船拉力赛做好积淀。

2. 专业运作，扩大赛事规模影响

"远东杯"国际帆船赛事开展以来，吸引了中俄日韩等十几个国家和地区三百多名高水平赛手争相参与。赛事为"一带一路"沿线国家和地区以及上合国家搭建了体育、文化、经贸合作新平台，成为青岛时尚体育城市建设的新名片。赛事队伍不断扩大，涵括了韩国、俄罗斯、法国、中国等国家的赛队以及来自澳大利亚、韩国、俄罗斯、法国、新西兰、美国、巴西、日本、中国的多名运动员，在参赛队伍和赛事规模上做到了真正的国际化赛事水准。在赛事组织方面，"远东杯"国际帆船拉力赛更是邀请到韩国、日本、俄罗斯、中国等国的国际仲裁，保证赛事的公平公正与专业化。另外，"远东杯"国际帆船赛期间，尝试与当地帆船赛事进行跨国赛事合作，如"远东杯"携手韩国"多岛海"帆船赛进行联合比赛，"远东杯"登陆日本并纳入世界最美港湾俱乐部大会活动板块。通过联合办赛，进一步提升赛事的参赛规模与国际影响力。

3. 展现形象，促进时尚城市发展

作为 2008 年北京奥运会帆船比赛举办城市，青岛市也是中国近现代帆船运动的发源地。奥帆赛后，青岛全面深化"帆船之都"城市品牌综合优势，以帆船运动为载体，着力开发 21 世纪海上丝绸之路休闲体育发展带，加强与"一带一路"沿线国家和地区间海上休闲体育运动互联互通。将"远东杯"国际帆船拉力赛作为一种体育文化进行宣传，也将其融入青岛国际化发展战略之中，并使之成为增强青岛城市持续发展的动力。如 2017 年"远东杯"船队中，"帆船之都"青岛"青年文明号"队除了参赛，更多的是作为"帆船之都"青岛国际推广青年先锋团队进行东北亚地区"一带一路"青年国际交流，宣传推介"帆船之都"青岛城市品牌。作为"帆船之都"青岛"青年文明号"队的一员，船上的每一位队员都肩负着文明大使、文化大使的责任。他们把来自青岛的文化带到韩国，再把从那边看到的、学到的带回青岛，用帆船架起一道桥梁，加强中国同韩国的文化交流。通过连续性办赛事扩大赛事影响力，实现青岛城市关注度持续升高，并带动职业赛事发展及群众体育参与。构建城市系列性赛事体系，推进赛事向更大更强更专业的目标发展，始终保持着特色鲜明的城市体育文化品牌。

4. 互联互通，助力国际体育交流

"远东杯"的诞生和成长一路伴随着国家海洋战略的深入、"一带一路"倡议的落地推进，不仅填补了中日韩俄区域没有长距离帆船拉力赛的空白，更以帆船赛这项开放、现代、活力、时尚的世界体育语言，充分发挥"一带一路"国际合作赛事平台乘法效应，加强了中、俄、日三国在体育、人文、港口、旅游、经贸等领域的互联互通。2019 年是中俄地方合作交流年和中日青少年交流年，"远东杯"为中俄文化交流做出了积极贡献。

2019 第四届"远东杯"国际帆船拉力赛不仅被写进了青岛市政府工作报告，还被纳入青岛国际时尚季系列 20 项重点活动之一，从而成为挖掘青岛时尚元素、引领市民时尚意识、创新青岛时尚生活、打造城市时尚品牌的重要阵地。这既是对青岛"帆船之都"城市品牌的全方位展示提升，又是对青岛建设蓝色经济领军城市、打造海洋合作平台的极大推动，更是对"一带一路"国家倡议的积极响应。

（三）未来发展思路

1. 持续助力"帆船之都"品牌建设

奥帆赛后 10 年来，青岛市委、市政府一直致力于"帆船之都"城市品牌的打造，支持帆船运动发展。"远东杯"作为"帆船之都"青岛的自主品牌赛事，整合体育、旅游、娱乐、时尚、经济等资源，实现帆船运动文化的高度升级和跨界影响。未来将通过每年度的"远东杯"国际帆船赛事，举办相关帆船赛事观赏、体育展演、帆船体验、文化交流、文创产品展示等活动，推动"远东杯"帆船赛事与帆船会展、商务、旅游、文化等产业融合发展。

2. 持续扩大帆船赛事吸引力和影响力

探索赛事活动期间组织帆船体验、学习了解帆船运动和驾驶帆船技能等活动。吸引越来越多的人参与"远东杯"系列帆船运动。组织更多的参赛队员、青少年帆船运动爱好者到其他国家、城市交流学习帆船运动知识，不断扩大"远东杯"赛事品牌的影响力。进一步促进和加强青岛和符拉迪沃斯托克在帆船运动领域的交流与合作，为两地青少年和成年人提供帆船运动国际交流和赛事培训的平台。

3. 加强开放性和国际化赛事合作

作为 21 世纪海上丝绸之路"北方门户"和丝绸之路经济带"东方桥头堡"，青岛港集团强力加盟"远东杯"，借助这个平台进一步拓展与俄罗斯、日本等东北亚国家地区间的合作交流，更好地为经济社会的高质量发展贡献港口力量。"远东杯"国际帆船拉力赛将进一步突出开放性、国际化和社会参与度，在赛事运行、产业开发、市场推广方面加强探索，在促进新旧动能转换、推动海上休闲体育产业融合发展方面有新作为，继续发扬坚持、探索、创新、开放、包容的精神，持续传递航海精神和推广航海运动。

案例 3　体育旅游线路：青岛市水陆环岛户外体验

2020 年 9 月，为促进体育产业与旅游产业融合发展，满足人民群众不断增长的户外运动需求，国家体育总局、文化和旅游部联合发布 19 条"2020 年国庆黄金周体育旅游精品线路"。青岛市"水陆环岛户外体验线路"位列其中，是 2020 年全省唯一上榜的线路。该线路体现了城市体育文化与城市品牌、自然资源的高度融合，促进了城市体育产业与旅游产业的融合发展。

（一）基本情况

青岛"水陆环岛户外体验线路"全长 60 公里，其线路串联了奥帆基地、青岛奥帆博物馆、栈桥至五四广场，沿海木栈道、星光岛、啤酒文化博物馆、融创水上乐园、崂山巨峰等众多旅游胜地。主要涵盖的活动项目包括帆船运动体验、奥帆文化参观、沿海木栈道健步行、环星光岛自行车骑行、水上娱乐设备体验、户外登山等。

该线路适游时间涵盖一年四季，适游人群包括亲子、自驾俱乐部、企事业团建等，其中登山、运动帆船体验、水上娱乐项目，对于年幼及年长的游客，需区分运动能力具体判断是否适合。另外，整条游览路线配备了完备的硬件服务配套设施，包括各级别星级酒店、餐厅、超市、医院（诊所）、药店、游客服务中心等。

（二）主要景点及活动内容

1. 奥帆基地：帆船运动体验和文化参观

作为 2008 年第 29 届奥运会和第 13 届残奥会帆船比赛场地，青岛奥帆基地凭借着优质完善的基础设施与奥运文化底蕴，已经成为全国唯一的"国家滨海旅游休闲示范区"和国家 4A 级旅游景区。游客由奥帆中心景区观光车引领，陆地上见证奥运会和奥帆赛的遗迹，参观世界最好的奥帆博物馆，登奥运颁奖台，走奥运长廊，体验激情摇帆。奥帆景区内游览奥运灯塔、奥帆情人坝、燕岛秋潮、奥帆博物馆、旗阵广场、魅力海上剧院、奥运火炬以及鸥翔彩虹八大奥帆景观。奥帆基地用带着浪漫海风与运动气息的美丽征服了后奥运时代带来的旅游业挑战，深刻诠释了旅游和体育产业发展到一定阶段的共同结果是"旅游＋体育"的深度融合。奥帆基地连同沿海一线的五四广场等，成为青岛的城市名片和亮丽的风景。

2. 栈桥至五四广场沿海木栈道：健步行

从青岛标志性建筑——栈桥出发，沿海边木栈道前往五四广场，沿途风景如画，非常适合健步走。沿途景点包括：青岛栈桥，欧人监狱，小青岛，第一海水浴场，海滨木栈道，第二海水浴场，八大关，第三海水浴场，五四广场，奥帆中心等。秀丽的风景和深厚的历史文化底蕴共同推动了沿线健步走活动的发展。

3. 星光岛：环岛骑行

2015 年万达集团投资 500 亿元在青岛以千亩超级海岛打造魔幻小岛——星光岛。岛上汇集住宅、商旅、文娱、海洋经济等多维度产业，是青岛东方影都大配套、大资源的聚集地、未来青岛国际电影节的永久举办地。它承担着海洋经济、文化商旅等八大业态中的大剧院、顶级国际秀场、滨海酒店群、游艇交易中心、国际医院、滨海酒吧街六大业态，是现代"一站式"休闲度假的典范之作。在星光岛，游客可以带上自己的爱车进行环岛骑行，也可以进行游艇运动。

4. 啤酒文化博物馆：跨界体验

青岛啤酒作为地域品牌已经深深融入青岛的城市文化中，啤酒文化博物馆,以场景化、体验式为主题特色,集啤酒文化科普互动、娱乐休闲体验功能于一体,让市民游客畅快饮酒之余,深入了解啤酒8000年历史文化。"水陆环岛户外体验线路"将啤酒文化博物馆列入,看中的正是啤酒与体育运动相融通的那份激情。啤酒天然相伴的是体育文化,尤其是激烈的体育运动。2018年10月,根据一份由Sportcal公布的预估报告,全球酒精品牌当年对职业体育的投入将达到7.645亿美元,现行合约将近300个。青岛啤酒也积极赞助中超等职业联赛及其他赛事,扩大品牌效应的同时积极推动着我国职业体育的发展。

5. 融创水上乐园:水上娱乐设备体验

融创水上乐园以海洋元素为亮点,分为岩石岛与冲浪湾主题区域,拥有超级大碗、垂直滑道、水上过山车等18款明星游乐项目。作为山东首个大型室内水上乐园,融创水世界满足游客夏日畅快玩水又不怕被晒伤的双重需求。水世界10多项备受欢迎的大型水上娱乐设备让游客一年四季都能享受亲水的欢乐。

6. 崂山巨峰:户外登山

崂山是山东半岛的主要山脉,崂山的主峰称"巨峰",又称"崂顶",峰势伟巨,享有"万山之祖"的美誉。最高峰崂顶海拔1132.7米,是我国海岸线第一高峰,有着海上第一名山之称。崂山不像华山或泰山那样通往顶峰只有一条路,游览巨峰可以从东、南、西、北不同方向攀登,登山过程可体会到九水十八潭的自然风貌。

(三)做法与实效

1. 统筹开发"体育+旅游"资源

青岛海洋体育旅游资源丰富,不但拥有"亚洲第一滩"美誉的金沙滩、银沙滩,而且海岸线上分布着丰富的海岛资源和海洋体育旅游景区,形成了以海洋资源与体育旅游融合为基点,以海洋特色的龙舟、水上自行车、帆板、沙滩排球、沙滩足球等旅游休闲项目为中心的融海天、人文、自然为一体的海洋体育旅游胜地,为青岛体育旅游产业的发展创造了巨大空间。

2. 健全"体育旅游+休闲文化"业态

青岛是世界著名的"帆船之都",奥帆文化已经融入青岛的城市血脉。青岛作为2008年奥运会帆船赛举办地,帆船运动具有良好的条件和传统。悠久的历史文物古迹,浓郁的渔家民俗文化,时尚开放的文化生活以及海岸线和岛、湾、海的多港湾区位环境优势大大提升了本体育旅游线路的休闲品质。本线路还融合了具有青岛特色的啤酒文化、崂山道教文化,而青岛优美的海岸线风光搭配健步及骑行也向游客传递了融合健康元素的慢生活理念。

3. 多渠道进行"体育+旅游"营销

青岛水陆环岛户外体验旅游线路进行了多渠道的营销推广,特别是结合现代年轻人获取信息的特点,侧重融媒体渠道的利用。在青岛市文化和旅游局、青岛市体育局官方媒体平台进行推广,与门户网站旅游栏目、旅游平台网站合作推广。利用港中旅集团线上平台"我和旅行"进行线上营销,利用港中旅集团国内2000余家实体门店进行线下营销,利用港中旅集团自有平台(微信公众号、抖音、朋友圈、社交群、官网、门店等)进行线上、线下营销。

4. 完善体育旅游设备设施

该线路经过多年建设,设施配备完善、服务水平较高,交通便捷。该线路的重点运动项目即运动帆船体验,拥有专业资质的帆船教练进行指导。木栈道健步行均在出行前进行注意事项提示,为游客做好相关服务。星光岛环岛自行车骑行,有专业人员提供出行指导、安全保障与技术支持,并做好骑行用车的维护与保养。水上娱乐设备均有具备资质的安全人员全程指导和看护。交通、通信设备设施配备和服务情况良好,出租车、网约车较多聚集,奥帆中心周边地铁和公交线路齐全。游客至星光岛、崂山景区可分别选择地铁、公交等方式出行。除崂山未进行旅游开发的区域,线路内景点均有手机信号覆盖。

5. 始终助力时尚城市建设

按照国际时尚城的建设规划和战略部署,青岛不断丰富体育内容助力城市发展。市体育局计划并筹办好包括青岛马拉松、崂山100公里国际山地越野挑战赛、国际龙舟邀请赛、全国健身锦标赛暨全国城市健身大使选拔赛（青岛站）、全国马术公开赛、全国旅游城市定向越野赛、国际象棋五城对抗赛等时尚体育赛事。由青岛和深圳两市体育部门共同发起时尚体育工作交流研讨会，来自青岛、深圳、大连、宁波和厦门的体育部门围绕促进时尚体育合作发展进行探讨交流，并成立时尚体育城市战略联盟，建立时尚体育城市协作交流机制，实现联盟城市间体育信息的全面共享，推进时尚体育赛事和体育表演活动的交流合作。

（四）未来发展思路

1. 统筹规划做好顶层设计

全民健身意识不断增强，"体育+旅游"新业态发展方兴未艾、大有可为。针对当前制约"帆船之都"城市品牌发展的难点、痛点和堵点，抓重点、补短板、强弱项，助推时尚帆船体育事业迈上新台阶。未来继续抓紧做好市场调研，积极对接社会各类体育组织，不断优化线路设计、丰富产品内容，为不同年龄、不同职业、不同等级的游客提供差异化体育+旅游产品，将体育旅游线路的延伸产品做大、做强、做好。

2. 丰富体育旅游的产品形态

根据青岛海洋旅游、体育休闲和历史文化观赏等旅游资源的类型，借助更多旅游景区的特色品牌体育旅游项目，加强创新，形成具有地域特色、丰富历史文化内涵、多元化、类型互补的体育旅游品牌，进一步扩展线路内容，实现多线、全域体育旅游的局面。

3. 继续提升体育旅游的载体和平台

进一步转变发展方式，完善标识、基础设施等公共服务，提高管理水平和市场竞争力，建立综合服务信息化平台。构建青岛体育旅游资源网络体系与平台，促进青岛体育旅游产业服务质量与综合竞争能力的提升。继续完善体育旅游产品、项目和载体建设，打造时尚运动的引领地、高端赛事的举办地、时尚体育组织的隆起地、时尚体育人才的聚集地、时尚体育产业的兴盛地、时尚体育文化的繁荣地。

B.12
国家级体育产业示范基地：
威海核心蓝区基地

马国栋　杨　璇*

摘　要：　威海核心蓝区基地被认定为2018年国家体育产业示范基地，
代表威海市推动海洋体育与相关产业融合发展的举措得到充
分肯定，在全国起到标杆示范作用。本文通过梳理威海体育
产业发展的基本情况、做法与成效以及未来发展思路，力求
从方法上启发思路，从模式上提供借鉴，从实践上引导
创新。

关键词：　体育产业　核心蓝区基地　威海市

一　基本情况

为积极贯彻落实山东半岛蓝色经济区战略部署，威海市委、市政府制订
出台了《威海市蓝色经济区发展规划》，确定了"打造核心蓝区，坚持一体
发展；优化海洋空间，合理开发利用"的发展战略。核心蓝区是指威海市
中心城区，包括环翠区、高技术产业开发区、经济技术开发区和临港区。近
年来，核心蓝区体育产业发展迅速，并于2018年被评为国家体育产业示范
基地。

* 马国栋，山东理工大学体育学院副院长，教授，研究方向：体医融合、运动与健康促进；杨
璇，山东大学体育学院2020级硕士研究生，研究方向为体育产业。

　　威海核心蓝区国家体育产业示范基地主要包括：以环翠区为中心的钓具制造业聚集区和滨海休闲垂钓度假区，以高区为中心的钓具高技术研发孵化基地和钓鱼运动中心，以经区为中心的钓具商务会展、物流集散中心，以临港区为中心的钓具"互联网＋"国际贸易中心等。从"中国钓具之都""中国休闲渔业之都""中国钓鱼名城"到2016年山东省体育产业基地，再到2018年国家体育产业示范基地，威海以渔具制造为基础的体育产业发展规模越来越大，产业融合发展态势越来越明显。

（一）渔具及其他制造产业

　　数据显示，威海全市拥有1200多家渔具相关企业、38个国家级休闲渔业基地，年产值达100多亿元，威海生产的渔具占全球市场40%的份额，出口创汇4亿多美元，近10家企业主导或参与制定行业标准，培育形成光威、宝飞龙、环球等大批国际知名的钓具品牌。不仅渔具制造业，威海游艇、钓鱼船、滑水板等船艇制造企业占有全球中低端市场约20%的份额，滑雪用品年产值近20亿元。鲁滨逊、沃克森琦、诚途等时尚运动服装品牌知名度愈来愈高，渔具制造、船艇制造、滑雪用品、登山产品等规模以上体育企业达到62家。

（二）休闲垂钓产业

　　威海海洋空间广阔、鱼类资源丰富，具备打造精品钓鱼赛事的先天条件。全市拥有海洋牧场19个、内陆淡水休闲牧场19个、较大钓鱼场地8处、海上钓鱼平台10余处、钓鱼俱乐部20多个、钓鱼爱好者30多万人。自2017年开始，年均举办钓鱼赛事达100余项，仅每年参加休闲钓鱼的游客就超过300余万人次，经济效益年均超百亿元，以"全国海钓锦标赛""中国威海国际路亚精英赛"为代表的品牌赛事，吸引了来自国内国外数百名选手前来参赛，不仅提供了钓技展示舞台，也体现了威海核心蓝区卓越的赛事承办能力和全国影响力。在繁荣了威海休闲娱乐消费市场的同时，也在一定程度上有效宣传推广了威海钓具产业品牌。

（三）大型体育赛事

自 2008 年起，威海已连续 10 年举办铁人三项赛，具备了较高的赛事品牌知名度。2017 年，威海铁人三项世界杯赛暨超级铁人三项系列赛的经济效益再上新台阶，专业机构评估报告数据显示，该年度铁人三项赛创造了2.35 亿元的直接经济效益。多年来，威海市为进一步扩大群众参与铁人三项运动的规模，进一步夯实群众基础，以半月湾铁人三项专用赛场为核心，新建自行车专用道，通过创建 AAA 级景区和开通旅游公交等措施，大大提升了游客接待数量，形成了以铁人三项赛为核心吸引物的特色旅游项目。

（四）体育商务会展

威海核心蓝区还通过打造钓具商务会展、物流集散中心，为体育产业发展提供展示平台。目前已组织中国威海国际渔具博览会，该博览会成为世界三大渔具博览会之一。另外，打造"中国（威海）国际船艇、房车暨钓具用品展览会"，扩大游艇、房车、冲浪板等户外休闲产品的展览展示规模和参展比重，形成会展、钓具、游艇、房车等产业一体化融合发展，同渔具博览会形成各有侧重、互为补充的良好格局。

二　做法与成效

（一）突破陆地局限，扩展发展空间

威海的海洋资源丰富，海岸线长 986 公里，占了山东海岸线的1/3。利用海洋优势，威海核心蓝区贯彻海陆统筹的理念，积极突破陆地资源限制，拓展向海新兴业态，先后通过推动渔具钓具等传统制造业动能转换、培育山海特色品牌赛事和蓝色休闲体育，提高相关产业融合发展水平。积极引导近海渔船发展游艇、垂钓、帆板等特色海洋运动，升级传统渔船泊位，打造帆船游艇基地和俱乐部。在修复海洋生态的同时，突破了传统体育产业发展的瓶颈。

（二）培育特色服务，延长产业价值链

垂钓运动及相关产业具有客群黏度高、参与周期长、群体关注度稳定、附加产业链空间大等显著优势。威海市基于自身资源禀赋，加强政策创新和机制革新，建立八部门联席会议制度，为赛事和社会资本提供引导和服务，积极鼓励社会力量进入相关产业领域，以赛事为核心载体，打造涵盖船钓、矶钓、路亚钓等的垂钓赛事品牌矩阵，推动威海从"中国钓具之都"发展为"中国钓鱼名城"。

结合全市新旧动能转换重大战略，威海市委、市政府将体育产业作为绿色产业、朝阳产业进行培育扶持，加大配套政策执行力度。先后设立1000万元钓具产业提升专项资金、500万元体育产业发展引导资金，鼓励传统体育企业转型升级，扶持范围涵盖冰雪项目、竞赛表演、健身服务、体育用品生产等领域。不断提高政策引导成效，先后助力领上健身俱乐部、宝飞龙钓具有限公司等实现了企业经营的重大突破。同时，加快科技支撑体系建设，威海市先后围绕碳纤维等新材料领域，打造了国家工程实验室、博士后科学工作站等一批研发基地，推进供应链和技术资源整合，弥补了钓鱼产业链的研发短板。

（三）多方联动创新产业融合

加强产业顶层设计，将体育产业纳入国民经济和社会发展规划。创新部门协同机制，联合文旅、海洋、商务、工信、发改、卫健等多部门建立密切协作的工作机制，有效解决了品牌赛事策划、组织、评估等诸多难点问题，切实为改造传统渔船泊位提供了诸多支持，也为帆船文化体验、海鲜美食音乐嘉年华、国际太极温泉康养大会、全国徒步大会等特色活动的举办奠定了基础，有力推进了威海体育旅游、体育康养、体育休闲、体育温泉的业态融合进程。

多部门协作也为核心蓝区体育产业融合发展提供助力。体育部门结合资源优势，在发展海洋体育、运动康养上做足文章，并以国家级体育产业示范

基地为平台，充分发挥其聚集效应、规模效应、区域辐射效应和示范带动作用，引领相关产业规模化、链条式发展，成为威海经济发展的新引擎。威海市人才工作领导小组聘任了2名国内体育产业知名专家，作为特聘专家长期为威海体育产业出谋划策。体育部门每年还外聘专家举办培训研讨班，先后培养了约2000名产业管理或从业人员，为体育产业发展提供智力支持。加大政策宣传力度，为近20家企业带来政策红利和新思路。

为营造浓厚的体育产业氛围，进一步扩大体育产业工作影响力，威海联合电视、广播、网络、报纸、新媒体等各种宣传平台，开展了全方位、立体式、深层次的宣传。重视体育舆论引导，威海市电视台《体育在线》栏目收视率位列全市栏目榜次席，市广播台《体育快讯》栏目广受好评。创新开播《我要去钓鱼》节目，显著带动了休闲垂钓市场发展，营造了浓厚的市场参与氛围。

三 未来发展思路

发展体育休闲产业，打造国际休闲运动之都，与建设"精致城市·幸福威海"、大力实施城市国际化战略高度契合，也可以有效带动时尚与运动休闲产品产业集群、康养旅游产业集群发展，推动七大千亿级产业集群协同突破。威海核心蓝区将持续结合自身地理位置、自然资源、人文历史等优势资源，加大体育产业与康养、旅游、医疗、经贸、会展等产业形态的融合力度，重点做好七个方面工作。

（一）做精做活各项赛事、活动

坚持专业赛事与群众运动相结合，用赛事带动提升群众参与运动的积极性。持续放大威海在铁人三项上的传统优势，做大铁人三项系列赛事，将其创办成威海重要的节庆品牌。持续举办HOBIE帆船世界锦标赛、全国海钓锦标赛、海湾公开水域游泳国际邀请赛等大型滨海赛事，努力打造具有自主知识产权的海洋赛事IP。举办好锦湖韩亚高尔夫公开赛、千公里海岸线自行车大奖赛、山地自行车中国公开赛、荣成国际马拉松等赛事和活动，力求形成持续影响力。

（二）规划建设特色体育运动小镇

立足各地自身特点，科学布局规划体育运动小镇，东部建设滨海新城自行车运动小镇，南部围绕乒乓球运动打造南海新区乒乓小镇，北部打造半月湾铁人三项运动小镇，中部建设临港区棒垒球运动小镇、环翠区轻户外运动小镇。将运动、生活、娱乐、休闲有机结合，带动相关基础设施配套的快速升级，增加一批体验项目和一系列品牌赛事。

（三）升级休闲运动产品制造

坚持"招商引资""企业膨胀"两轮驱动。规划建设体育制造高端产业园区。瞄准国内外先进的自行车、帆船游艇、游泳装备、球拍球鞋、智能穿戴等体育用品装备生产制造企业，完善优惠政策，吸引企业落户园区，形成集聚效应。对光威集团、迪尚集团、开泰体育、环球渔具、康派斯、中复西港等企业重点扶持，鼓励在体育用品装备制造上加大科研投入，提高休闲运动"威海品牌"的市场份额。

（四）促进运动休闲旅游消费

在开发运动赛事文创产品、举办渔具船艇展销会、博览会等传统方式的基础上，探索组建营销联合体，将体育消费与文化、旅游总体发展无缝对接、有机融合。优化运动休闲、赛事表演、滨海户外等体育旅游产品体系，实施"体育+旅游"精品示范工程。推动智慧场馆建设，打造"运动银行"网络平台，夯实体育消费的群众基础。

（五）打造高端康养训练"1+7+1"载体

建设1座高端体育医院和1处专业运动康养中心，培养和引进运动康复师。加快构建国家乒乓球训练基地、国际游艇（帆船）训练基地、中日韩棒垒球训练基地、国家橄榄球训练基地、山地户外运动基地、全国海钓运动基地、国家铁人三项运动训练基地 7 处国字号训练基地，助力"体育+康养"产业高质量发展。

（六）加强体育教育培训

抓硬件建设，解决培训场地问题，建设中国铁人三项运动学院（培训中心）、中国钓鱼运动学校（海钓培训基地）等，为群众提供体育休闲培训的载体平台。抓活动创办，解决知名度不高的问题，经常性组织开展专题研讨会和高端论坛，以及群众性帆船、钓鱼等普及推广和夏令营活动，在提高体育项目宣传实效的同时，让群众掌握基本的体育技能。

（七）吸引总部管理机构入驻威海

建设中国铁人三项运动协会总部，招引设立国际铁人三项联盟和亚洲铁人三项联盟驻威海办事机构，建设铁人三项传媒运营中心。积极推动世界体育休闲协会中国总部等其他国际体育组织及分部、办事机构、俱乐部落户威海，发挥总部机构的头雁效应。

四　完善推进机制

建立有力的推进机制，科学谋划、多方联动、共同发力，推动核心蓝区发展。

（一）加强体育休闲产业发展统筹规划

科学制定体育休闲产业发展规划，将打造国际休闲运动之都纳入全市"十四五"发展规划，并争取列入国家、省相关"十四五"规划，引领体育休闲产业提档升级。借鉴深圳市"1+1+N"制度体系，在鼓励社会力量参与体育休闲产业发展方面出台相关配套文件，支持体育休闲产业加速发展。

（二）健全部门协调联动机制

发展体育休闲产业，单纯依靠体育部门本身的力量远远不够，需要文旅、卫健、商务、工信、宣传等相关部门通力配合。拟组建体育休闲产业发展工作专班，负责具体工作的协调、调度、督导。建立联席会议制度，工作专班不定期召开研判会议，协调解决工作推进中出现的问题，确保工作稳妥高效推进。

（三）充分发挥市场主体作用

鼓励和支持企业进军体育休闲产业，特别是符合威海市发展特点的体育项目，形成投资主体多元化、投资方式多样化、投资机制市场化的投融资机制。鼓励引导社会各类资本参与体育休闲产业基础设施建设，安排专班重点跟踪万达集团等企业在威海市投资建设的铁人三项体育小镇等项目。进一步理顺政府、社会、市场三者在赛事和活动举办中的角色定位，积极探索建立重大赛事和活动市场化运作机制，引导社会资本进入体育休闲竞赛表演领域。

（四）积极争取体育协会支持

中字头体育协会在赛事筹备、招商引资、专业培训等方面都掌握着大量资源，特别是中国铁人三项运动协会与威海市的沟通尤为密切，在赛事推介筹备、运动基地建设上有着良好的合作基础。继续紧密保持与国际铁人三项联盟、中国铁人三项运动协会等体育协会的沟通对接，争取规模更大的赛事、标准更高的运动基地落户威海，扩大威海市在体育休闲运动领域的影响力和知名度。建立与中国乒乓球协会、自行车协会、棒垒球协会等沟通机制，为打造相关体育小镇提供帮助与支持。紧盯群众喜欢程度高、参与度强的足球、篮球等项目，争取篮协、足协在威海市举办相关赛事，丰富群众的体育休闲生活。

B.13
体育制造企业：泰山体育产业集团

昝胜锋　李　阳*

摘　要：　泰山体育产业集团创建于1978年，秉承"做好人品，做好产品"的理念，现已成为制定国际标准的世界知名品牌、全球顶级赛事服务商，在持有同类产品标准方面居世界之首，实现了"从炕头走向全球"的历史性飞跃，成为山东体育制造企业的典范。本文通过梳理泰山体育产业集团的成功经验，力求从方法上启发思路，从模式上提供借鉴，从实践上引导创新。

关键词：　体育制造企业　泰山集团　山东省

一　基本情况

（一）企业总体规模

泰山体育产业集团（以下简称"泰山集团"）先后被指定为4届奥运会、2届青奥会、3届世界大学生运动会、5届亚运会等单项和综合性赛事的器材供应商和服务商，截至2020年底为现代奥林匹克运动会提供项目器材最多的公司。在国内竞技体育市场上，泰山体育器材占有率达到90%。

* 昝胜锋，山东大学体育学院副教授，硕士生导师，研究方向为体育产业、文体融合等；李阳，山东大学体育学院2019级硕士研究生，研究方向为体育产业。

七大系列板块包括高端体育器材与赛事服务、新材料人造草坪、碳纤维自行车、智能冰雪运动及体能恢复装备、互联网＋物联网智慧体育、城市设计与体育工程、健身俱乐部等领域，共计9000余种产品。

（二）国际化程度

泰山集团营销网络遍布200多个国家和地区，其中在美国、巴西、俄罗斯等设立了分公司和办事处。2014年与世界体育大会签署战略合作协议，与其旗下100多个单项协会、200多个国家和地区的体育组织开展深入合作。2015年成为国际大体联全球唯一战略合作伙伴，可为其旗下180多个国家和地区的大学生体育组织提供赛事服务，并在其旗下4万多所高校推广体育运动器材和"爱动科学健身馆"。多次与国际体育组织合作，为体育组织及其成员国提供赛事服务。与美国、德国、韩国、日本、瑞士等国家的企业和科研机构开展广泛合作。

（三）品牌建设

国内方面，泰山集团有1个中国驰名商标、3个中国名牌产品、1个国家免检产品、2个山东名牌产品。其中，泰山体育器材在2008年的北京奥运会上，产生了40%多的奥运金牌，实现零失误、零故障、零投诉，被誉为"民族品牌，国人骄傲"。国际方面，已在美国、加拿大、澳大利亚、新西兰等12个国家和地区注册国际商标48个，同时还在96个国家和地区完成商标注册保护，"泰山"品牌已成功走向世界。

（四）研发能力

泰山集团拥有全国唯一的"国家体育用品工程技术研究中心"、"国家体育用品竞技器材检测实验室"、行业内唯一的"国家级工业设计中心"、"博士后科研工作站"等多个国家级研发平台，承担国家科技支撑计划2个，火炬计划3个。创新能力国际领先，多项科技成果填补国内空白。泰山集团自主研发的爱动智能体测一体机与泰山瑞豹碳纤维自行车荣获"中国优秀工业设计奖金奖"。泰山集团是获奖企业中唯一一家体育用品制造企业，也是唯一一家两次荣获国家创新大奖的企业。泰山集团与德国弗莱堡大学等国外院校、山东大学等国内院所开展"产学研"深度合作，推动体育产业升级。

（五）标准化建设

泰山集团主持及参与制定的包括竞技器材、人造草坪、室内外健身器材、智慧体育、冰雪装备等在内的国际国内行业标准90多项，基本涵盖了原材料检测、生产、管理等各个环节。集团拥有国内外研发人员1000多人，获得国内外专利1000多项，并有100多项产品通过了国际单项协会认证。泰山体操产品全面通过国际体联认证，是全球唯一17项体操产品全部通过国际认证的企业。

二 做法与成效

（一）弘扬企业家精神，构筑企业文化灵魂

企业文化是企业发展成败的根源，也是企业品质的标签。企业家精神在建设企业文化中起着不可替代的导向作用，泰山集团的发展史就是企业家卞志良的创业史，"脚踏实地、把握机遇、锐意进取、创造奇迹"是泰山的企业文化。以卞志良董事长为代表的泰山集团管理层具有鲜明的当代企业家精神，他们坚守梦想的执着精神、吃苦耐劳的奋斗精神、勇于开拓的创新精神、互利共赢的合作精神和敢于担当的责任意识、使命意识，是泰山集团成功发展的动力源泉。

（二）做强主营业务，完善特色产品序列

泰山集团在40多年的发展中，始终专注体育产业，围绕体育产业这个主营业务，拓展产品和服务领域，拉长产业链条，不断提高专业化水

平和核心竞争能力。目前，泰山集团已从初期生产单一的体育垫子发展到今天的 3000 多种产品，形成了综合性体育器材、人造草坪、碳纤维自行车、高科技运动休闲垫、"互联网＋"科学健身运动终端五大体育产品体系。泰山集团智能化产品受到"一带一路"沿线国家广泛好评，目前已在印度、新加坡等国家大范围推广。竞技器材及人造草坪等在亚洲、欧美、非洲广泛使用。泰山体育积极参与"一带一路"建设，构建集销售、服务、研发于一体的海外平台。从初期的单纯做产品发展到今天的做技术、做服务、做品牌、做标准，泰山集团逐步转型升级，成为行业龙头。

（三）紧盯科技前沿，布局前瞻赛道

依靠科技创新是泰山集团成功发展的显著特征。泰山集团持续投入资金进行科技创新，从学习先进技术到自主研发新技术，研发投入不断增加。早在 1989 年，泰山集团为缩小与世界一流产品的差距，就花费 2 万美元购回欧美制造的顶尖产品，对先进技术进行消化吸收，推动产品质量迅速提升。随着企业技术力量增强，积极开展产学研结合。2006 年投资 500 万元，联合华东理工大学成立研发中心，加强产品自主研究开发。随着企业发展壮大，研发投入不断增加，自 2011 年起连续 5 年占到销售收入 4% 以上，远高于 2014 年国内规模以上文教、工美、体育和娱乐用品制造企业 0.44% 的水平，也超出国家高新技术企业 3% 的标准要求。

科技创新的背后不仅是投入，更需人才支撑。泰山集团十分注重提升职工队伍技术素质。同时，为解决自身研发力量不足的问题，实施了"借外脑、借外力"科研攻坚战略。泰山集团与德国弗莱堡大学、瑞士洛桑大学、芬兰卡里奥冰雪学院等国外院校及山东大学、北京体育大学、中科院深圳研究院、华东理工大学等国内院所广泛开展"产学研"深度合作，共同受益。

（四）瞄准高端市场，培育名品名牌

市场定位决定企业的发展方向。泰山集团通过服务竞技体育这个高端市场倒逼产品创新和品质提升，培育了一批名品名牌，形成了"泰山"品质。从 1987 年的第六届全运会到 1989 年的泛太平洋运动会，再到 2004 年起的历届奥运会，泰山集团逐步成为国内、国际顶级赛事的器材供应商和服务商。作为东京奥运会摔跤、柔道、跆拳道和拳击等项目的器材供应商，泰山集团将继续服务好因疫情影响延期到 2021 年的东京奥运会、2021 成都世界大学生运动会、第十四届全国运动会、2022 年北京冬奥会以及杭州亚运会等多项国内外赛事。目前泰山集团又全力开发冬奥会和全民冰雪运动市场，研发高端竞技产品和全民冰雪器材。在市场竞争中，泰山集团坚持把品牌打造贯穿到生产、销售、服务全过程，用最好的产品服务最高端的市场，用高端市场检验产品质量，提升品牌影响力。

（五）主持参与行业标准，提高行业话语权

"得标准者得天下"，标准已经成为产品进入市场的通行证，成为技术专利实现价值的主渠道。针对体育产业国际标准由欧美国家掌控和产品出口受制于人的现实，泰山集团在加强科技创新的同时，更加注重标准化建设，把科技研发与标准化紧密结合起来，同步规划，同步推进，使大量技术创新成果转化为行业标准、国家标准甚至国际标准，显著增强了企业的市场话语权和核心竞争力。目前泰山集团主持及参与制定的包括竞技器材、人造草坪、室内外健身器材、智慧体育、冰雪装备等在内的国际国内行业标准 90 多项，基本涵盖了原材料检测、生产、管理等各个环节。拥有国内外研发人员 1000 多人，获得国内外专利 1000 多项，并有 100 多项产品通过了国际单项协会认证。泰山体操产品，全面通过国际体联认证，是全球唯一 17 项体操产品全部通过国际认证的企业。泰山武术比赛场地是国际武联唯一认定的标准产品，掌控了世界武术比赛场地市场。

三 未来发展思路

（一）聚焦冰雪产品研发，积极推动3亿人参与冰雪运动

冰雪运动的发展，将成为我国体育产业发展的重要引擎。"十四五"时期泰山集团将持续致力于冰雪运动，丰富冰雪产品体系，提升产品竞争力，积极推动3亿人参与冰雪运动。泰山集团已经成立了冰雪项目研发小组，投资过亿元，致力于设计研发全球领先的大数据滑雪模拟机及赛前赛后检测系统。泰山集团还将在山东省体育中心三翼冰雪俱乐部建设经验基础上，为市民提供更多综合性冰雪运动健身服务。提升赛事服务能力，支持冰雪赛事的举办，以赛事拉动冰雪运动的发展，是泰山集团未来发展的重要方向。

（二）以助力"健康中国"为己任，智慧智能智造产品引领全民科学健身

提升全民健康水平，助力"健康中国"发展，是一个体育企业的社会责任。泰山集团有10多年开发经验的全民健身云服务平台及爱动家用产品"运动王及家庭健身房套装"技术和产品基础，"十四五"时期将结合全民健身国家战略及疫情防控需求，运用科学健身理念，结合互联网技术、人工智能技术及5G通信技术，开发适应家庭、社区、学校等多情境下人群健康所需的产品及服务平台。以全民健身健康服务大数据平台为核心，把智慧体育与城市设计、社区设计、校园设计、家庭设计结合起来，以全民体测机等互联网＋物联网为数据采集载体，提供全民体质监测、体医结合健康服务、在线健康培训服务，引领全民科学健身、提高体质水平和增强免疫力，最终在拉动体育消费的同时带来巨大的社会效益，形成一整套智慧体育全民健身整体解决方案。依托全民科学健身云服务平台，构成闭环的科学健身系统。

（三）拓宽产业链，打造国际国内体育全产业链第一品牌

泰山集团聚焦拓宽产业链，积极拓展赛事运营、场馆运维、科创孵化、体育培训、会议展览、物流集散、体育传媒、总部经济及体育＋旅游、医疗、文化、康养、金融、互联网等衍生产业。重点发展方向为体育竞赛表演、健身健康服务、体育与教育培训、体育与旅游康养、体育场馆运营、城市体育场馆设计规划等，实现国内体育全产业链第一品牌目标。

另外，积极参与践行"一带一路"倡议，推动泰山体育销售、服务、研发的海外平台构建。在智能化产品在印度、新加坡等国家大范围推广，竞技器材及人造草坪等在亚洲、欧美、非洲广泛使用的基础上，进一步加强海外产品研发，创新营销模式，积极扩展国际市场，打造国际体育健身知名品牌。

（四）打造体医融合新路径，推动体医融合发展

体育健康产业是黄金产业、绿色产业，是发展新动能。2019年9月，国务院办公厅印发《关于促进全民健身和体育消费推动体育产业高质量发展的意见》，提出推动"体医融合"发展。泰山集团持续致力打造体医融合新路径，以发挥体育的预防作用为目标，将健康"关口前移"，改"治已病"为"治未病"，用科学的体育运动为预防、治疗和康复做贡献。"十四五"时期致力于用泰山智慧体育整体解决方案，拓展体医融合新路径，采用"进机关、进校园、进部队、进农村、进社区、进家庭"方式，秉持智能科学健身新理念，整合健身和健康资源，为民众提供集慢性病预防和运动康复指导、体质体能测试、运动能力评估、科学健身指导、疾病预防和运动康复于一体的专业健康管理服务。

作为民族体育健康产业的领军企业，历经40余年创新积累，泰山集团在品牌释放、体医融合、科技创新、市场布局建设等方面具备了爆发式发展条件，未来将秉承新发展理念，抢抓新旧动能转换重大战略机遇，推动体育健康产业高质量发展，为建设"健康中国""体育强国"做出更大贡献。

四　发展战略愿景

（一）发展方向

探索以泰山集团为龙头，以混合所有制模式成立"山东省体育与健康产业集团"的可行性。推动德州生产基地、济南总部基地、青岛国际合作基地的生态化发展。打造体育与健康产业千亿级企业和万亿级产业集群，满足人民向往美好生活的体育与健康需求，促进山东省体育产业健康持续发展，为"健康中国""体育强国"建设做出新贡献。

（二）基本原则

坚持为人民健康服务、为"体育强国"和"健康山东"服务，坚持体育运动和本体产业驱动，坚持短期成效和长期规划相统一，坚持充分发挥市场作用和更好发挥政府作用，坚持企业依法经营、依法纳税，坚持社会效益优先、社会效益与经济效益相统一，推动泰山集团和山东体育产业做大做强。

（三）预期目标

通过风险投资、股权置换等联合、整合方式，以泰山集团为龙头，打造山东省体育与健康产业集团。到 2025 年集团形成 1000 亿元规模总量，实现利税超百亿元。实现产业结构齐全，产业链完整。开发体育与健康领域人工智能、大数据、芯片、新材料等核心技术，并达到国际领先水平。

（四）近期工作要点

谋划好企业发展近期需求，抓住疫情后健康需求猛增的新机会，解决当下的困难，找准做强做大的突破口。突出企业的市场主体作用，明晰企业、市场和政府的不同作用，分工协同做好体育与健康产业千亿级企业和万亿级产业集群的大文章。

五 发展战略路径

（一）企业建链补链，打造赛事经济

1. 培育精品赛事，延伸产业上游引流链条

支持泰山集团依托国际赛事服务商品牌优势，加强与国内外著名体育赛事运营企业的合作，探索完善赛事市场开发和运作模式。打造泉城马拉松赛、运动嘉年华、酷跑、群众趣味体育等国际化超级体育赛事 IP。更好发挥和提升德州体育产业交流大会作用，吸引世界级和国家级赛事落户德州。鼓励依托国际时尚赛事公园，吸引国际体育赛事、体育培训、运动休闲等顶级体育资源，打造中国时尚体育消费打卡地。

2. 拓展健身休闲，延伸产业下游需求链条

支持泰山集团发挥"头雁效应"，依托体育健身休闲、健身健康服务、体育与教育培训、体育与旅游康养、体育场馆运营、城市体育场馆设计规划业务基础，拓展体育传媒、设计策划、场馆运维、科创孵化、体育培训、会议展览、物流集散、体育文创、体育金融、总部经济等服务业态。

3. 拓展主动健康，延伸"体育+"左右端

鼓励依托泰山集团等龙头体育企业，领衔组建产业链垂直生态联盟，加快推进"体育+旅游/文化/医疗/康养"产业链跨界合作。整合国内外身心健康领域的优质技术和资源，构建"产业+配套、平台+生态、技术+赋能"的集群发展格局。为市场提供集成化、高标准的大健康产品和服务解决方案，引领形成新的经济消费热点。

4. 用好研发平台，厚积企业核心能力

支持企业充分利用"国家体育用品工程技术研究中心""国家体育用品竞技器材检测实验室""国家级工业设计中心"等多个国家级研发平台，加强与省内外高等院校、科研机构交流与合作，建立体育产业等相关业务的合作研发基地。支持申报承担更多国家科技支撑计划、火炬计划项

目，持续填补相关行业领域空白，尽快提升企业智能化、数字化攀升能力。

（二）政府夯实基础，打造体育品牌

1. 规划引领方向

推动"打造体育与健康产业千亿级企业和万亿级产业集群"制定专项规划和行动方案。运用"跨产业、跨行业、跨区域、跨所有制"的系统思维，促进山东省体育与健康产业结构调整和布局优化。整合全省体育、教育和健康资源，支持德州体育从山东走向全国乃至海外，持续推动山东省体育与健康产业高质量发展。

2. 构建专班机制

谋划成立"研究泰山体育、研究德州体育集群"专班，具体成员包括山东省体育局、德州市相关部门、高等院校、科研机构等。组织开展"体育与健康产业千亿级企业和万亿级产业集群"重点研究课题研究。对人才团队、技术研发、市场推广、项目建设、产业集群等问题，进行全面研究。认真解读国家及省区市支持政策，持续增强体育与健康科技研究积累，并集中力量研发解决一批具有前瞻性、全局性和引领性的重大体育科技问题。

3. 实施体育人才培养计划

依托山东省泰山领军人才（团队）及各地人才工程，积极申请设立体育人才专项计划，加大政策和资金支持。将泰山体育和德州体育集群人才培养列入全省体育人才年度培训计划中。支持企业实施人才培养专项计划，完善全省体育人才引进、培养、激励和保障制度。支持企业自主开发体育产业相关培训课程，推广企业生产、管理等成功经验。

4. 实施体育组织合作工程

支持省内外体育协会组织，优先与泰山体育和德州体育产业集群在体育运动及医养健康协会活动、官方体育赛事和群众体育活动，以及体育场馆运维、体育与健康培训、体育与健康会展、体育新城和体育产业园区开发、体育与健康基础设施建设等方面的交流合作。

5. 政府资金撬动体育发展潜力

依托山东省新旧动能转换基金，谋划成立体育与健康百亿级专项基金，论证发放政府、企业体育与健康专项债可行性。通过体育产业投资基金、创投基金、专项基金、贴息贷款、融资担保等方式支持山东省体育与健康产业集团化发展。政府通过合作发放健身消费券、健身卡通用消费等方式，使健康关口前移，全面深度拉动体育休闲和健康消费。

6. 孵化体育科技企业集群

依托德州市融入京津冀协同发展的独特优势，支持泰山集团等龙头体育企业建设国际体育人才培训基地与国家"奥运争光"训练基地。建设省级体育与健康科技实验室，开展体育与健康科技重大关键技术研究、科技交流、成果转化和创新创业人才培养，引领文化科技聚焦需求、深度融合、加强转化、协同创新的发展新模式。打造德州体育与健康产业集群，申请国家体育总局对特色体育产业集群支持。

7. 参与国际体育行业标准制定转化

利用好省、市体育产业扶持资金，鼓励奖补技术研发与标准创新同步发展。建立研发与标准同步机制，超前布局前瞻性、战略性的体育科技领域，持续攻关制定一批国际标准。发挥体育企业促进科技成果转化的桥梁纽带作用，鼓励建立一批产学研资联盟。加快竞技器材、人造草坪、室内外健身器材、智慧体育、冰雪装备等国际国内行业标准的标准成果化和产业化。

（三）市场拓展业务，开创产业蓝海

1. 瞄准技术市场新需求，发力高端体育智造产业项目

鼓励发展聚焦新材料、人工智能领域和5G条件下的高端体育智造项目，支持高端可回收碳纤维体育装备产业化项目建设，加快形成高端竞技碳纤维自行车、碳纤维体操器材、碳纤维健身器材生产能力。支持智能冰雪装备器材产业化项目，提高模拟滑雪机、仿真冰、短道速滑防护垫、滑雪杖、滑雪跳台的生产加工能力，助力"三亿人参与冰雪运动"的国家目标。支持基于5G技术的全民科学健身产品研发生产基地及产业配套项目，继续深

化研发人工智能体测一体设备，创建全民科学健身新模式，实现全民健康事业与产业的一体跨越。

2. 瞄准体育民生需求，落地实惠体育幸福产业项目

采用政府购买服务、后奖补等方式，鼓励德州体育企业参与山东省全民健身公共服务体系建设。遵循招投标规范和程序，同等条件下优先支持承担全省社会足球建设、冰雪运动推广项目，支持德州体育企业通过与国际领先的康养运营服务及培训服务商合作，建设体育康养项目。支持利用PPP、EPC＋F等模式，积极参与城域智慧健身步道、体育公园、黄河运动风貌带、"百城百馆"、"百校百馆"、健康小屋、健康驿站等公共体育服务设施建设，助力完善体育服务设施网络。市场化代建运营部分全民健身场所，提供科学健身指导和智慧场馆管理，打造成为群众身边的运动促进健康的多样化场所。

3. 瞄准休闲健康新需求，打造综合型体育产业项目

结合山东省新旧动能转换项目，鼓励采用多种合作方式，打造智能化多功能的体育与健康综合体。加快推进济南国际体育与健康城项目，有序建设体育与健康产业集团总部经济区、国际时尚赛事公园、国际运动健康新城，打造世界体育在中国的资源配置中心、赛事运营中心、科技创新中心和国际体育用品进出口贸易中心，全面深度拉动体育消费。

4. 瞄准国际体育新需求，发展国际体育与健康跨境贸易

支持利用济南保税区政策优势，依托自身的全球体育与健康市场和进出口渠道，建设国际体育与健康用品进出口贸易中心，打造国际体育与健康产业物流集散地，发展跨境电商、保税加工、保税物流、服务贸易、保税金融等产业，带动国际体育贸易发展。

B.14
体育精品赛事：黄河口（东营）国际马拉松赛

姜 南　燕少华*

摘　要：　黄河口（东营）国际马拉松赛自2008年举办以来，获得多项荣誉，在2019年世界马拉松赛事排名中位居国内马拉松第二名。在全国马拉松赛事方兴未艾，山东省多地马拉松赛事蓬勃发展的当下，黄河口（东营）国际马拉松赛的运营经验无疑值得关注。本文通过分析黄河口（东营）国际马拉松赛的成功经验，为山东省乃至全国体育产业发展提供示范经验。

关键词：　体育赛事　黄河口　国际马拉松赛　山东省

一　基本情况

东营市位于山东省东北部，黄河入海口的三角洲地带，是黄河三角洲中心城市、环渤海经济区重要节点，我国重要的石油基地。黄河口（东营）国际马拉松赛是由中国田径协会、山东省体育局、东营市人民政府主办，东营市体育局运营承办的、国家体育总局田径运动管理中心正式批复的全国性质的马拉松赛事。黄河口（东营）国际马拉松赛于每年5月份在黄河三角

* 姜南，山东大学体育学院副教授，硕士生导师，研究方向为体育教育学、民族传统体育学；燕少华，东营市体育总会办公室主任，研究方向：体育赛事。

洲的中心城市、黄河入海口——山东省东营市举办。比赛设男女全程马拉松、男女半程马拉松、男女短程马拉松（10公里）和迷你马拉松（5公里）等比赛项目。

黄河口（东营）国际马拉松赛是东营的一块金字招牌，是山东省全民健身品牌赛事、东营市群众体育精品项目。湿地风光的比赛线路、神奇壮观的黄河口风光、好客山东的赛事服务、精彩纷呈的配套活动，使得这一赛事成为展示东营形象的亮丽名片。

二　发展历程

（一）第一阶段：2008年前后的发轫阶段

东营市紧紧抓住2008年北京奥运会和2009年山东即将举办第十一届全运会的契机，与山东省体育总会联合主办了共同唱响"全民健身与全运同行"主旋律的东营黄河口马拉松全国邀请赛，为"黄河口（东营）国际马拉松赛"的长期举办奠定了基础。2008年10月11日东营黄河口马拉松全国邀请赛如期举行，组委会共设置了3个比赛项目，包括男、女全程马拉松（42.195公里），男、女半程马拉松（21.0975公里），男、女全民健身跑（10公里）。当时共有来自全国各省、自治区、直辖市的18支代表队310名选手分别参加了男、女全程赛和半程赛的角逐。另外，东营市和胜利油田干部、职工、群众、学生近3000人参加了5公里健身跑比赛。由此，东营推开了世界级体育赛事的大门。

（二）第二阶段：2009～2013年的快速发展阶段

这一阶段黄河口（东营）国际马拉松赛发展迅速，2009年东营黄河口马拉松赛成为国际马拉松赛事，2010年正式成为全国四大马拉松积分赛之一，2011年中央电视台现场首次全程直播，同年被评为全国马拉松"最佳赛事"。2012年首次成为全国马拉松金牌赛事，2013年又在中央电视台直播基础上首次增加航拍内容，同年蝉联金牌赛事。东营黄河口马拉松赛从最初的国内邀请赛上升为全国马拉松积分赛，再上升为全国马拉松锦标赛。从最佳赛事上升为金牌赛事，并蝉联金牌赛事。黄河口（东营）马拉松赛的快速成长有目共睹，因此，被誉为"中国成长最快的马拉松赛事"。

（三）第三阶段：2014年至今的成熟发展阶段

这一阶段黄河口（东营）国际马拉松赛已成为国内首批"双金"赛事，办赛质量不断提高。2019黄河口（东营）国际马拉松赛共吸引来自68个国家和地区的3.56万人参赛，男子、女子全程全部打破赛事纪录。世界田联正式公布的2019年世界马拉松赛事排名中，黄河口（东营）国际马拉松赛以综合分数9408分位列世界马拉松第28位，在国内马拉松赛中仅次于世界排名第25位的上海马拉松。同时，黄河口（东营）国际马拉松赛也被广大跑友誉为适合PB（PB的全称为Personal Best，也就是个人最好成绩）的赛事。不仅在世界马拉松赛事上排名靠前，黄河口（东营）国际马拉松赛得到了国内"马拉松圈"的高度认可。"2019年最具影响力马拉松赛事排行榜"由人民体育与人民舆情数据中心联合发布。在众多赛事中，黄河口（东营）国际马拉松赛凭借高质量的办赛水平，成功上榜。随着黄河口（东营）国际马拉松赛事规模的逐年扩大以及影响力的日益提高，东营市城市形象得到极大提升。城市建设迅速发展，居民文明素质、全民健身意识也得到了空前提高。目前黄河口（东营）国际马拉松赛已成为东营市全体市民翘首期盼和全民参与的体育盛宴。

三　做法与成效

（一）凝聚合力，持续提升赛事级别、办赛水平

顶层设计发力。东营市在办赛之初就将争创国际田联金标赛事、中国金牌赛事作为努力方向与提升档次的突破口，积极申报国内金牌赛事，逐步打

造国际金标赛事。2014 年、2015 年被评为国际田联"银标赛事"，2016 年以来一直被评为国际田联"金标赛事"，成为国内继北京、上海、厦门马拉松之后第 4 个国际金标赛事。

成立专门机构。成立了以市政府主要领导任主任，相关市级领导为副主任、市直部门单位主要负责人为成员的马拉松赛筹委会。筹委会下设办公室、竞赛部、宣传部、电视转播部、安全保卫部、医疗保障部等。赛前召开调度会，协调推进赛事筹备。

赛事组织规范。作为东道主，东营市政府部门非常重视赛事的组织与开展，赛前认真做好比赛的各项工作，聘请国际专业丈量员丈量赛道，对裁判员进行严格培训。招募"领跑兔"，带动运动员合理分配体能，科学提升成绩。增加、增设了先进的赛道计时设备，更加精准计算运动员成绩等。

赛事保障给力。筹委会精心组织安排，各成员单位各负其责，从确定办赛规模、运动员报名、分段检录、鸣枪起跑、精确计时到赛后补给及其他各项保障，细化责任分工，制定落实方案，跟进督促落实，形成强大工作合力。

（二）完善功能，不断推动资源要素"大整合"

优化办赛环境。为了让参赛者享受赛道，也让美丽东营呈现在世人面前，东营市坚持绿色、生态理念，加快交通基础设施建设，结合城市地标景点对比赛线路不断优化。通过深入实施美化、绿化、亮化、净化工程，建设城市湿地、公园、马拉松雕塑等，将黄河口湿地生态与马拉松充分融合，打造"赛道风景线"。美丽的赛道既提升了电视直播宣传效果，又在一定程度上减少了运动员视觉疲劳。以马拉松为载体助推发展，东营市促进了城市生态文明建设。围绕马拉松办赛需要，东营市彰显了生态文明城市品位。

丰富配套活动。随着赛事规模不断扩大，参赛人数从 2008 年的 3000 人发展到 2019 年的 3.5 万人，配套活动也愈加丰富。突出人文特色，近百支啦啦队、几十支现场展演队伍、独具东营文化特色的吕剧、腰鼓及国际流行舞蹈等都在赛事中充分展示；突出特色服务，帮助参赛者预订宾馆，推送特色小吃，市内集中接送，最大限度方便参赛者；突出赛事交流，组织开展精英嘉宾跑团、省亲跑团、友好城市交流等活动，赛事国际影响不断扩大。

打造产业链条。赛事期间，做足"体育＋"结合文章，开展游黄河口、美食节、徒步、露营、马拉松训练营等活动，促进交通、餐饮、住宿、文化、旅游等产业发展，每年拉动消费近3亿元。在马拉松带动下，黄河口国际公路自行车、全国汽车越野场地赛等系列品牌赛事逐步壮大。

强化城市营销。体育是展示城市魅力的最佳舞台。通过举办马拉松这一赛事，东营正向世界展现着它不断成长的魅力。东营市政府以黄河口（东营）国际马拉松赛的举办为契机，在积极推广东营马拉松的同时，也充分展示了东营文化，宣传了城市形象。如"东马"赛徽由东营地图、黄河入海、马拉松运动员等元素组成，展现东营地域特征及马拉松主题。

（三）放大效应，引导全民健身理念深入生活

品牌带动，全民健身活动广泛开展。马拉松赛事激发了东营人民的运动热情，平均每年带动30余万人参与全民健身。东营市因势利导，精心构建以公共体育设施为载体、全民健身活动为引领、全民健身组织为保障的全民健身"一体两翼"格局。围绕马拉松赛事，东营市每年都会开展许多相关活动，并把东营马拉松举办日办成为"东营马拉松节"，打造成东营市的节庆活动。马拉松赛前的一个多月时间里，东营市各市直单位、各县区都纷纷组织开展马拉松热身长跑比赛、迎马拉松赛万人签名等系列活动，营造浓厚的马拉松节日氛围。同时，为配合马拉松比赛，东营市先后组织中国象棋赛、网球赛，国际象棋赛、台球赛等活动。而马拉松大赛摄影展、马拉松志愿者评选、国民体质监测等活动也配套开展，掀起了一股"人人参与马拉松，个个争当东道主，服务奉献马拉松，热爱体育，强身健体"的运动高潮。

有序推进，体育社会组织多样化发展。马拉松赛事连续成功举办，有力带动了群众体育特别是长跑运动的发展。目前，东营市长跑协会会员已达5000余人，其他各类体育组织如雨后春笋般涌现。截至2020年10月，全市有236个社会体育组织，其中201个是2008年首届马拉松赛之后成立的，占全部社会体育组织的85%。各体育组织在举办或承办体育赛事、推动指

导群众健身方面发挥了重要作用，已成为提供公共体育服务的重要力量。

多点布局，城市体育功能进一步提升。近年来，东营市不断加大公共体育设施投入，年年实施体育类民生实事，投入 1200 余万元打造了"10 分钟健身圈"，投入 12 亿元建设城市绿道步道骑道、体育主题公园、街头游园、笼式球类运动场等公共体育设施，进一步完善城市体育功能。东营市委、市政府将全民健身设施建设列入民生实事，新建、改建了一大批运动场地、健身路径等体育设施，城市体育功能得到完善。通过各类体育社会组织广泛开展全民健身活动，形成了"以马拉松为引擎、以公共体育设施建设为重点、以全民健身活动为引领、以体育社会组织为保障"的全民健身工作新格局。

四　未来发展思路

（一）加强专业化市场化运作

东营这座湿地之城已经融入了马拉松精神和文化，成为奔跑的体育之城、活力之城。"十四五"时期，黄河口（东营）国际马拉松赛将在东营市政府的指导下，在专业赛事公司的运营下，加强和国内外同类赛事的交流沟通，切实提升赛事市场开发水平，最大限度地挖掘赛事价值，充分利用好、开发好、维护好城市优势给赛事市场开发带来的好处。

（二）进一步加强品牌管理

黄河口（东营）国际马拉松赛这一国际知名、国内顶级马拉松赛事，给东营带来的不仅仅是一项荣誉，更是搭建起向世界宣传推介东营的平台，是东营市一张亮丽名片。未来发展应突破单纯的赛事组织，提升赛事的综合效应，引领市民健康向上的生活方式；提高赛事普及力，打造时尚潮流的路跑文化；提高赛事影响力，形成创新活力的产业链；提高赛事带动力，提升城市形象。

B.15
体育传媒：海看体育云平台

潘丽霞　张成坤*

摘　要： 海看体育云平台致力于山东省体育产业各方面资源侧对接落地、政府侧的信息对接，以及串联体育全产业链的供需服务，为山东体育产业发展提供了很好的传媒案例。本文在对海看体育云平台基本情况做出梳理基础上，总结发展成效，在完善平台功能体验与推动全民健身赛事两方面提出未来发展思路。

关键词： 体育传媒　海看体育云平台　山东省

一　基本情况

（一）海看网络科技（山东）股份有限公司

海看网络科技（山东）股份有限公司成立于 2010 年 11 月，注册资本 37530 万元，是山东广播电视台根据国家新媒体产业发展相关政策成立的新媒体平台企业，是一家互联网科研和视听新媒体运营机构，是中国互联网百强企业、国家级高新技术企业、山东省重点文化企业、山东省文化企业 30

---

* 潘丽霞，山东师范大学体育学院副教授，硕士生导师，研究方向：体育管理；张成坤，海看网络科技（山东）股份有限公司，海看体育副总监，研究方向：体育产业智慧化平台、体育产业大数据。

强、山东省瞪羚企业、济南市总部企业。海看按照"跨域、跨屏、跨界的市场战略；科技创新，应用为先的科技战略；围绕主业、培育生态的资本战略；输血、造血、换血的人才战略"四大战略，按照"突出主业、梯次推进、建设生态"的发展思路，规划建设"海看IPTV、海看智慧广电、海看精品、海看文体、海看科创、海看投资"六大产业板块。

（二）海看体育云平台

海看体育云平台是由海看网络科技（山东）股份有限公司打造的、基于移动互联网的山东省体育公共服务云平台。自2018年8月8日正式上线启动以来，海看体育已经陆续上线了"山东省体育惠民低免收费电子优惠券发放、核销平台，全民健身赛事综合服务平台，山东省体育运动场馆展示和预定平台，山东海看IPTV海看体育视频专区，海看体育品牌赛事活动"等多个业务板块，并且已经跟山东省体育局达成战略合作，将海看体育云平台作为山东体育产业公共服务平台运作推广。未来，海看体育云平台还将要在山东省体育局的指导下，在15分钟健身圈、健康健身管理内容服务、体育资讯传播矩阵、官方通知公告发布、体育产业＋等多个方面开展战略合作，共同探索"互联网＋体育＋媒体"的山东体育产业发展模式，为山东体育事业与产业的融合发展、创新发展提供新动能。

海看体育云平台目前已经具备如下重点能力。

山东省体育惠民低免收费电子优惠券发券核券平台：山东省公共/私营场馆免费低收费电子券的发放和核销，实时数据反馈，通过移动互联网平台可以更准确掌握体育运动场馆对群众的服务情况，成为体育运动大数据的组成部分。

体育运动场馆的预订平台：健身群众可以通过海看体育客户端第一时间了解周围场馆状态，选择场馆、预订场馆，此功能可以提高健身效率，方便群众。

全民健身赛事活动信息化服务平台：全民健身类型的比赛和活动，可以通过海看体育赛事平台发布报名，并组织赛程，运动员则可以通过客户端进行报名参赛，实时了解赛况，并可以分享朋友圈。

全民赛事全媒体直播服务：赛事举办方或者群众，可以通过手机等直播比赛及活动情况，通过新媒体手段共享和传播，增加赛事影响力，增加健身爱好者互动。

山东海看 IPTV 海看体育专区：依托海看 IPTV 的海量用户资源，海看体育在山东 IPTV 平台上搭建了三端（移动、电信、联通）的海看体育视频专区，包含山东省体育局板块、全民健身视频指导板块、青少年体适能培训板块，全民健身精彩赛事板块等内容，为山东省本地的全民健身活动打造新媒体传播阵地。

二　做法与成效

（一）构建数据平台整合多方资源

海看公司与省体育局优势互补，积极探索"互联网＋体育＋媒体"新模式，联合打造海看体育云平台。有效整合多方资源，包括政府资源、赛事资源、场馆资源和用户资源，并通过数据平台连接了政府、企业与用户。海看体育云平台的推出在一定程度上解决了体育场馆信息不对称、资源分配不均的弊端，通过线上对用户的导流实现了盈利的需求。以山东 IPTV 及其他新媒体平台为载体的媒体传播模式，打通大屏与小屏，电视与手机的连接，双屏互动，全媒体覆盖，让海看体育云平台真正成为山东省老百姓体育健身休闲需求的第一选择，为解决人民群众"去哪健身、和谁健身、怎么健身"提供了平台，为山东体育产业"数据化""智慧化"迈出了坚实的一步。

（二）创新运营模式为发展提供新动能

线上运营：打造山东体育惠民消费电子券平台。体育惠民消费电子券平台是山东省体育局以财政资金撬动市场资金投入的方式，通过政府投入"多一点"、市场让利"多一点"，实现百姓实惠"多一点"，培养全民运动习惯。采用线上电子消费券的形式拉动体育消费，由山东体育产业公共服务平台——海看体育云平台进行发放。2020 年 5 月和 8 月分别在全省 8 个地市进行了体育惠民消费券的发放，累计发放政府补贴 500 多万元，累计参与消费券活动 15 万人次，累计带动山东省体育产业消费总额超过 7000 万元。打造以场馆预定和展示为核心的健身服务系统，用户可以通过线上预定场馆，线上寻找群众身边的运动场所和场地，随时享受优质的健身服务。线上体育赛事互动、积分打卡、新闻资讯、投票互动等功能助力山东体育产业多元素发展。

线下运营：依托山东体育产业公共服务平台——海看体育云平台的技术优势，打造体育竞赛表演业综合服务系统，为体育赛事赋能，提供赛事报名、赛事保险、赛事媒体服务等多种服务，助力赛事规范化、标准化发展。同时海看体育云平台也打造了一系列自主 IP 活动和赛事，如"海看少年"系列比赛、"海看全民挑战王"系列比赛等，线上线下互相依托，着力于本地化产品，发挥本地化特色，成为海看体育云平台的核心竞争力。

媒体运营：充分发挥海看母平台的广电基因赋予的内容生产能力，致力于打造精品化、差异化的节目内容，包括体育明星、品牌交流指导视频/栏目，本地赛事新媒体视频制作及版权运营，推动山东省体育文化新媒体传播，在山东 IPTV 平台开设海看体育视频专区——山东体育板块，成为山东体育产业在主流电视新媒体领域的又一传播阵地。

（三）技术支持助力全省体育产业高质量发展

山东体育产业公共服务平台——海看体育云平台利用自身强大的技术力量，为全省 16 地市体育产业发展提供支持，助力全省体育产业高质量发展。平台搭建了全省 16 地市的体育产业子平台，每个地市可以独立使用山东体育产业公共服务平台，如场馆、资讯、视频等服务模块，针对体育赛事，海看体育云平台提供智能化的赛事报名、赛事编排、赛事执裁等系统，提升办赛效率。同时，海看体育云平台结合场馆预定、赛事报名、赛事互动、视频直播和点播观看等用户数据，捕捉用户平台的动作路径，进行追踪和标签化管理，实现山东体育产业大数据统计能力，未来还将继续深挖平台用户行为，实现精准运营，完成山东体育大数据系统，为山东省全民健身和体育产业发展提供有力数据支撑。

（四）与企业、社会组织联动促进体育产业融合发展

海看公司积极推动与体育企业的联合，加强体育产业的融合发展。如"海看少年·乐旋杯"2020全国少儿乒乓球比赛推出文旅体验项目，参赛选手不仅可以在赛场上较量球技，更可与球友一同携手游览天下第一泉风景区、观看泉城夜宴·明湖秀，在感受竞技体育魅力之余，将办赛城市的历史文化风韵尽收眼底。通过体育赛事，做到体育带动城市文旅产业发展，打造泉城体育+旅游品牌赛事。

三 未来发展思路

（一）进一步完善平台功能和体验

未来，海看公司将在山东省体育产业服务中心指导下，秉承"保持服务心态，发挥自身优势，打造核心能力"的思想，坚持以人民为中心，秉承"便民、惠民、健民"的服务宗旨，围绕现代化体育强省建设目标，持续引入政府、市场和社会资源，做好线上线下结合文章，把海看体育云平台打造成集"赛事、健身、直播、培训、资讯、社交"为一体的体育公共服务平台，为山东体育产业发展提供新动能。

（二）共同推动全民健身赛事的发展

积极推动与学校、协会等的战略合作。继续加强与山东体育学院、山东

省攀岩运动协会等机构签署战略合作协议，共同推进青少年赛事合作。探索与政府机关、事业单位、体育企业等达成长期深度合作模式，与保准牛等专业体育保险机构共同开发线上保险附赠、购买服务，助力体育产业链条化发展，为体育爱好者提供更有力、更贴心的运动保护。

区域篇

Regional Reports

B.16
2018~2020年山东省会经济圈体育产业一体化发展报告

成会君　曹莉　王见彬　姜晓涵 等*

摘　要：　2018~2020年，山东省会经济圈体育产业总规模不断扩容，产
业结构不断优化，体育产业集聚区逐渐形成，市场主体日益
活跃，体育产业品牌效应明显，体育产业发展环境良好，对
省会经济圈国民经济的综合贡献率显著提升，成为重要经济
增长点。目前存在的问题是总量规模有待提升，辐射带动能
力较弱，区域协同有待强化，体育产业融合发展有待推进。
未来应该积极发挥济南中心城市的带动作用，推进优质体育
产业资源的对接和整合，推进城市错位协同发展格局的形

* 成会君，山东大学体育学院副教授，硕士生导师，研究方向为体育产业理论与政策；曹莉，
曲阜师范大学体育科学学院院长，教授，博士生导师，研究方向为体育文化；王见彬，山东
省体育产业发展服务中心副主任，研究方向为体育产业；姜晓涵，山东大学体育学院2020级
硕士研究生，研究方向为体育产业。山东省会经济圈各市体育局提供了各城市体育产业发展
报告。

成，健全省会经济圈体育产业发展体制机制。

关键词： 体育产业　一体化发展　省会经济圈　山东省

一 2018~2020年省会经济圈体育产业一体化发展情况

山东省会经济圈是以省会济南为中心，与淄博、泰安、东营、德州、聊城、滨州周边6市组成的都市圈区域。加快省会经济圈一体化发展，是山东省委、省政府推动全省区域协调发展做出的重大决策部署。

（一）发展现状

1.产业规模不断增长

省会经济圈体育产业规模不断增长，总体呈现积极向上发展态势。2015年，省会经济圈体育产业总产出713.92亿元，增加值223.33亿元，占省会经济圈GDP的0.90%；2018年省会经济圈体育产业总产出820.78亿元，增加值313.33亿元，占省会经济圈GDP的1.01%（见表1）。体育产业的持续发展为省会经济圈增加了新动能。

表1　2015~2018年山东省会经济圈体育产业总产出、增加值及占GDP比重情况

单位：亿元，%

类别	2015年	2016年	2017年	2018年
总产出	713.92	834.42	865.62	820.78
增加值	223.33	258.94	277.26	313.33
增加值占GDP比重	0.90	0.96	1.80	1.01

资料来源：山东省体育局、山东省统计局。

注：2018年数据根据第四次全国经济普查结果核算，与2015~2017年数据不可比。后同。

表2　2015~2018年山东省会经济圈各市体育产业总产出

单位：亿元

地市	2015 年	2016 年	2017 年	2018 年
济南	187.34	215.73	233.48	381.36
淄博	103.25	131.43	138.55	84.21
东营	27.65	31.06	37.84	39.54
泰安	82.47	89.24	89.72	53.08
德州	225.26	264.33	261.26	138.82
聊城	55.08	58.71	55.89	38.48
滨州	32.87	43.92	49.36	44.97

资料来源：山东省体育局、山东省统计局。

表3　2018年山东省会经济圈七市体育产业状况

地市	总产出（亿元）	增加值（亿元）	增加值占 GDP 比重（%）
济南	381.36	150.78	1.74
淄博	84.21	33.42	0.94
东营	39.54	13.42	0.48
泰安	53.08	24.03	1.00
德州	138.82	57.41	1.98
聊城	38.48	15.76	0.73
滨州	44.97	18.51	0.79

资料来源：山东省体育局、山东省统计局。

2. 产业结构日益优化

省会经济圈七市互联互通，大力发展体育服务业，不断围绕满足人民美好生活需要的目的优化体育产业结构，推动体育产业高质量发展。2018 年体育服务业增加值为 237.17 亿元，占省会经济圈体育产业增加值比重的 75.69%；体育用品及相关产品制造的增加值为 74.75 亿元，占省会经济圈体育产业增加值比重的 23.86%；体育场地设施建设增加值为 1.41 亿元，占省会经济圈体育产业增加值比重的 0.45%。省会经济圈体育服务业增长迅速，与各市的努力分不开。如济南市体彩行业已成为体育产业中的支柱行业，市场份额列全省首位，达到 68.02%。2018 年体彩销量总计超过 37.48

亿元,创造单项彩种增长4.5亿元的历史最高纪录,是体育系统在"十大千亿产业"中的亮点之一。省会经济圈体育产业的提档升级,为经济圈高质量发展提供了新动能。

3. 产业集聚区逐渐形成

目前全省体育产业总规模过百亿元的9个城市中,省会经济圈七市占了2席,分别为济南市和德州市,其中济南市体育产业总产值达到381.36亿元,德州市为138.82亿元。济南市作为山东省政治、文化和教育中心,体育服务业发展有先天优势,这使济南市成为省会经济圈体育产业发展的高地。德州市体育制造业发展迅猛,以泰山集团为代表的体育制造企业转型升级,为世界提供优质体育用品,产品涵盖竞技体育、群众体育、健身器材等门类。德州市体育企业注重科技赋能,全市拥有国家体育用品工程技术研发中心、国家级企业技术中心、高新技术企业、博士后工作站等国内高端科技体育产业研发中心4个,科研平台档次和数量居全国前列。

4. 市场主体日益活跃

省会经济圈积极开展体育产业基地创建工作,不断提高基地管理水平,突出产业基地的引领和示范效应。继2011年德州乐陵市被评为国家体育产业示范基地以来,七市经过精心培育、全力发展,打造了2个国家级体育示范基地、3个国家级体育示范单位、1个国家级体育示范项目。其中,济南力生体育用品有限公司和黄河口(东营)国际马拉松赛于2018年、德州庆云县于2019年获评国家体育产业示范基地、单位、项目等(见表4)。2020年淄博华润万象汇获评国家体育服务综合体典型案例,为各地加快培育体育服务综合体、打造体育消费新模式提供了示范和借鉴。另外,泰山国际登山比赛获评"国家体育旅游精品赛事"(2017年)、"中国体育旅游十佳赛事"(2014年、2019年)称号,有效带动了赛事经济,推动了体育产业发展。

表4 山东省会经济圈国家体育产业示范基地、单位、项目清单

国家体育产业示范基地	乐陵市国家体育产业示范基地
	庆云县国家体育产业示范基地

国家体育产业示范单位	泰山体育产业集团有限公司
	济南奥林匹克体育中心
	济南力生体育用品有限公司
国家体育产业示范项目	黄河口（东营）国际马拉松赛

资料来源：课题组整理获得。

5. 体育产业品牌效应明显

近年来，省会经济圈发挥七市合作优势，积极打造体育产业领军品牌，实现错位协同发展，区域一体化优势凸显。一是城市品牌建设取得成效。经过多年持续打造，"世界足球起源地"淄博、"登山圣地"泰安等城市体育品牌已经取得显著效益，为城市发展带来新动能。如淄博持续打造"世界足球起源地"品牌，建立了草根足球大联盟、校园联赛、城市联赛、高端品牌赛事四级赛事体系，打造世界上最大的专业足球展馆临淄足球博物馆，举办中英世界足球文化高峰论坛；中国蹴鞠推广大赛和国际足球夏令营分别已连续举办5届、8届，围绕"蹴鞠"文化开发的"蹴鞠王""蹴鞠娃""鞠乡"等文创产品，已形成完整的产业链条；"起源地杯"国际青年足球锦标赛连续举办4届，已成为中国足协年度固定赛事和淄博市对外宣传推介的重要名片。二是体育企业品牌强势多元。省会经济圈在企业品牌建设上，关注多个体育产业领域共同发展，培育了山东鲁能泰山、山东西王等一批高水平职业体育俱乐部，打造了黄河口（东营）国际马拉松赛、泰山国际登山节等一批品牌体育赛事，涌现了泰山、大胡子、迈宝赫等一批知名体育企业。

6. 体育产业发展环境良好

良好的产业发展环境是省会经济圈体育产业迅速发展的保障。近年来，省会经济圈体育产业发展环境不断完善，主要表现在：一是跨区域协同发展机制逐渐形成。在省会经济圈加速推进的背景下，济南市先后与淄博市、泰安市、聊城市、德州市、滨州市、东营市在科技创新、人力资源、养老服务、文化旅游等多个领域达成合作共识。体育产业区域一体化发展优势明显。未来将遵循"优势互补、资源共享、合作共赢、促进发展"原则，积极推进行业标准、技术研发、生产制造、市场开拓等方面的协同创新，促进省会经济圈体育产业可持续发展。二是服务型政府逐渐形成。政府职能转变加速推进，政府、市场、社会"三位一体"共同推进体育产业发展的工作机制逐渐形成。各地积极出台体育产业政策，推动体育产业高质量发展。济南市体育局积极参与济南市医疗康养产业、旅游产业、金融业等产业发展规划编制工作，为体育企业跨界享受更多政策红利创造条件。制定出台《济南市体育产业基地暂行管理办法》，支持市场主体创新体育产业发展模式，鼓励成立各类体育产业孵化平台，引导中小微体育企业向专、精、特、新方向发展，吸引更多社会资本投入体育产业，促进体育产业规模化发展。淄博市、东营市、泰安市、德州市、聊城市、滨州市等体育产业政策体系也日渐完善，省会经济圈体育产业发展的政策环境持续优化。

（二）存在问题

1. 总量规模有待提升

省会经济圈体育产业总量规模偏小，增加值占全省 GDP 比重均低于山东省和全国平均水平。部分市体育产业仍处于起步阶段，业态偏少，产品有效供给不足，发展水平不高。省会经济圈七市发展差距较大，济南市总规模超过 300 亿元，德州市超过百亿元，但是其余 5 市总量较小。

2. 辐射带动能力较弱

济南市作为省会经济圈体育服务集聚区，体育服务体系尚未健全，且缺乏具有引领作用的业态，对周边城市缺乏辐射带动作用。德州市是知名的体育制造强市，但在德州市重点培育的产业体系中，体育产业的主导作用明显较弱。同时，尽管泰山、迈宝赫等在行业内知名度较高，但骨干企业规模仍然偏小，带动能力不强。体育制造业高端业态发展水平不高，不少中小微体育企业缺少核心竞争力。

3. 区域协同有待强化

省会经济圈一体化体制机制有待进一步优化，"一圈同城、共建共享"协同理念亟待强化。目前区域间协同发展的体制机制尚未完善，政府间体育产业合作渠道不畅通，权责不明确。跨区域体育产业服务组织能力不足，资源整合动力不足，造成体育产业资源要素在空间上难以实现高效配置。

4. 体育产业融合发展有待推进

"体育＋"融合发展布局是拓展体育产业发展空间、推动体育消费升级的重要方式。省会经济圈体育产业融合发展的广度、深度不够，与旅游、科技、文化、教育、养生、养老、互联网、影视、金融、制造等产业领域融合发展没有形成常态化，融合发展的潜力仍待深入挖潜。

（三）对策建议

1. 发挥济南中心城市的带动作用

以济南成为国家新旧动能转换综合试验区先行者、先试者和排头兵为契机，积极融入"科创济南""智造济南""文化济南""生态济南""康养济南"的塑成过程，大力发展济南体育产业，打造省会经济圈体育产业高地，推动济南体育科创智造中心、智慧体育服务高地、运动康养名城等的发展。积极发挥济南体育产业中心城市的带动作用，加大省会经济圈体育产业链整合力度，实现以点带线、以线带面的发展效应，推动省会经济圈体育产业一体化和高质量发展。增强体育市场主体能级，培育领军体育企业、独角兽体育企业和专精特新"小巨人"体育企业，发挥辐射带动作用。

2. 推进优质体育产业资源的对接和整合

推动省会经济圈体育产业一体化进程，探讨多城市合作机制，以共建国家、省体育产业基地、体育服务综合体、体育旅游示范基地为抓手，对接、整合七市优质体育产业资源。加快建设体育产业公共服务平台，推动省会经济圈优质体育资源自主有序流动，实现区域要素资源优化配置。做好"体育＋""＋体育"文章，积极促进省会经济圈体育产业与文化、教育、旅游、康养等产业的资源融合，打造体育产业融合发展平台，推动新业态快速发展，形成省会经济圈体育产业全域发展、协同发展的新局面。

3. 推进城市错位协同发展格局

以集群化、品牌化、特色化为主导模式，鼓励各市持续打造区域性城市体育品牌和体育企业品牌,积极培育有影响力的品牌赛事,形成城市体育品牌与体育赛事品牌、体育休闲健身品牌、体育传媒品牌、体育用品品牌等相得益彰,相互拉动,共同提升品牌价值。充分发挥省会经济圈体育产业发展的比较优势,全力做大做强各市优势企业,倾力打造在全国具有重要影响力的体育制造业集聚区、体育服务业集聚区,着力构建优势互补、错位发展的区域产业协作发展格局。

4. 健全省会经济圈体育产业发展体制机制

加强省会经济圈合作机制的顶层设计,打造利益共享机制,协调各城市的体育产业定位,加强分工合作,协同推进体育产业项目建设、体育公共服务供给一体化等。推动服务型政府职能转变,充分发挥协调指导作用,建立政府部门保障体育产业发展的有效机制,搭建政府支持社会力量举办体育赛事、体育活动的公共服务平台。充分发挥市场在体育资源配置中的基础性作用,建立健全政府管理、行业自律、企业合法经营的管理机制,建立省会经济圈跨区域体育、旅游、宣传、财税等多部门的协作机制。

二 2018~2020年济南市体育产业发展情况

济南市体育局深入贯彻落实党的十九大精神,全面对照全市"1+454"工作体系和政府工作报告目标任务,紧紧围绕落实山东省体育产业"十三五"规划,团结奋进、积极作为,较好地完成了各项工作任务。

(一)发展现状

1. 体育产业规模持续扩容

2018年,济南市体育产业总产出381.36亿元,增加值150.78亿元,增加值占全市GDP比重为1.74%。2017年,济南市体育产业总规模为233.48亿元,占全省体育产业总产出的9.9%;体育产业增加值为80.13亿元,占全省增加值10.4%,占全市GDP 1.12%。结合全国第四次经济普查,通过提前统一购买第三方服务的方式,完成济南市体育产业企业名录库建设,初步整理入库体育专营单位 3000 余家、兼营单位 2 万余家。2016 年度济南市体育产业总产出为 215.73 亿元，占全省 9.4%，在省内排名第三位；体育产业增加值为 75.98 亿元，占全省的 10.8%，在省内排第二位，较 2015 年度增长 18.85%，增加值占济南市当年 GDP 的 1.15%，较 2015 年度增长 0.1 个百分点，比全省平均水平高 0.1 个百分点。由此可见，济南市体育产业增加值高于总产出增长速度，占当年全市 GDP 比例略有提高，体育产业发展质量较好。

2. 体育产业结构不断优化

根据体育产业统计分类，11 个大类中对总产出贡献较高的前三类体育行业是：体育用品及相关产品制造 74.15 亿元，体育中介服务业（广告、策划、赛事票务、体育文化活动）66.83 亿元，其他与体育相关的服务业（体彩、体育＋）25.61 亿元，以上三项占总产出 77.22%。增加值较高的前三类体育行业是：体育中介服务 26.09 亿元，体育用品制造 11.17 亿元，体育用品销售 11.12 亿元，以上三项占增加值的 65.2%。济南市体彩行业已成为体育产业中的支柱行业，市场份额列全省首位，达到 68.02%。2018 年体彩销量总计超过 37.48 亿元，创造单项彩种增长 4.5 亿元的历史最高纪录，是体育系统在"十大千亿产业"中的亮点之一。

3. 体育产业政策逐步完善

出台《关于加快发展体育产业促进体育消费的实施方案》，确保具体任务分工到责任单位和配合部门，便于监督落实，将统计监测工作纳入组织实施体系。市体育局还参与了济南市医疗康养产业、旅游产业、金融业等产业发展规划编制工作，为体育企业跨界享受更多政策红利创造条件。制定出台《济南市体育产业基地暂行管理办法》，支持市场主体创新体育产业发展模式，鼓励成立各类体育产业孵化平台，引导中小微体育企业向专、精、特、新方向发展，吸引更多社会资本投入体育产业，促进体育产业规模化发展。2017 年评选市级体育产业示范单位 4 家、示范项目 3 个；截至 2020 年底，济南市已有国家级、省级体育示范单位各 1 家，较好发挥了龙头企业、经典项目的引领示范作用。

4. 资金项目管理科学稳健

严格贯彻《济南市体育产业发展引导资金使用管理暂行办法》，已对3个年度批次的60个项目进行了资金引导，累计发放资金1249万元，较好发挥吸引社会资本投入体育市场的积极作用。2017年项目评审从4个方面对引导资金管理体系做了调整：一是允许并鼓励企业，特别是实体经济企业申报引导资金；二是结合体育产业专项统计开展申报工作，在评审指标中限定了申报单位必须为体育产业统计名录库单位；三是要求申报单位提供财务账簿、会计凭证、完税证明等证明材料参加评审，确保财务管理规范、纳税贡献较高的单位获得引导资金；四是将引导资金政策与示范单位、示范项目结合起来，对同时获得引导资金的示范单位和示范项目，上浮30%引导资金作为重点支持，初步形成了引导资金与统计、评优、培训、审计等业务相互联系、相互促进的工作机制。

5. 审计考核制度不断强化

济南市体育局采取购买第三方服务的方式，2018年完成了28个体育产业引导资金项目审计与绩效考核，2017年度项目的审计与绩效考核形成3个政策执行年度完整的绩效报告，为进一步优化完善扶持政策提供依据。2016年度产业引导资金项目审计将"财政投入乘数"作为考评项目绩效的指标之一。2015年，为确保审计工作质量和效果，提前开展了资金到位和使用管理专项督导，以及财经政策和会计业务培训等工作。

6. 政府服务能力显著提升

济南市体育局在转变政府职能促进体育产业发展工作中，认真履行各项服务管理职能。如：高危险性体育经营项目市场监管、体育产业专项统计、大型场馆免费低收费开放申报，以及体育产业业务培训等。其中，高危险性体育经营项目管理严格落实事中、事后监管职责，指导各区县体育主管部门突出服务意识，建立完整的审批、巡查和档案管理体系的做法，得到国家体育总局高度评价；连续2年组织的体育产业工作培训，为市直各相关部门、各区县体育主管部门和部分优秀企业提供了共同学习、相互交流的平台，受到参训学员和派出单位的欢迎。

（二）存在问题

一是总产出基数偏低。根据 2025 年 1000 亿元发展目标测算，2016 年体育产业总产出至少要超过 222 亿元、增幅至少要达到 18.3%，才有可能实现目标，当前存在的较大差距导致 2017 年以后的年增幅都要在 18.8% 以上。二是基础数据不全。统计数据采集工作中发现，没有纳入本次统计范围的企业或民办非企并非个例；从数据上看，济南市的体育培训业是省内的优势行业，其总产出占比应高于全省平均水平，实际情况却低了 0.5 个百分点。三是产业结构不合理。从全省来看，体育用品制造业总产出占比为 57%，济南市仅为 34%，缺少制造业支撑是制约济南市实现 2025 年体育产业发展目标的最大短板。

（三）对策建议

第一，按照国务院〔2014〕46 号文件的责任分工，发展体育产业的牵头部门分别是国家发改委和国家体育总局，建议省级体育产业大会会同发改部门联合召开，并组织各市发改部门一同参会，以便市、县级体育产业工作形成合力。

第二，发展体育产业是经济转型升级的重要内容，是推动健康关口前移的主要措施。济南市将以济南成为国家新旧动能转换综合试验区的先行者、先试者和排头兵为契机，按照"1 + 454"工作体系，抓住机遇、积极作为，完善体育产业链、打造特色体育产业，促进体育产业与相关产业融合发展，努力实现体育产业总产出增长率和增加值占全省 GDP 比例逐年提高的目标。

三 2018~2020 年淄博市体育产业发展情况

（一）发展现状

1. 体育产业发展保障体系更加健全

2018 年，淄博市体育产业总产出 84.21 亿元，增加值 33.42 亿元，增加值占全市 GDP 比重为 0.94%。2018 年，淄博市政府制定出台了《关于加快发展体育产业促进体育消费的实施意见》，市体育局与市旅发委联合出台了《关于加快推进体育与旅游融合发展的实施意见》，制定了《关于大力发展体育竞赛表演产业的实施方案》《关于促进体育消费的十项措施》《拉动体育消费工作方案》，基本完成了《淄博市体育产业"十四五"发展规划》《淄博市足球发展中长期规划》的编制，体育产业发展的政策环境持续优化。先后成立了淄博市体育产业发展工作领导小组、淄博市体育产业联合会、淄博市体育产业研究院，体育产业发展的工作机制不断健全。2020 年，建立了全市体育产业统计制度，体育产业专项调查统计纳入常规性工作。2018 年以来，每年召开全市体育产业大会，组织各种新式的业务培训。2018 年以来，体育产业市场主体数量快速增长，体育产业规模、增加值显著提升。

2. 体育产业扶持引导力度超前

2018 年，市级体育产业发展扶持资金正式设立，以预算资金方式编列年度财政预算，扶持资金额度和扶持项目数量逐年提升。2018 年投入 220 万元，扶持项目 18 个；2019 年投入 340 万元，扶持项目 42 个。2015 年以来，连续组织参展中国体育用品博览会、中国体育文化博览会和体育旅游博览会等展会活动，每年投入资金近 30 万元。2019 年，投入 70 余万元开展智慧健身进社区试点工作，采取体育部门支持，健身服务机构和设备制造商共建的"1+1+1"模式，在全市建设 24 小时无人值守等智能健身房 20 余个，试点工作经验得到省体育局的充分认可，并在全省推广。2020 年，按照省、市"六保三促"工作部署，在省体育产业中心的支持下，开展了全省体育惠民消费券发放试点活动和全市体育惠民消费券发放活动，并配套资金 50 万元，累计发放政府惠民资金 120 余万元，全市 30 家健身机构参加，发放企业券 500 余万元，拉动建设消费近 2000 万元。2020 年，淄博市委、市政府出台《关于建设多彩活力的青年创业友好型城市 25 条政策措施》，提出了"扶持引进举办高水平体育演艺活动""布局建设滑雪、跑酷、攀岩等青年时尚运动场所""建设全地形车、赛车赛艇等时尚项目比赛场地"等扶持政策。2018 年以来，成功创建高青唐坊渔具产业制造园、淄博高新技术开发区、临淄区 3 个省级体育产业示范基地，山东一诺威聚氨酯股份有限公司、山东奥德斯工业股份有限公司 2 个省级体育产业示范单位。2020 年，临淄蹴鞠项目、淄博万象汇项目被国家体育总局评为"中华体育文化优秀项目"和"体育服务综合体典型案例"。

3. 体育品牌赛事精彩纷呈

中国排球超级联赛山东男、女排主场，中国足协杯、乙级联赛等职业赛事在淄博持续举办，吸引众多球迷现场观赛，赛事氛围日渐浓郁。"起源地杯"国际青年足球锦标赛、国际青少年足球夏令营、国际蹴鞠推广大赛，"环马踏湖"中国轮滑马拉松大赛、"环文昌湖"淄博半程马拉松赛、淄博市 ZBA 篮球联赛、"发现城市之美"城市定向户外挑战赛等一批拥有自主 IP 的赛事品牌正在加速培育中，"起源地杯"国际青年足球锦标赛、国际象棋女子世界冠军分区赛被评为"山东省十大自主知识产权品牌赛事""山东省特色体育赛事"。同时，各级单项体育协会、各类体育健身俱乐部举办的群众性体育健身活动更是形式多样，精彩纷呈。2020 年，围绕城市提质增容任务，打造体育竞赛集聚区，设计策划了淄博国际马拉松、淄博体育旅游节、"起源地杯"国际足球电子竞技大赛等，并完成了与国家体育总局、中国足协的对接。目前，全市基本形成了"一区县一品牌""一协会一品牌"的赛事格局和职业赛事、精品赛事、业余赛事三级赛事协调发展的赛事体系，为淄博市竞赛表演产业迈向更高层次发展夯实了基础，集聚了力量。

4. 标准规范体系逐步健全

配合省体育局研究制定体育健身俱乐部和体育特色小镇建设量化评估指标，着力推进健身俱乐部和体育特色小镇标准化建设。主动与各级省市体育产业调查机构对接，制定完善了 8 项体育统计调查统计制度，形成规范标准的调查统计体系；市级体育产业扶持资金申报、评审、研究确定、公示等程序进一步规范，扶持国家、省、市各类体育产业基地创建工作已纳入年度预算，形成了制度性安排；体育与文化、教育、旅游业融合发展已进入落实政策、加速推进阶段，为淄博市体育产业发展提供了强大的助推力量。

（二）存在问题

一是体制机制不协调，政府、社会、市场三方合力尚未形成。二是与文化、旅游等领域协同发展、融合发展缺深度和广度。三是体育产业政策落地难的问题依然突出。四是产业结构不够合理。体育服务业虽然增加值占比较大，但总体规模相对较小。

（三）优势与特色

1. 得天独厚的足球产业发展优势

淄博市是国际足联认定的"世界足球起源地"、亚足联足球展望中国项目城市、全国校园足球试点城市，拥有深厚的足球文化根基，草根足球大联盟、校园联赛、城市联赛、高端品牌赛事四级赛事体系健全，参与足球运动人口众多，足球运动基础坚实；临淄足球博物馆是世界上最大的专业足球展馆，每年吸引5万多人次参观考察；中英世界足球文化高峰论坛已连续举办4届，成为对外交往的重要平台；中国蹴鞠推广大赛和国际足球夏令营已分别连续举办5届、8届，是国家体育总局文化发展中心年度重要活动；"淄博蹴鞠足球俱乐部"两年的联赛历练，主场氛围位于全国第一集团；围绕"蹴鞠"文化开发的"蹴鞠王""蹴鞠娃""蹴鞠乡"等文创产品，已形成完整的产业链条；"起源地杯"国际青年足球锦标赛已连续举办4届，成为中国足协年度固定赛事和淄博市对外宣传推介的重要名片。

2. 体育制造业的优势

淄博市是我国著名的老工业城市，制造业基础深厚。受其影响，体育产业拥有一批产业领军企业和高素质人才。山东一诺威聚氨酯股份有限公司主营体育场地聚氨酯材料的生产和铺装，2019年产值达10亿元，是国内最大的体育场地铺装材料供应商；山东恒力纺织科技有限公司年产体育布料13亿元，其中70%产品供应国际品牌迪卡侬；山东奥德斯工业股份有限公司生产研发的大排量全地形车发动机及整车出口全国第一；山东汇祥健身器材有限公司是国内第一台室内跑步机诞生地，山东汇祥、山东汇康生产的室内健身器材在全国具有较大品牌影响力；山东宝地朗格健身器材有限公司连续多年实现快速增长，2020 年被淄博市政府评为瞪羚企业；其他还有北海赛事专用摩托、托尼沃克、幸运风体育服装等众多体育制造业企业，具有强大的制造优势和广阔的发展前景。

（四）下一步工作思路

第一，强化工作机制建设。加快建立政府、市场、社会"三位一体"共同推进体育产业发展的工作机制。第二，颁布《淄博市体育产业"十四五"发展规划》和《淄博市足球发展中长期规划》，研究出台配套政策，推动规划落地落实并实施。第三，构建品牌赛事体系。持续办好中国排球超级联赛、中乙联赛等职业赛事，营造良好的赛事氛围，保持优秀赛区品牌荣誉。持续提升"起源地杯"国际青少年锦标赛等高端自主品牌赛事举办水平，提高赛事品质和影响力。积极推动社会力量办赛，丰富办赛主体。第四，围绕"六保三促"，聚焦"体育赋能"，持续推动体育消费升级，为经济社会建设贡献体育力量。第五，以创建国家、省体育产业基地、体育服务综合体、体育旅游示范基地为抓手，加快体育产业与文化、教育、旅游、康养等产业的融合，形成体育产业全域发展、协同发展的新局面。第六，加快推进体育产业统计、体育竞赛、体育消费、健身标牌单位制度建设，为体育产业健康发展夯实基础。

四　2018~2020年东营市体育产业发展情况

近年来，东营市体育局在省体育局、省体育产业中心的坚强领导下，以建设体育强市为目标，以群众需求为导向，积极推进体育产业与群众体育、竞技体育协同发展，初步形成了以马拉松赛事为引擎、以公共体育设施建设为重点，以全民健身活动为引领，以体育产业组织为保障的体育发展格局。

（一）发展现状

1. 成功举办大型精品赛事

东营市连续成功举办黄河口（东营）国际马拉松赛和公路自行车赛。马拉松赛连续 4 年被评为"国际金标赛事"，连续 7 年被评为"中国马拉松金牌赛事"，2019 年被评为"国家体育产业示范项目"。2019 年，公路自行车赛成为山东省首个国际 C 类赛事。2020 年 9 月，成功举办首届中国东营·黄河铁人三项全国冠军赛，全程由山东卫视直播。据新华社新闻信息中心统计，国内 116 家媒体刊发报道，访问量累计达 3627 万人次，极力宣传推介了黄河入海口旅游资源和城市品牌。东营市积极承办中冠联赛大区赛、U13 男子篮球公开赛等国家级赛事，山东省全民健身运动会、山东省冬季全民健身运动会等省级赛事。

2. 全面抓好公共健身体系建设

抢抓创建国家级全民运动健身模范市工作机遇，精心构建公共健身体系。东营市连续 4 年将全民健身设施建设列入民生实事，历年列入《政府工作报告》。2019 年配备 40 处智能化健身设施，1/3 以上城市社区实现智慧健身。突出生态园林城市特色，配备完善健身步道、绿道、骑道建设达到1200 公里。城市社区健身设施覆盖率达 100%，农民体育健身工程覆盖率达98%，均居全省前列。市、县两级体育协会、俱乐部等健身组织达 268 个，乡镇、村级体育总会在全省率先全覆盖。支持引导社会力量投资建设体育场馆 20 余处，社会投资累计达 2.28 亿元。

3. 引导扩大体育消费

为进一步扩大体育消费，2019 年 6 月研究出台了《东营市大中型群众体育健身活动激励办法》，鼓励社会力量举办参赛规模 200 人以上的群众体育赛事活动。截至 2020 年 10 月，规模以上活动达 170 余项。扶持体育场馆运营，常态化推进大中型体育场馆向公众免费低收费开放。2016 ~ 2019 年度争取广饶县体育中心体育馆、垦利区游泳馆、市全民健身中心等开放补助资金 700 余万元。每年组织开展全民健身运动会、"百千万三大赛"等健身赛事和活动超过 500 场次，大力推广普及三大球、游泳、太极拳等健身项目，开展体质监测、健身指导 300 余项次，带动健身人数超过 40 万人次。

4. 加强体育市场规范管理

加强全市体育场所经营单位、体育培训、体育赛事等服务管理。2019～2020 年连续两年通过政府购买服务由第三方对全市高危险性体育场所进行专业检测，并出具检测报告。2019 年对游泳馆、滑雪场等高危性体育经营场所开展执法检查 29 次，督促各经营单位按规定落实整改措施。加强发展体育彩票业，2016 年以来销售额累计超过 10 亿元。

（二）存在问题

2018 年，东营市体育产业总产出 39.54 亿元，增加值 13.42 亿元，增加值占全市 GDP 比重为 0.48%。目前全市体育产业仍处于起步阶段，发展水平不高。从体育产业总体来看，规模偏小、业态偏少，产品有效供给不足；从发展空间来看，县区间发展不平衡，并且专业机构人才匮乏；另外，就政策体系而言还不完善，体育产业公共服务水平有待加强。

（三）工作优势与特色

1. 打造品牌赛事，提升城市影响力

坚持"政府主导、部门协作、社会参与、市场运作"的办赛模式，持续打造黄河口（东营）国际马拉松赛、黄河口（东营）公路自行车赛、黄河口（东营）汽车场地越野赛等品牌赛事。世界田径官网 2019 世界马拉松竞争力排名黄河口（东营）国际马拉松赛位居世界第 28 名，国内第二名。黄河口（东营）国际马拉松赛已成为宣传东营市一张亮丽名片。

2. 四级"一张网"规划供给，设施覆盖率大幅提高

制定出台《东营市公共体育设施布局规划》，坚持市、县、乡、村四级统筹发展，推进设施供给"一张网"建设，实现四级设施互联互通、互为备用。近年来，东营市投入近 3 亿元，形成了覆盖市、县、乡、村四级健身设施网络。城市社区健身设施覆盖率达到 100%，建成"10 分钟健身圈"，

农民体育健身工程覆盖率达到98%；建设新型农村社区示范工程80余处。截至2020年10月，东营市拥有各类体育场地6639个，人均体育场地面积达到3.04平方米，居全省前列。

3. 打造产业链条，推动多业态融合发展

做足"体育+"结合文章，以赛事为媒，赛事期间，开展游黄河口、美食节、徒步、露营等活动，有力促进了交通、餐饮、住宿、文化、旅游等产业融合发展。

（四）下一步工作思路

大力发展竞赛表演业，以打造高端品牌赛事、承办高水平职业赛事、培育区域、行业品牌赛事为抓手，挖掘和释放消费潜力、培育经济增长新动能；发展培育体育产业示范基地、示范单位、示范项目和体育服务综合体，夯实产业发展基础；做好"体育+""+体育"文章，实现体育产业与各行业的融合发展。

1. 兴办大型体育赛事

继续办好马拉松、自行车、铁人三项等品牌赛事，积极打造汽车场地越野、水上运动等新赛事，释放赛事效应，挖掘品牌价值，进一步推动体育+旅游、康养、培训、文化等相关产业互联互惠发展。利用场馆资源举办各类大型体育商业赛事，努力培育体育市场，扩大体育消费。

2. 优化体育产业结构

扶持引导竞赛表演、场馆服务、体育培训、体育用品、数字体育等服务业态发展，积极培育打造省级体育产业示范基地、省级体育服务综合体。积极拓展体育休闲产业，打造天鹅湖湿地、黄河入海口省级体育旅游示范基地。积极引进体育用品、器材制造等企业，推动体育制造销售业发展。

3. 积极扩大体育消费

进一步规范体育市场秩序，优化体育消费环境。丰富群众性体育赛事活动，打造2个中国体育旅游精品赛事、2条体育旅游精品路线，优化参赛观赛体验，增强体育消费黏性。进一步加强体育彩票宣传力度，丰富营销手段，力争"十四五"期间年均销售突破5亿元。

五 2018~2020年泰安市体育产业发展情况

（一）发展现状

1. 赛事经济贡献能力显著提升

近年来，泰安市大型群众性赛事活动层出不穷，除了传统的泰山国际登山比赛、T60环泰山徒步大会、泰山国际马拉松、泰山冠军登山赛等以外，更有穿越泰山、泰山100、东岳武术邀请赛、泰山乐鸽信鸽比赛等赛事吸引着来自国内外的选手竞相参与。其中，由泰安传媒集团承办的第五届泰山国际马拉松参赛人数达到创纪录的23359人，线上参与人数更是达到276355人。泰山国际马拉松赛在中国1100余场马拉松赛事中，跻身最具赞助价值体育赛事第50位，与之配套举办的马拉松博览会吸引了近20万人的现场参与，仅马博会现场3天就拉动消费达到400余万元。此外，第九届环泰山60公里徒步走参赛人数达到11500人，第二届中国坐标·泰安城市定向挑战赛参赛人数达到5000人，泰山穿越赛3000余人参赛，比赛期间泰城各大宾馆爆满，餐饮购物等行业营业额显著提升，"赛事经济"效果非常显著，对体育消费起到了良好的带动引领作用。

2. 资金引导补助效应显著激发

2017、2018年度山东省体育产业发展引导资金项目申报、评审工作中，泰山国际登山比赛、华宇健身体育文化推广、城市定向赛、泰山国际马拉松和青青体育幼儿篮球培训5个项目，获得了省财政厅和省体育产业中心的认可和肯定，获得省级引导资金扶持。这部分资金的到位，为泰安市产业优势项目的继续再发展提供了有力的引导和支撑。另外，经过与市财政局多次商讨，2018年度的350万元市级产业引导资金也足额发放到16家体育产业相关企业，为泰安市体育赛事、体育健身和培训服务的升级提档和延续性发展指明了发展方向并提供了坚实的保障。

3. 凝聚社会力量推动产业发展

为适应体育产业迅速发展趋势，泰安市于 2018 年 7 月成立体育产业发展联合会。市体育产业发展联合会以"全民健身、资源共享、创新发展、健康生活"为宗旨，以泰山精神传播为根本，以健康社会为目标，进一步凝聚思想共识，高举发展旗帜，加强自身建设，发挥强强联合优势，增强为会员、为本市体育事业发展服务的能力。市体育产业发展联合会的成立，凝聚着泰安众多体育企事业殷切希望。市体育产业联合会目前共有 60 多家企业成为首批会员单位，下一步联合会将更多从事体育企事业共同聚合，形成泰安市优秀体育产业品牌，打造泰安市独具文化特色的体育产业链，推动泰安市体育产业更加繁荣发展。

4. 专业人才队伍支撑逐步强化

通过加强产业队伍培训，提高管理水平，大力延伸体育产业链、服务链、价值链，泰安市体育产业人才队伍建设取得了显著成效。组织县市区及相关科室 40 多人，局长带队赴成都体育学院进行了一周的学习，6 位专家从体育赛事经济与政府采购、体育产业与管理、体育赛事与策划、体育经济、体育小镇的布局规划与成功案例解析、体育公共关系与宣传策划、体育旅游及开发等不同方面解读了体育产业。通过培训学习，开阔了视野，提高了从业者的理论水平，为产业发展提供了理论支持。

5. 市场营销统计工作扎实开展

一是大力开展体育市场开发营销工作。充分运用市场营销机制，切实增强泰山国际登山比赛等官方赛事的造血功能，初步实现了登山比赛及配套赛事活动的专业化、市场化运作。二是认真做好省体育产业大会有关材料提报工作。按照省体育局有关通知要求，全面总结近年来泰安市体育产业工作情况，突出社会力量参与泰安市体育产业发展的经验以及打造泰山国际登山节品牌赛事等工作亮点，形成并提报了近 6000 字的书面交流材料。三是切实加强体育产业统计工作，组织人员参加全省体育产业统计培训会议，专门召开会议进行部署，认真细致地统计各种数据，有效保证健身步道统计工作的质量。

（二）存在问题

2018 年泰安市体育产业总产出 53.08 亿元，产业增加值 24.03 亿元，增加值占全市 GDP 的 1%，与全市经济社会发展和泰山国际影响力尚未完全契合。主要问题表现在：第一，管理体制不协调，政府、社会、市场三方合力推动体育产业发展工作机制有待进一步完善。第二，政策扶持力度不够，发展环境有待进一步优化。第三，融合发展的"广度""深度"不够，与文化、旅游等领域协同发展没有形成常态化，体育产业公共服务水平亟待提高。

（三）优势与特色

1. 综合区位优势突出

紧邻京津、长三角两大世界级城市群区位优势，处于北京不足 2 小时、上海 3 小时、青岛 2.5 小时的高铁辐射圈，伴随互联互通、区域开放一体化交通体系的形成，交通带来旅游辐射效应更佳。泰安市毗邻泉城济南、东方圣地曲阜、水浒故里、沂蒙山区等著名的旅游片区，有利于周边客流引入，为泰安提供了充裕的游客流量和消费基础。

2. 体育资源禀赋绝佳

泰安市依泰山、傍汶水，生态系统丰富多彩，全域景观资源存量大、类型多，具有绝佳的山水自然禀赋，境内拥有多种地貌类型，山地、丘陵、平原、湖泊兼而有之，北泰山、中徂徕山、东莲花山、南彩山、西白佛山构成山地户外运动的重要依托；大汶河、大清河、泮河、京杭大运河等流域，省内第二大淡水湖东平湖及其他水库湖泊，构成泰安水上户外运动的重要纽带。随着"北依泰山、南接徂徕、汶水环绕、山城一体"现代化生态宜居名城建设的整体推进，泰安城大转型、大建设、大发展迎来百年之变局，为开拓现代体育旅游休闲大格局奠定了稳固基础。

3. 经典传统文化底蕴

泰安市全域布局中华文化枢轴、泰山中轴、山水圣人黄金旅游带、六大魅力景观区等多层次的地理人文旅游空间。泰山文化、山水文化、名人文化、军事文化等经典多元文化交汇，泰山文化打造成为中华文化主流品牌，与曲阜市共同打造中华传统文化传承发展示范区，为体育旅游产品的整合设计和品牌形象的打造创造了无限可能。

4. 体育旅游发展基础较好

全市体育旅游资源丰富，具备开发各类运动休闲项目的良好条件。体育旅游市场方面，经常参与体育锻炼的人数不断增加。2018 年全市接待游客达 7589.43 万人次，同比增长 10.08%，为各类健身休闲项目开发提供有力的市场保障。受到体育旅游、户外运动热潮及泰安投资环境吸引，鲁商集团、泰安传媒、中青旅等一批背景雄厚、具专业优势的市场主体纷纷部署泰安体育产业，全市各类运动休闲旅游基地建设方兴未艾，涌现出一批特色鲜明、受市场欢迎的体育旅游项目。

5. 体育赛事与城市旅游深度互动

泰安市具有举办大型高规格赛事节庆的传统，泰山国际登山节已连续运作 33 届，"登山圣地"成为泰安城市体育名片，泰山国际登山比赛获评"国家体育旅游精品赛事"，泰山国际马拉松获评"中国体育旅游精品项目"，亚洲户外用品展览会暨中国泰山国际体育用品博览会、泰山国际信鸽产业博览会等相继亮相，以泰山系列为首的品牌赛事集群基本形成，各县（市、区）一批特色主题的赛事活动纷纷筹划运作。总体上，泰安城市体育名片和品牌赛事已积攒一定的影响力，以"赛"育"市"，以"市"促"赛"，初步形成体育赛事与旅游、传媒、文化等行业融合发展的局面。展望泰安市的规划愿景与国家历史文化名城的深厚底蕴，泰安城市体育品牌影响力尚具备相当大的提升空间，未来体育赛事与泰安城市旅游互动发展潜力巨大。

（四）下一步工作思路

第一，推动政府职能从行政型向服务型转变，充分发挥协调指导作用，建立政府部门保障各类体育赛事活动举办的有效机制，搭建政府支持社会力量举办体育赛事的公共服务平台。第二，强化对体育产业宏观指导、市场监管和公共服务等职能，落实好国家、省、市发展体育产业的扶持政策，充分发挥体育产业规划的引领作用和政策的指导作用。第三，制定完善行业标准和管理规范，建立开放、竞争有序的体育市场，吸引社会资本参与体育项目和体育基地建设、提供体育服务产品、参与场馆设施建设运营、举办体育赛事活动、建设体育休闲服务设施等。第四，鼓励体育消费，培育多元供给主体，提供适应群众需求、丰富多样的体育产品和服务，形成充满活力的体育消费市场。

六 2018~2020年德州市体育产业发展情况

（一）发展现状

1. 体育产业总体规模不断扩大

2018年全市体育产业总产出138.82亿元，产业增加值57.41亿元，增加值占全市GDP比重1.98%，涉及体育用品生产、健身休闲、竞赛表演、培训、中介、医疗保健等行业20多个门类。到2018年底，德州市体育及相关产业总产值近400亿元，居山东全省次席；体育产业从业人数10万余人，培育形成泰山体育、迈宝赫、大胡子等一批国内外知名企业。经国家发改委、国家体育总局批准，德州市成为全国首批体育产业联系点城市。健身休闲业、体育组织管理业等体育服务业逐渐发展壮大，以市体育中心、润德健身等为代表的健身中心和健身俱乐部，已成为全市体育健身休闲行业的排头兵。围棋学校、乒乓球俱乐部、民办武校、跆拳道训练班、女子瑜伽健美操班等一批培训机构快速发展。

2. 体育用品制造业基础扎实

坚持基地带动，做大做强体育用品制造业。一是发挥乐陵国家体育产业基地品牌优势，重点依托泰山集团、友谊体育器材公司，为全球提供顶级标准的体育赛事器材产品，建设全球竞赛体育器材供应基地。二是重点依托宁津县的迈宝赫、宝德龙、大胡子等企业，发挥市场份额和专利数量优势，打造全国商用健身器材产业基地。三是以庆云县崔口镇为中心打造全省体育健身路径生产基地。

3. 体育竞技表演业日趋繁荣

德州市连续举办六届中国·德州"美利达杯"国际自行车赛和四届"陕汽杯"全国超级卡车大赛，连续4年商业化运作了"四国男篮对抗赛"、京津冀鲁龙舟邀请赛，连续3年承办了全国拔河锦标赛。德州市还成功举办了第二届全国机器人运动大赛、中国德州健身者大会、四国篮球明星赛、全国青少年武术散打锦标赛等国家级以上比赛；成功举办了第三届环中国国际公路自行车赛－德州赛段比赛、两届中国（德州）体育产业交流大会、美国哈林花式篮球表演赛、中泰拳王争霸赛、世界笼斗争霸赛、全国围棋甲级联赛、WCBA女子篮球联赛等国际、国内重大商业体育赛事，全市体育竞技表演市场呈现出良好的发展态势。

4. 体育产业宏观引导科学有序

2016年修订完成《德州市体育产业发展规划（2016～2020年）》，致力于开拓"一核、两翼、多基地"的德州体育产业空间格局。"一核"是指德城区、运河经济开发区和经济技术开发区为核心，整合体育企业孵化、研发、展示、会展、配送等产业链条，创建"国家体育科技创新示范市"。"两翼"为宁津、乐陵、庆云组成的体育用品产业带和陵城区、平原县、武城县、夏津县组成的户外休闲带。依托乐陵市国家级体育产业基地的产业优势，辐射宁津县和庆云县，形成从西到东的产业聚集区，承接京津冀和济南体育产业优质资源。"多基地"指的是以临邑县、乐陵市为核心，打造健身器材生产基地、健康养老体育产业基地、户外休闲等基地。

5. 政策引导优质要素加速集聚

制定实施《关于加快发展体育产业促进体育消费的实施意见》，围绕行政审批、产业用地、资金投入和人才队伍建设等环节，加大政策引导扶持力度。在市委、市政府统一领导下，协同多部门组建体育产业领导小组，统筹推进全市体育产业发展工作。乐陵、宁津、庆云等县市区结合自身实际，也制定了《加快体育产业发展的意见》，对区域内投资体育产业及与体育产业紧密关联的生产、研发型工业项目（企业），优先安排用地指标，执行最低行政事业收费标准。坚持科技创新、技术引领，发挥泰山集团产学研平台作用，全面推进与中科院、华东理工大学、山东大学等科研院所的战略合作，聚焦体育工程技术研究、企业技术服务、体育用品监测等重要领域，搭建了一批国家级科研创新平台。

（二）存在问题

一是产业主导作用不强。虽然德州市体育产业增加值占 GDP 的比重高出全国、全省水平，但产业总体规模仍然不大。在重点培育的产业体系中，体育产业的主导作用明显较弱。同时，尽管泰山、迈宝赫等在行业内知名度较高，但骨干企业规模仍然偏小，带动能力不强；二是产业发展新动能不足。多数企业为中小微企业，科技创新意识不强，科技研发及自主创新能力缺乏，研发投入明显偏低；三是企业现代化管理水平较低。多数企业品牌运作意识不强，缺乏现代企业经营理念，优势品牌在兼并、联合、输出等方面的作用没有充分发挥出来。企业自拉自唱、孤芳自赏问题突出，有些企业别人主动找上门联合都不接受，怕失去控制权。企业经营观念保守，家族管理方式普遍，现代管理制度缺乏，企业境界和视野受到严重制约；四是产业结构不够优化。德州市体育服务业发展滞后，对体育用品制造业的拉动和促进作用不够。体育产业与文化旅游、文创传媒、科技金融、养老养生等业态融合亟待深化，"体育＋"的氛围和效应均未形成；五是产业推进保障机制不健全。体育产业组织领导力量薄弱，市级层面还未成立强有力的领导机构和专业办事机构，推进体育产业发展的合力不强。体育产业扶持政策体系、管理体制和运行机制不完善，已出台的产业政策缺乏细则和具体责任单位，可操作性不强，政策落地难。

（三）优势与特色

1. 区位优势显著

德州市北邻京津、南接济南、西靠石家庄、东连渤海湾，自古就有

"九达天衢""神京门户"之称，京沪、德石等铁路交会，青银、济聊等高速公路穿境而过，区位交通优势显著。半小时能到济南，1小时能到北京，2小时到天津，地处枢纽，交通发达，物流、客流往来不绝。

2. 产业集群不断壮大

德州市产业载体层次不断提升，现有的多家国家级体育产业基地、健身器材生产基地、体育产业示范单位和省级体育产业基地，有效带动了德州体育产业的集聚发展，体育产业优势集群不断壮大，上下游企业形成完整产业链条，近几年规划的产业园区，招商硕果累累。

3. 体育制造独具特色

德州市体育产业以制造业为主，竞技体育、群众体育、健身器材等门类多样应有尽有，是名副其实的体育制造强市，在全国名列前茅。

4. 科技创新能力强劲

全市拥有国家体育用品工程技术研发中心、国家级企业技术中心、高新技术企业、博士后工作站等国内高端科技体育产业研发中心4个，科研平台档次和数量居全国前列。

（四）下一步工作思路

第一，快速扩大规模，着力做大做强体育产业集群。以集群化、品牌化、特色化为主导模式，充分发挥德州市在制造和品牌方面的比较优势，在膨胀总量、优化存量、提升增量上下功夫。不断释放品牌红利，全力做大做强优势企业，加大招商引资力度。

第二，加快新旧动能转换，全力推动体育产业转型发展。深入推进供给侧结构性改革，努力实现"五个"转型，即由模仿制造向品牌创新转型、由传统制造向智能制造转型、由单纯制造向服务延伸转型、由家族企业向现代企业转型、由竞技体育向大众体育转型。

第三，引导和扩大体育消费市场。深入推进全民健身运动，在城市社区建设15分钟健身圈，加快体育场地建设，全面落实体育场地免费或低收费开放规定。依托泰山、友谊等知名企业，争取体操、射箭、自行车等国家和省级运动员训练基地落户德州，支持发展健身信息聚合、智能健身硬件、健身在线培训教育等全民健身新业态。

第四，积极培育新业态，注重体育产业融合发展。实施"体育 +"战略，将体育与旅游、文化、养老、医疗、会展、培训等深度融合，打造体育产业融合发展平台，推动新业态快速发展。

第五，健全保障机制，出台务实管用扶持政策。健全完善市、县两级体育产业发展领导小组制度，发挥体育产业发展办公室职能，统筹推进体育产业高质量发展。加强赛事服务管理，由市公安局、体育局等部门联合出台进一步完善体育类活动审批规定，积极推进安保服务社会化，降低赛事和活动成本。

七 2018~2020年聊城市体育产业发展情况

（一）发展现状

1. 产业规模质量稳步提升

2017 ~ 2018 年，聊城市体育产业总产出分别为 55. 89 亿元、38. 48 亿元，增加值分别为 16. 27 亿元、15. 76 亿元，增加值占全市 GDP 比重分别达 0. 54% 、0. 73% 。虽然 2018 年总产出有所下滑，但增加值占比大幅提升。聊城市体育产业基本形成了体育用品制造、健身休闲、中介服务、竞赛表演、培训教育、场馆服务等门类较为齐全的体育产业体系，业态范围基本涵盖了体育产业全部 3 个层次 11 个大类 36 个中类 68 个小类。围绕"河湖秀美大水城，宜居宜业新聊城"，挖掘"运河"文化和"温泉"文化，以品牌赛事为龙头、休闲体育为核心、项目发展为支撑、康复养生为特色，基本形成了以休闲体育产业为龙头的体育产业体系，体育产业成为全市经济发展的新增长点。

2. 全民健身运动蓬勃发展

全年建设 400 处全民健身工程，超额完成"建设全民健身工程 300 处"的任务目标。截至 2019 年底，全市共建成农村体育健身工程 5500 处，覆盖

率达 97%；社区健身工程 190 个，覆盖率达 100%；乡镇街道健身工程 135
处，覆盖率达 100%；健身步道 240 多公里，市级全民健身活动中心 1 处，
各县（市、区）都建有全民健身活动中心或健身广场，室内外篮球场地 100
余个，笼式足球场地 10 个。体育设施已基本普及，人均体育场地面积为
1.35 平方米。成功举办聊城市第八届全民健身运动会，参与人数 20 万余
人，投入办赛经费 100 余万元，基本满足了广大人民群众展示技能、切磋技
术、增进友谊、强身健体的需求。

3. 品牌赛事效应逐步释放

以国际象棋为纽带，与"一带一路"沿线国家和地区一道分享智慧、
深化合作，先后举办全国国际象棋棋协大师赛、中国国家队 VS"一带一
路"世界联队对抗赛、"一带一路"国家国际象棋进校园高峰论坛，为广大
国际象棋爱好者奉献精彩的国际象棋运动文化盛宴，达到了以"智慧聊城，
魅力东昌"为文化主题的预期目的，聊城市国际象棋运动起到了引领示范
的作用。发挥武术之乡文化底蕴和群众基础优势，聊城市重金打造国际职业
搏击品牌赛事，高标准举办 2018 "跑游山东"聊城半程马拉松、国际舞蹈
公开赛、全国 U20 男子自由式摔跤锦标赛、中外拳王争霸赛、全国中国式
摔跤冠军赛、中国运河名城（聊城）自行车公开赛、全国男子自由式摔跤
冠军赛等，进一步培育和繁荣体育竞赛表演市场。

4. 产业数据体系不断完善

持续推进体育产业大数据工作，建立健全体育产业统计工作机制和信息
发布制度，按照省局进度要求完成每年体育产业统计调查工作。根据鲁经普
办字〔2018〕38 号文件要求，做好第四次经济普查单位清查阶段的体育产
业统计工作，落实体育产业基本单位的比对、筛查、核实和认定要求。

（二）存在问题

总体上看，聊城市体育产业发展势头良好，但目前仍处于起步阶段，依
然存在许多短板和不足。一是县区之间发展不均衡，呈现出"中强、南平、
北弱"的不均衡态势；二是聊城市体育服务业增加值占比较大，但总体规

模相对较小，体育竞赛表演、健身休闲、场馆服务等核心业态发展速度相对缓慢；三是体育用品及相关产品制造业的增加值相对较小，表明企业科技创新能力不强，高端化产品不多；四是行业之间融合力度不足、拉动体育消费需求措施不强、专业机构人才匮乏、配套政策措施尚待完善等问题也较为明显。

（三）对策建议

第一，打造高端品牌赛事，培育一批规模影响大、社会参与广泛的群众性品牌体育赛事活动，强化赛事品牌活动的辐射作用和集聚效应。第二，培育和繁荣体育竞赛表演市场，继续打造"江北水城 运河古都"城市品牌，深入推介"河湖秀美大水城，宜居宜业新聊城"形象。第三，做好体育产业大数据工作，建立健全体育产业统计工作机制和信息发布制度。

八 2018~2020年滨州市体育产业发展情况

（一）发展现状

1. 产业发展导向逐步明晰，体育产业政策逐步完善

（1）不断加强顶层设计。滨州市先后出台了《滨州市人民政府关于加快发展体育产业促进体育消费的实施意见》（滨政发〔2016〕5号）、《滨州市体育产业发展"十三五"规划》（滨政办字〔2018〕13号）。各县（市、区）也分别出台了《关于加快发展体育产业促进体育消费的实施意见》。2020年，对体育产业项目库的建立和管理、体育产业智库运行、健身服务业管理等制定了管理办法，为开展体育产业工作提供了有力的依据。

（2）设立了市级体育产业引导资金。2019年，印发了《滨州市体育产业发展引导资金使用管理暂行办法》（滨体字〔2019〕33号），设立100万元资金，用于扶持培育体育各业态发展，鼓励企业做大做强，促进体育产业发展。

（3）成立了滨州市体育产业联合会。组织全市从事体育产业的企业、社团和个人抱团发展，通过举办研讨、展会、培训、优质体育企业推介等活动，推动全市体育产业的发展。

2. 持续加快产业升级，促进体育产业各业态发展

（1）体育制造业动能转换不断加快。滨州市体育用品业以惠民李庄体育绳网、邹平向尚服饰的运动和休闲服饰、西王集团的"肌肉科技"运动营养品、鲁友橡胶缓冲垫、无棣户外体育用品、沾化鱼钩、阳信流坡坞橡胶颗粒为代表，体育用品制造业在实施新旧动能转换的契机下加速科技创新、提升品牌附加值。以方煜科技为代表的新兴业态，旗下研发的适用健身俱乐部的应用模块已完成上线内测阶段，参加内测的健身俱乐部已达近百家，已在应用市场上架；智能模块已完成"迈宝赫""迈尚""Mavenpro""Jw"等厂家的三批订单（30000 套）的生产、组装及交付工作；完成大型连锁健身俱乐部签约，辐射门店 200 余家，涉及健身人群 60000 余人。

（2）体育竞赛表演业健康发展。一是职业赛事发展迅速。滨州市曾同时有山东魏桥·向尚运动、八一京博控股、龙福环能三家本土民营企业冠名的球队参加乒超联赛，一度掀起乒乓球运动热潮。2018 年西王集团接手山东男篮、女篮，为职业赛事再添新力量。2015 年滨州市被列为足球试点城市，并举办承办了一系列足球赛事，如中国足协"我爱足球"全国总决赛、五人制超级联赛和省足球锦标赛等，社会反响良好。"滨州杯"、滨超、滨甲和全民健身运动会足球比赛、"市长杯"校园足球联赛已成为滨州市足球系列品牌赛事。二是发掘地域资源打造特色品牌赛事。围绕沿黄河特色打造了环滨州黄河风情带国际公路自行车赛、万人骑行赛、马拉松赛、自行车赛、徒步大会等 10 余项赛事。各县市区积极打造县域特色品牌赛事，正日渐形成"一县一品"的赛事特色。

（3）积极发挥部门职能，深入开展体育产业服务引导。一是创建省级体育产业基地、争取各项资金支持初见成效。近年来，滨州市共创建省级体育产业示范基地 1 家、示范单位 2 家、示范项目 2 家；全市共有 11 个项目获得省级体育产业发展引导资金共计 295 万元的扶持，有 34 个项目获得市

级体育产业发展引导资金共计 200 万元的扶持。二是做好体育产业服务引导，助推体育产业品牌发展。2020 年 9 月，市体育局与魏桥创业集团旗下的山东向尚服饰文化有限公司签订战略合作协议，全力支持本市运动品牌发展壮大。充分利用体育会展平台，积极组织滨州市体育企业参加上海国际体博会、体育双博会、中东欧展览会、斯迈夫体育产业大会以及首届山东（临沂）体育用品博览会等各类展会。以上海体博会为例，近 3 年滨州市参展企业达 60 家，通过体博会签约金额达 1.31 亿元。组织体育部门观摩体博会并考察福建晋江、江苏、重庆等先进地区的体育产业发展情况，开阔了视野，创新了理念，加深了对国内体育产业发展情况的总体认识，提高了加快发展滨州市体育产业的信心。

（4）体育健身休闲业蓬勃发展，体育培训种类日益多样。一是已形成了以市全民健身运动会、冬季全民健身运动会、机关运动会、社区健身节、乡镇和农民运动会为支撑并覆盖各级的健身赛事体系，营造了浓厚的全民健身氛围，人民群众的健身意识不断增强。各类体育协会、体育健身俱乐部日益增多，其中以时保雅、黑骏马、金鼎等为龙头的体育健身俱乐部，仅黑骏马一家就拥有会员 6 万人。二是国家职业资格教育培训工作继续升温，培训项目日趋多样，涵盖游泳救生、游泳教练、跆拳道、健身教练等。作为"国家级高水平体育后备人才基地"、"省级规范化中等职业学校"和"省级文明单位"的市体育运动学校是滨州市公办体育培训的代表，先后有 7 期 282 人次参加了国家职业资格培训；2020 年 9 月，世界冠军曹臻受聘为市乒乓球学校名誉校长，全力帮助滨州乒乓球事业再创辉煌。社会力量办学方面，时保雅健身俱乐部先后举办了 8 期健身教练培训班，参训人数 580 人；滨州聚艺棋校自办学至今参训人员达 4 万人次，百余人次夺得省、全国、亚洲、世界大赛前八名。2017 年徐小雅作为全运会年龄最小获奖运动员受到习近平主席亲切接见。

（5）体育场馆运营情况良好。滨州市有 7 家体育场馆实现免费、低收费开放。市奥林匹克体育馆服务大型活动 30 场，全年开放 340 多天，游泳馆泳民一年累计 4 万多人次，市民健身广场日均锻炼人口达 2000 人次，真正成为市民健身房。其他社会力量建设的体育场馆成为政府兴建场馆的有益补充，山东魏桥创业集团投资近亿元建设的文体场馆、惠民颐康游泳馆、滨州乒乓球馆的运营使用满足了群众健身需求，也带动了地方体育事业和体育产业的健康发展。

（6）足球改革实现新进步。2017年，滨州市成为全国唯一获批"全国青少年校园足球改革试验区"的地级市，入选庆祝改革开放40周年感动滨州40个最具影响力的事件之一，各县区均成立了至少1家足球青少年俱乐部，在训人数1700人以上。滨州国际足球小镇加快建设，投资1.5亿元的青少年体育运动训练基地已经投入使用，包括十一人制场地2片、七人制场地2片、五人制足球场地8片。多个足球训练基地在此落户，以世界杯为主题的足球嘉年华活动被央视媒体报道，有力地宣传了滨州，带动了相关产业的发展。

（二）存在问题

2018年全市体育产业总产出44.97亿元，产业增加值18.51亿元，增加值占全市GDP的0.79%。滨州市体育产业在省市领导的关心下虽取得一定的发展，但也存在比较突出的问题：产业基础相对薄弱，产业结构亟待优化，体育产业对经济转型升级的贡献较小；与省内外发达城市相比，体育产业的优势项目还不够突出，各业态发展水平有限；体育产业总产值在全省位次还较低。

（三）优势与特色

1. 初步形成了滨州特色的产业格局

依据滨州市体育产业初步形成的集聚态势和地域特色，初步形成了以惠民省级体育产业基地为引领，以西王集团、向尚运动服饰、鲁友、方煜科技、沾化鱼钩等为支撑的体育产业集群，逐步形成形态多元、结构合理、点线面有机融合的体育产业发展格局。建议滨州市可利用铝材料优势，加大铝制体育健身器材研发。下一步将鼓励滨州市体育产业企业加快科技创新，引进国内外优势体育企业和体育品牌，以品牌优势带动体育产业的发展。鼓励有实力的企业可以借鉴晋江卡尔美经验，通过收购国外品牌方式，助推自身品牌发展。

2. 形成了覆盖各级的健身赛事体系

着力构建以市全民健身运动会、冬季全民健身运动会、机关运动会、社区健身节、乡镇和农民运动会为支撑的各级健身赛事体系，全年活动1000余项次，累计参赛人数达40万人次。依托黄河地域特色打造了一系列沿黄特色赛事，这些赛事正日益朝专业化发展，赛事经济也为滨州经济发展注入了新活力。

3. 体育与科技、旅游、文化等相关行业日益融合

近年来，滨州市以云计算、物联网和大数据为代表的新一代信息技术与运动装备、体育服务的融合创新发展悄然兴起，山地户外、航空运动为主题的运动休闲业态蓬勃发展。邹平县、无棣县、沾化区、博兴县等因地制宜开展丰富多样的活动。滨城区方煜科技初露锋芒，通过互联网及智能物联技术实现健身俱乐部与城市居民的有效对接，为用户提供优质便捷的智能化服务，致力于在2~3年打造行业内最专业的技术供应商及一站式互联网体育产业服务平台。

（四）下一步工作思路

1. 加强体育产业工作领导

健全体育产业工作领导机制，形成政府统一领导、部门密切配合的协调运行格局，定期研究部署和协调解决产业发展重点和难点问题。研究制定引导与促进体育消费的政策，加大对重点发展的体育产业领域和体育产业品牌的扶持力度。

2. 推进政府职能加快转变

将体育产业内容纳入干部教育培训体系，大力实施"体育+"战略，推进体育与旅游、文化、科技、医疗、养老等产业深度融合发展，构建运动休闲、竞赛表演、场馆服务、体育培训、体育文创等业态丰富、结构合理的体育产业体系。以创建省级体育服务综合体为契机，选择条件较成熟的场馆开展综合体建设试点，形成复制性强、可操作性高的建设路径和模式。

3. 积极探索精品赛事市场化运作

坚持"品牌引领，融合发展"战略，推动体育产业与相关产业的融合、互动发展，延长体育产业链，扩大体育消费。坚持引进重大赛事和培育本地品牌赛事并重，鼓励各县区打造"一县一品"区域性品牌赛事，积极培育有影响力的品牌赛事，形成体育赛事和竞赛表演健身、体育传媒、体育用品和体育彩票等上下游衍生消费在内的成熟产业链条。建立和完善以市场为主体的办赛机制，鼓励和引导社会力量参与举办体育赛事，对承办国际国内重要赛事、采取市场化运作的单位给予重点扶持。

4. 进一步优化体育产业发展格局

滨州市鼓励企业加大科技投入，树立品牌意识。加强区域体育产业的分工协作，加大力度建设一批梯次发展、特色鲜明的体育产业基地和产业集群，构建形态多元、结构合理、点线面有机融合的体育产业发展格局，争创更多的国家、省级体育产业示范基地和示范单位。

5. 强化体育专业人才培养

尽快培养一支高素质的体育产业经营管理队伍，选聘一批德才兼备且懂经济、会管理的人才充实到体育产业队伍中，加强体育产业业务培训，增强发展能力，创造一流业绩，使全市体育产业工作开创新局面。

6. 建立健全体制机制

充分发挥市场在体育资源配置中的基础性作用，建立健全政府管理、行业自律、企业合法经营的管理机制，建立体育、旅游、宣传、财税等多部门协作机制。加强各级各类体育社会团体、体育俱乐部等体育社会组织建设。制定相关政策，完善监督管理机制，规范体育市场主体行为，维护市场秩序，促进体育市场规范发展。

7. 做好体育产业和体育场地统计

深入开展滨州市体育产业和体育场地年报工作，摸清家底，助力体育产业发展。

B.17
2018~2020年胶东经济圈体育产业一体化发展报告

陈德旭　李拓键　王见彬　李　阳等*

摘　要：　胶东经济圈包括青岛、烟台、潍坊、威海、日照5市，其体育产业总体规模不断扩大、结构体系日趋合理、赛事产业发展势头迅猛、骨干企业品牌效应凸显、体育社会组织蓬勃发展、体育产业综合环境良好、政策保障措施日趋完善、体育产业载体基础稳固等。但仍存在体育产业总体规模待增加、结构体系需优化、竞赛表演市场化程度偏低、民间资本投资积极性不高、体育产业复合型人才匮乏、体育产业保障机制待健全等问题。因此要坚持需求导向，不断扩大体育消费规模；坚持创新发展，加快推动产业转型升级；坚持示范引领，重点抓好平台载体建设；坚持精准招商，持续激发市场主体活力；坚持依法监管，不断优化产业发展环境；坚持开放融合，积极拓展产业发展空间；深化改革创新，增强体育发展动力活力；落实国家战略，建设全民健身服务体系；创新组织管理，提升体育社会组织活力；实施动能转换，注重体育产业发展质量。

* 陈德旭，山东大学体育学院讲师，硕士生导师，研究方向为体育经济；李拓键，山东大学体育学院副教授，硕士生导师，研究方向为体育产业、体育管理；王见彬，山东省体育产业发展服务中心副主任，研究方向为体育产业；李阳，山东大学体育学院2019级硕士研究生，研究方向为体育产业。胶东经济圈各市体育局提供了各城市体育产业发展报告。

关键词：体育产业　一体化发展　胶东经济圈　山东省

一　2018~2020年胶东经济圈体育产业一体化发展情况

（一）发展现状

1. 产业总体规模不断扩大

胶东经济圈体育产业总体规模呈攀升态势，具体表现在以下几个方面。一是产业总产出稳步增长。2015年胶东经济圈体育产业总产出为956.77亿元，增加值为290.94亿元，占当年全省GDP的比重为5.13%；至2018年时，体育产业总产出达到1308.54亿元，实现增加值503.38亿元（见表1），其中青岛市体育产业总产出突破500亿元。可见，体育产业正成为胶东经济圈新的动能。二是各地市体育产业增势明显。2015~2018年，胶东经济圈5市均保持正向增长（见表2），与2015年相比，青岛市增幅将近20%，烟台市增幅超过100%，五市均显示出强劲的潜力。

表1　2015~2018年胶东经济圈体育产业总产出、增加值情况

单位：亿元

类别	2015年	2016年	2017年	2018年
总产出	956.77	1066.9	1025.05	1308.54
增加值	290.94	340.89	362.4	503.38

表2　2015~2018年胶东经济圈各地市体育产业总产出

单位：亿元

地市	2015年	2016年	2017年	2018年
青岛	473.10	514.27	455.89	561.48
烟台	141.48	171.85	183.70	337.61
潍坊	132.52	140.91	115.64	161.45
威海	173.11	192.35	216.50	198.34
日照	36.56	47.52	53.32	49.66

注：2018年数据为全国第四次经济普查数据，与2015~2017年数据不可比。

2. 产业结构体系日趋合理

胶东经济圈体育产业结构体系日臻完善，具体表现在以下几个方面：一是业态协调发展。烟台市体育产业以运动休闲、体育旅游、体育赛事为引领，体育培训、体育中介、体育制造、体育用品贸易等共同发展，形成了相对合理的体育产业结构体系。二是服务业比例提升。2018年，青岛市体育服务业实现总产出270.63亿元，占全市体育产业总产出的48.2%，增加值145.94亿元，占全市体育产业增加值的65.9%；体育用品及相关产品制造业实现总产出239.19亿元，占全市体育产业总产出的42.6%，实现增加值63.12亿元，占全市体育产业增加值的28.5%。基本达到发达国家体育服务业与体育制造业结构大约7:3的水平，体育服务业附加值明显高于体育制造业。烟台市体育服务业占比超过70%，高于同期全省平均水平，2017年体育服务业占同期全市体育产业比重为79.21%，服务业与制造业比例为3.87:1。

3. 赛事产业发展势头迅猛

胶东经济圈竞赛表演业精彩纷呈，积极申办和承办观赏性强的体育赛事，培养民众观赏体育赛事表演的习惯和爱好。2019年度，青岛市成功举办区级以上体育赛事170余项，近100个国家900余支队伍30万余人参加，全市体育赛事融资超过2亿元。烟台市每年举办50多项省级以上高端体育赛事，覆盖帆船、马术、高尔夫以及沙滩运动等各类项目，吸引30多个国家和地区的运动员参赛。潍坊市着力打造以潍坊国际风筝会、"鲁能·潍坊杯"国际青年足球邀请赛、潍坊国际青年女子足球锦标赛及潍坊（峡山）国际乡野马拉松赛等为品牌的大型国内外赛事，擦亮了潍坊品牌。威海市已连续举办了13年铁人三项赛事，是亚洲首个成功举办长距离铁人三项世界锦标赛的城市，曾连续多年创造国内单场铁人三项赛参赛人数纪录，以总分第一的成绩被评为全国最佳赛区。日照市先后成功举办了大青山国际太极拳大赛、中国（日照）国民休闲水上运动会、日照马拉松、中网巡回赛等重大品牌赛事，并在赛事的策划、布局和项目设置上进行了创新和发展，把每项赛事都办成展示城市形象、赢得群众口碑、留下深远影响的品牌赛事。在赛事理念上，注重实现与健康城市的结合。

4. 骨干企业品牌效应凸显

胶东经济圈体育骨干企业发展迅猛。在体育制造方面，英派斯集团、英吉多股份有限公司是国内规模较大的健身器材商；邹志船艇公司、玛泽润船艇有限公司是国内不多的专门从事帆船生产的企业；青岛国恩草坪实力雄厚，产品远销国内外，经济效益和社会效益十分显著；青岛迈金科技是国家级高新技术企业，获得商标百余件，各类专利近百件，在室内骑行领域已成为国内领军企业；双星名人集团在体育用品、服装、鞋帽生产销售方面小有名气。在体育场馆投资方面，由新兴集团投资的新兴体育馆已具有一定规模。此外，出现一些设有连锁并已经开始初具规模的健身俱乐部，如英派斯、全时健身等。烟台市体育制造业和体育服务业在全省领先，逐步形成了一批竞争力强的龙头企业和影响力大的自主品牌。潍坊市生产销售体育企业达400余家。其中，山东中柏韩美科技股份有限公司生产高端户外运动服装、高山滑雪服装、赛车服装等产品，年总值达2亿元。

5. 体育社会组织蓬勃发展

胶东经济圈体育社会组织不断壮大。截至2019年底，青岛全市市级体育单项协会61家，市级各类体育俱乐部超过435家，区级单项体育协会178家，区级体育俱乐部达到463家，涉及体育项目超过90余项，市级体育俱乐部数量占全省市级俱乐部比重近1/4，位列全省第一。另外，帆船、电竞、马术、马拉松、自行车等休闲产业也呈现出良好的发展态势，青岛马拉松跻身全国20强，海上马拉松位列全国百强。截至2020年11月，烟台市有市级体育产业协会理事单位23家，体育产业行业协会会员单位88家；省级体育产业行业协会副会长单位1家、常务理事单位5家、理事单位3家、会员单位7家。潍坊全市拥有各类体育健身组织达600家以上，极大地满足了市民的健身需求等。

6. 体育产业综合环境良好

胶东经济圈各地市积极通过电视、广播、报刊、网站、微信等传统与新式媒体宣传体育产业发展政策、体育运动开展情况，让更多的人了解体育、关注体育、关心体育，积极参加体育运动，养成良好健身习惯，为体育产业发展营造浓厚的市场氛围。不断提高产业科学发展水平，依托专题调研、统计调查等渠道，紧抓2018年山东省体育产业调查摸底的契机，对体育产业进行了详细的统计调查，基本摸清了胶东经济圈的体育产业家底。

7. 政策保障措施日趋完善

胶东经济圈发挥体育产业规划的示范引领作用，出台一系列保障举措。青岛市相继推出《青岛市体育产业发展规划（2014~2020年）》《青岛市公共体育设施专项规划（2018~2035年）》《帆船事业和"帆船之都"品牌发展十年规划（2019~2028年）》《关于加快发展体育产业促进体育消费的实施意见》《关于加快发展健身休闲产业的实施意见》《青岛市高水平职业体育俱乐部扶持奖励管理办法》《关于深化体教融合发展的实施意见》等；烟台市制定《烟台市体育产业基地管理暂行办法》等；潍坊市颁布《潍坊关于加快发展体育产业促进体育消费的实施方案》等；威海市颁发《威海市人民政府关于加快发展体育产业促进体育消费的实施意见》等；日照市委托第三方编制《日照体育产业发展规划（2021~2035年）》，涵盖了日照体育产业发展十四五规划（2021~2025年）和中长期发展规划（2026~2035年）等，有力推动胶东经济圈体育产业发展。

8. 体育产业载体基础稳固

体育场地设施大幅提升、进步明显。青岛市连续5年将健身场地建设纳入"市办实事"项目，累计建成智慧体育公园、智能健身吧、笼式足球场等多功能场地556处。借助承办24届省运会等综合型体育赛事契机，新建大型体育场馆设施6处，整修各类场馆10余处。"十三五"期间，共建成各类社会足球场地设施390处，超额完成国家和省下达的建设任务。"主城区8分钟、周边区市15分钟"健身圈进一步完善。截至2019年底，全市健身场地总数达21995处，人均体育场地面积达到3.29平方米。烟台市85%的乡镇（街道）和93%的村居建设了体育健身场地设施，人均体育场地面积达到2.92平方米，已形成"15分钟健身圈"。截至2019年底，市级体育社会组织超过 40 个，健身活动站点达到 3681 个，各级社会体育指导员总数已达 13075 人，占人口总数的 2‰，基本覆盖全部健身人群。体育赛事活动丰富，每年举办各类体育赛事活动 100 多场次，参与人数达 20 多万人次，逐渐形成了攀岩、沙滩足球、高尔夫、马拉松等品牌赛事活动。日照市以筹办山东省第 25 届运动会和创建全国全民运动健身模范市为契机，新建改建日照香河体育公园、奎山体育中心、区县"一场两馆"、日照水上运动基地等 22 处大型体育场馆。

（二）存在问题

1. 体育产业总体规模待增加

产业发展"集群效应"和"叠加效能"尚未形成，体育产业规模化集约化程度不高，对新旧动能转换和现代服务业发展的拉动作用还不明显。虽然体育产业增加值占胶东经济圈 GDP 比重逐年提高，但与发达国家平均水平差距还较大，在国内也落后于长三角等区域。

2. 体育产业结构体系需优化

体育产业体系不完善、结构不合理问题仍然存在。以体育服务业（俱乐部）为主，经营企业为辅，生产企业薄弱。体育产业链业态不够丰富，体育产业链黏性弱、带动性不强。体育旅游、竞赛表演、体育中介、体育康养等产业快速发展，体育教育与培训、体育传媒、体育金融等业态刚刚起步，体育用品制造占比高，体育服务业在体育产业中的比重较低。

3. 竞赛表演市场化程度偏低

举办体育赛事的营销、创意和策划经验缺乏，重大赛事文化内涵挖掘不够，市场化运作程度低。重大赛事还是以官办为主，企业赞助为辅，让社会力量发挥主动性，全盘参与赛事运营的机制还没有真正形成。品牌赛事价值难以体现，缺乏无形资产评估定价机制。体育赛事品牌推广不够，缺少高层次策划，造血能力不强。赛事经济市场化运作不够，缺乏专业赛事评估。民间资本投资积极性不高。以健身、场馆服务业为例，近年来体育健身服务价格基本保持平稳，但房屋使用、能耗和人工等运营成本一直居高不下。体育项目前期投资大、培育期长、资金回收慢等特点，影响了社会资本投资积极性。

4. 体育产业复合型人才匮乏

体育经营人才、复合型人才缺乏，亟待培育品牌型企业和领军型体育企业家队伍。缺乏体育产业专业人才和团队，发展理念不新、创新意识不足。经营管理上，既懂体育，又懂市场经营管理、商业化运作的人才匮乏，大多数企业特别是健身俱乐部的管理者是"看场子、看馆子"，缺乏应有的市场管理知识和技能。整个体育产业的经营、管理还处于粗放松散的状态，这与做大做强的体育产业发展要求差距较大。

5. 体育产业保障机制待健全

支撑体育产业发展的配套基础设施和公共服务体系较薄弱，高品质配套设施不足，体育文化设施还不健全，体育旅游要素及接待水平有待提升。体育专业人才匮乏，市场主体不强，体育产业支持政策需进一步完善，体育文化氛围还不浓厚，市民体育消费意识有待增强。机构不健全，县（市区）体育部门虽然在机构上比较健全，但体育市场管理机构缺编严重，现有人员大多身兼数职，缺少专项经费，缺乏对体育产业发展的有力组织和服务。

（三）对策建议

2021 年，作为"十四五"规划的开局之年，胶东经济圈将始终坚持以加快推动体育产业高质量发展、不断满足群众体育消费需求为目标，深刻把握双循环新发展格局构建，产业加快转型带来的新变化、新要求，抓住机遇、乘势而上，主动识变、科学应变，牢固树立市场化、平台化思维，着力壮规模、提质效、扩影响，努力在胶东经济圈体育产业一体化建设中展现新作为、做出新贡献。

1. 坚持需求导向，不断扩大体育消费规模

紧抓成功入选国家体育消费试点有利契机，积极对接供给侧结构性改革和扩大内需，以需求牵引供给、供给创造需求。做好体育产业、体育场地和居民体育消费调查，全面摸清产业发展现状。出台关于促进全民健身和体育

消费推动体育产业高质量发展的实施意见，顺应居民消费升级和商业变革趋势，培育体育领域定制、体验、智能、时尚和场景等消费新热点。成立国家体育消费试点工作专班，及时协调解决工作推进中遇到的重大问题，全力推动体育消费机制创新、政策创新、模式创新和产品创新，积极营造促进体育消费的良好氛围。

2. 坚持创新发展，加快推动产业转型升级

制定星级体育健身俱乐部评选办法，推动健身休闲等体育服务业提质增效，加快体育服务内容、业态和商业模式创新，培育一批高端体育服务品牌。发展体育场馆服务业，不断提高运营效能，积极推动智慧体育场馆和体育服务综合体建设，引入和运用现代企业制度，激发场馆服务活力，探索体育场馆所有权与经营权分离。大力发展竞赛表演业，鼓励社会力量承办国际国内重大体育赛事，加快培育具有自主知识产权与文化内涵的品牌赛事活动。协调财政部门，修订完善职业体育俱乐部扶持奖励办法，进一步加大扶持范围和力度。支持做好省体育赛事服务管理机制创新试点工作。促进体育制造业研发创新、转型升级，支持智能运动装备、冰雪装备器材、家用小型健身器材的研发与制造。

3. 坚持示范引领，重点抓好平台载体建设

引导扶持体育资源及 IP 交易平台发展壮大，加强平台宣传，丰富交易内容，提高交易效益。发挥时尚体育城市联盟平台作用，多领域全方位展开交流与合作。发挥体育产业基地示范引领作用，大力培育骨干企业和优质项目，再创一批体育特色鲜明、服务功能完善、经济效益良好的省级和国家级体育产业示范基地（单位、项目）。举办时尚体育季，组织时尚体育产业大会、时尚体育服装节、时尚体育消费节、时尚体育精品赛事展演、全民城市定向赛、时尚体育训练营、时尚体育原创音乐（小视频）评选等系列活动，充分发挥时尚体育的影响与魅力，加快推动时尚体育产业繁荣发展，进一步提升胶东经济圈的国际知名度、美誉度和影响力。

4. 坚持精准招商，持续激发市场主体活力

坚持企业家在经济社会发展中的"主角"地位，努力创造最适宜体育

企业的发展生态。充分发挥市区联动协作机制作用，互通有无、共同发力，重点在招引时尚体育产业头部企业、总部企业和引领作用强、发展潜力大的新兴产业项目上下功夫，全力推进项目招引和落地建设工作。加快推进泰山体育产业集团、IBF"一带一路"区总部、世界羽联及中国羽协、VG电竞俱乐部等项目落地。

5. 坚持依法监管，不断优化产业发展环境

继续做好预付卡消费的退卡退费问题，积极配合相关牵头部门，建立预付消费卡协同监管机制，开展协同监管。加强高危险性体育项目监管力度，通过设立"曝光台""光荣榜"等形式，及时对违规违纪涉体企业进行曝光，对获得荣誉的涉体企业进行通报表彰，探索建立信用约束和失信联合惩戒机制。充分发挥政府服务功能、行业协会的自律作用、市场的配置作用、公众和舆论的监督作用，促进体育市场主体自我约束、诚信经营。高质量推进胶东经济圈体育产业统计调查工作，建立常态化体育产业监测制度，完善体育产业基础数据库。

6. 坚持开放融合，积极拓展产业发展空间

紧盯新产业新业态，准确把握体育产业发展动向，大力推动水上运动、山地户外、航空运动、汽摩运动、冰雪运动等项目发展。以海上体育旅游为突破点，积极将体育融入海洋特色、增加时尚元素，与文化旅游、休闲娱乐、互联网深度融合，不断培育体育产业新的增长点。深度发掘体育旅游资源，组织胶东经济圈体育旅游线路征集和评比工作，培育打造1~2条全国知名体育旅游线路，如日照"海滨山岳行"等。积极搭建银企对接平台，支持体育消费金融产品创新，打造"体育+金融"生态圈。大力发展"互联网+体育服务"消费模式，培育数字体育、在线健身、网上赛事、线上培训等新业态。

7. 深化改革创新，增强体育发展动力活力

加快政府体育职能转变，进一步强化各级政府体育职能，切实提高履职尽责能力，推进体育领域"放管服"改革和"最多跑一次"改革，加强"高危体育运动项目"管理，减少审批事项，放宽市场准入，实施负面清单

管理模式，加强事中事后监管。研究制定体育工作综合评价体系和工作标准体系，将群众体育、竞技体育、体育产业、体育文化等内容纳入政府绩效、文明城市等综合评价。进一步健全政府购买体育服务体制机制，完善资金保障、监督管理、绩效评价等配套政策，制定政府购买体育服务指导性目录，把适合由市场和社会承担的体育服务事项，按照法定方式和程序，交由具备条件的社会组织和企事业单位承担，逐步构建多层次、多方式的体育服务供给与保障体系。强化政策扶持，鼓励交流合作共同发展。落实社会力量办赛资金补助等资金扶持政策，进一步激发社会力量参与体育产业发展的积极性。组织更多的体育企业参加国际和国内体育展会，加强宣传推介，争取更多的发展机遇。

8. 落实国家战略，建设全民健身服务体系

强化全民健身公共服务体系建设，充分发挥全民健身工作联席会议作用，建立适应国家《健康中国行动（2019～2030年)》需要的体医融合发展体制机制。制定胶东经济圈各地市《全民健身实施计划（2021～2025年)》，提升全民健身公共服务质量，提高全民健身公共服务体系发展水平，强化全民健身计划实施与评估工作。统筹建设全民健身场地设施，严格落实新建居住区配建全民健身设施要求，与住宅区主体工程同步设计、同步施工、同步验收使用。推动公共自然资源向体育赛事活动开放，实施"体育进公园"计划，在公园、景区、绿地、空置广场融入体育元素和功能，配套建设"骑行绿道""健身路径"等体育设施。

9. 创新组织管理，提升体育社会组织活力

研究制定体育社会组织改革相关政策，大力引导、培育、扶持各类体育社团、体育民办非企业单位、体育基金会等体育社会组织发展，创新体育社会组织管理方式。落实《行业协会商会与行政机关脱钩总体方案》，稳步推进体育社会组织改革工作，统筹解决试点工作中的重点难点问题，及时总结和推广改革试点经验，完善四级体育总会组织体系建设，发展基层体育社会组织，发挥各级体育社会组织在体育事业发展中的功能作用。推进政府向社会组织购买服务，打造各级体育品牌赛事活动。加强体育社会组织规范化管

理，大力发展各级体育俱乐部，加强体育社团建设，促进各级体育社团发挥应有作用。

10. 实施动能转换，注重体育产业发展质量

加快体育产业基地建设，整合体育产业资源，努力形成集约型体育产业发展模式，加快培育建设以特色优势体育项目为主导的体育产业基地。大力发展体育健身服务业，积极培育体育健身市场，培养群众体育健身意识，倡导科学健身方法，引导大众体育健身消费。着力发展体育竞赛表演业，积极引导规范体育赛事市场化运作，借鉴吸收国内外体育赛事市场运作的有益经验，提高体育赛事市场开发和运作水平。积极开发体育培训业，发挥体育培训资源优势，创新体育培训组织形式与手段，积极开展多元化、个性化体育培训业务，推动体育培训大众化、普及化，提升烟台市体育培训业市场竞争力，培育形成一批特色鲜明、实力雄厚的体育培训服务企业，开展品牌化、连锁化经营，大力开拓海内外体育培训市场。做大做强体育用品业，充分发挥区位优势和资源优势，承接国际国内体育产业转移，重点发展一批体育健身器械、运动服装、冰雪装备制造品牌企业，不断提升体育用品业的实力和水平。

二　2018~2020年青岛市体育产业发展情况

（一）发展现状

1. 产业总体规模不断扩大

2018年，青岛市体育产业总产出、增加值分别实现561.48亿元、221.46亿元，体育产业增加值占全市GDP的比重为2.02%，体育及相关产业单位共计3.268万家，体育产业从业人员13万余人，健身休闲、竞赛表演、体育用品、体育彩票等发展迅速，成为青岛市体育产业核心业态。2019年，体彩销售继续保持良好势头，全年总销量为31.95亿元，筹集公益金7.8亿元。

2. 产业结构体系日趋合理

2018 年，体育服务业实现总产出 270.63 亿元，占全市体育产业总产出的 48.2%；实现增加值 145.94 亿元，占全市体育产业增加值的 65.9%。体育用品及相关产品制造业实现总产出 239.19 亿元，占全市体育产业总产出的 42.6%；实现增加值 63.12 亿元，占全市体育产业增加值的 28.5%。基本达到发达国家体育服务业与体育制造业结构大约 7∶3 的水平，体育服务业附加值明显高于体育制造业。

3. 龙头产业发展势头迅猛

竞赛表演业精彩纷呈，积极申办和承办观赏性强的体育赛事，培养市民观赏体育赛事表演的习惯和爱好。仅 2019 年度，成功举办区级以上体育赛事 170 余项，近 100 个国家 900 余支队伍 30 万余人参加。全市体育赛事融资超过 2 亿元，先后争取世界柔道大师赛、世界青年斯诺克锦标赛和世界水上摩托锦标赛、世界桨板锦标赛及亚洲沙滩藤球锦标赛等赛事落户岛城，吸引了数以万计的国内外运动员来青参赛，为岛城人民提供精彩绝伦的体育盛宴。休闲健身业潜力巨大，截至 2019 年底，全市市级体育单项协会 61 家，市级各类体育俱乐部超过 435 家，区级单项体育协会 178 家，区级体育俱乐部达到 463 家，涉及体育项目超过 90 余项，市级体育俱乐部数量占全省市级俱乐部比重近 1/4，位列全省第一。另外帆船、电竞、马术、马拉松、自行车等休闲产业也呈现出良好的发展态势，青岛马拉松跻身全国 20 强，海上马拉松位列全国百强。

4. 骨干企业引领能力凸显

青岛英派斯（集团）有限公司、英吉多股份有限公司已成为全国规模较大的体育器材生产制造商，玛泽润船艇有限公司、邹志船艇公司在全国帆船生产行业中综合实力突出；青岛国恩草坪公司实力雄厚，产品远销国内外，经济效益和社会效益十分显著。青岛迈金科技公司是国家级高新技术企业，获得商标百余件，各类专利近百件，在室内骑行领域已成为国内领军企业。双星名人集团深耕运动鞋服市场，服务训练、运动、休闲等多个细分需求领域。新兴集团积极拓展体育场馆设施投资和运营领域，积累了丰富的运作经验。在健身休闲领域，涌现出英派斯、全时健身等初具规模的知名健身俱乐部。

5. 优质项目示范效应显著

积极创建国家和省级体育产业基地。截至 2019 年，共创建国家体育产业基地 5 个，其中示范单位 2 个、示范项目 3 个；省级体育产业基地 9 个，其中示范基地 3 个、示范单位 4 个、示范项目 2 个。大力实施"体育 +"和"+ 体育"工程，"魅力青岛·扬帆起航—水陆环岛户外体验线路"分别获评省体育局和国家体育总局发布的 2020 年国庆黄金周体育旅游精品线路。青岛奥林匹克帆船中心、"魅力青岛·扬帆起航—水陆环岛户外体验线路"分别入选 2020 中国体育旅游精品项目十佳精品景区和十佳精品体育旅游线路，其中奥帆中心是第三次入选十佳精品景区；青岛崂山 100 公里国际山地越野挑战赛项目连续两年被评为体育旅游精品线路和精品赛事；胶州秧歌入选 2020 中华体育文化优秀民俗民间项目。

6. 体育场地设施大幅提升

连续五年将健身场地建设纳入"市办实事"项目，累计建成智慧体育公园、口袋体育公园、智能健身吧、笼式足球场等多功能场地 556 处。借助承办第 24 届省运会等综合型体育赛事契机，新建大型体育场馆设施 6 处，整修各类场馆 10 余处。"十三五"期间，共建成各类社会足球场地设施 390 处，超额完成国家和省下达的建设任务。"主城区 8 分钟、周边区市 15 分钟"健身圈进一步完善。截至 2019 年底，全市健身场地总数达 21995 处，人均体育场地面积达到 3.29 平方米。

7. 各项保障措施日趋完善

近年来，青岛市高标准编制《体育产业发展规划（2014 ~ 2020 年）》《公共体育设施专项规划（2018 ~ 2035 年）》《帆船事业和"帆船之都"品牌发展十年规划（2019 ~ 2028 年）》《关于加快发展体育产业促进体育消费的实施意见》《关于加快发展健身休闲产业的实施意见》《青岛市高水平职业体育俱乐部扶持奖励管理办法》《关于深化体教融合发展的实施意见》等政策措施，有力推动产业发展。先后同市工商银行、华夏银行及教育、卫生、旅游、商务等部门签订战略合作协议或联合出台文件，大力促进体育产业融合发展。努力打造各项平台载体，创建青岛体育资源及 IP 交易平台，并于2019年12月上线运营，截至目前体育资源和赛事活动成功上线650余项，60余项达成合作意向。联合深圳市文化广电旅游体育局举办计划单列市时尚体育工作交流研讨会，发起成立时尚体育城市战略联盟。发起成立胶东经济圈体育协同发展联盟，建立胶东经济圈足球、帆船、网球3个运动项目联盟，进一步扩大胶东经济圈体育交流合作平台。

（二）存在问题

1. 体育产业总体规模不大

青岛市产业发展"集群效应"和"叠加效能"尚未形成，体育产业规模化集约化程度不高。尽管体育产业增加值占 GDP 的比重稳步提高，但与国内一线城市和国际发达城市间的差距仍然较大。

2. 竞赛表演市场化程度偏低

体育赛事营销推广能力仍有欠缺，缺乏赛事品牌包装和创意策划经验，市场化运作程度低。重大赛事还是以官办为主、企业赞助为辅，让社会力量发挥主动性、全盘参与赛事运营的机制还没有真正形成。品牌赛事价值难以体现，缺乏无形资产评估定价机制。体育赛事品牌推广不够，缺少高层次策划，造血能力不强。

3. 民间资本投资积极性不高

以健身、场馆服务业为例，近年来体育健身服务价格基本保持平稳，但房屋使用、能耗和人工等运营成本一直居高不下。体育项目前期投资大、培育期长、资金回收慢等特点，影响了社会资本投资积极性。

（三）优势与特色

1. 大力发展时尚体育

高规格启动国际时尚城建设工程，以发展时尚体育为抓手，以国际流行的帆船、冲浪、冰雪、桨板、马术、电竞等时尚运动为重点，加快提高时尚运动项目普及率和参与人群数量。加强时尚体育顶层设计，以《时尚体育城市发展规划》为指南，为时尚体育城市建设提供依据和参考。制作全市时尚体育宣传片，进一步烘托全市时尚运动参与氛围，提高社会参与积极性。以"时尚体育、魅力青岛"为口号，联合啤酒节共同举办时尚体育节，创新设置跑酷捕捉、斗腕嘉年华、时尚街舞、斗汽街头篮球赛、青少年足球邀请赛、长板嘉年华等七大时尚赛事。据统计，活动期间市民及游客参与人数、时尚消费指数再创新高，各赛事活动总参赛人数2395人，总比赛场次1301场，总媒体曝光浏览点击4260万人次。金沙滩啤酒城入园游客121.88万人次，体育赛事活动吸引85.3万人次观看，达入园总人数的70%，成为国际时尚城建设的又一张新名片。

2. 积极促进体育消费

成功入选国家体育消费试点城市，首批全国共有40座城市入选，青岛市与日照市携手上榜，成为山东省仅有的两座入选城市。青岛市以"你健身、我买单"为活动主题，总计派发健身消费券面值约1.9亿元，引起强烈社会反响，被新华社、凤凰网、《中国体育报》等众多媒体宣传报道。第二期消费券共20余家健身机构70余家门店参与，利用"云闪付"线上平台，共发放惠民健身券14批次1万余张，多方共赢的活动方式让市场主体和消费主体得实惠，进一步恢复和提振了疫情期间消费市场活力。联合相关企业开展中联"亿基金"行动和"送运动送健康"活动，为近10万名青岛市民送去福利。依托线上线下渠道，组织开展"金牌"健身教练进机关企事业单位活动。结合"双十一"热点事件，发挥体育冠军人气拉动效应，开展各类健身促销活动。

3. 形成品牌引聚效应

着力提升青岛"足球之城"的品牌竞争力，建立全市足球振兴联席会议制度，加大对职业足球俱乐部的支持力度。黄海青港足球俱乐部成功冲超，成功申办2023年亚洲杯，提高了城市足球文化知名度。成功举办中国沿海暨山东半岛帆船城市对话，青岛国际帆船周·青岛国际海洋节成为亚洲帆船节的一面旗帜；"远东杯"国际帆船拉力赛升级跨国二级离岸赛；制定运动帆船登记管理办法，促进帆船运动良性发展；积极推广"帆船运动进校园""欢迎来航海"等帆船普及活动。青岛市先后荣获世界帆联、中国帆协等授予的"世界帆船运动发展突出贡献奖""十年御风城市奖""全国帆船运动发展突出贡献奖"等荣誉称号。

（四）下一步工作思路

"十四五"时期，青岛市将全面把握新时代体育产业发展的新趋势和新任务，主动融入新发展格局，加快推动全市体育产业高质量发展进程，以满足群众体育消费需求为出发点，牢固树立市场化、平台化思维，着力壮规模、提质效、扩影响，推动体育产业在青岛国际时尚城建设和"产业兴市"攻坚战中贡献新的力量。

一是深刻把握市场需求，引导扩大体育消费市场。持续推进国家体育消费试点工作，成立试点工作专班，及时协调解决工作推进中遇到的重大问题，加快推进与体育消费相关的体制机制创新工作。推动扩大体育内需和供给侧改革相结合，实现"以需求牵引供给、供给创造需求"的目标。全面细致推进全市体育产业、体育基础设施和消费需求调查工作，综合评估全市体育产业发展现状。制定实施促进体育消费、推进体育产业高质量发展的政策文件。研究现代体育消费需求和趋势，培育体育消费新热点，构建体育消费新场景。

二是激活创新驱动力量，加快推动产业动能转换。优先围绕场馆运营、健身休闲、中介培训、竞赛表演等体育服务业，创新服务内容、模式、业态、产品。出台星级健身俱乐部等评选认定办法，带动全行业规范经营和提质增效。提高运动场馆运营质量和利用效能，加快推进数字场馆和服务综合体建设。进一步改革体育赛事市场准入机制，支持社会力量承办协办相关体育赛事，圆满完成体育赛事服务管理机制创新试点任务。加强赛事文化挖掘力度，培育自主知识产权的品牌赛事活动。进一步完善职业体育扶持奖励政策，加强精准扶持和有效扶持。重点围绕数字运动装备、冰雪运动设备、家用健身器材等细分领域，加快推进体育制造业转型升级。

三是培树先进产业典型，夯实平台载体基础。持续打造青岛体育资源和IP交易平台，进一步丰富交易功能和宣传渠道。依托时尚体育城市联盟平台，加快促成一批跨区域体育交流合作成果。发挥全市各级体育产业基地引领作用，围绕体育产业链和供应链，大力培育大中小型市场主体，打造体育产业行业联盟。持续创建一批国家级、省级体育产业示范基地、单位和项目。充分利用时尚体育季，打造一批时尚体育节会、展会、展演、赛事、评选品牌活动，适时打造时尚体育嘉年华。

四是提高产业招商吸引力，持续优化营商环境。积极倡导企业家精神，尊重企业家在体育产业发展中的主导地位，营造有利于体育企业落户、壮大的产业生态。依托市区两级联动招商机制，瞄准体育产业龙头企业、行业独角兽、企业总部，加强资源对接。加快泰山体育产业集团、VG电竞俱乐部等优势企业、时尚体育企业的招商进度，推进IBF"一带一路"区总部、世界羽联及中国羽协等高端行业组织招引工作。

五是加强市场监管，持续优化产业综合环境。积极协调相关部门，完善体育消费预付卡监管机制，解决好预付卡退费等短板问题。加强危险性体育项目的常态化监管，建立信用约束和失信惩戒机制，通过奖励、表彰和曝光等形式，激励和惩戒相关企业经营行为，规范体育市场经营秩序。联合行业协会和社会公众，发挥行业自律约束和舆论监督作用，引导体育市场经营主体主动约束和改进经营行为。

六是深化开放融合，拓展产业发展空间。准确把握新时代体育产业发展趋势，紧盯新业态、新产品、新模式，大力发展滨海运动、极限运动、航空运动、汽摩运动、冰雪运动项目。以滨海运动为抓手，开发具有海洋特色和时尚元素的运动项目，结合全市文化旅游产业发展大局，推动体育与文旅、休闲、康养等产业融合发展，探索新业态增长点。持续打造体育旅游精品线路，力争新打造若干条知名体育旅游线路。加快体育与金融融合发展，积极搭建银企对接平台，持续推进体育消费金融创新。围绕数字体育、在线健身、云赛事、线上培训等新业态，大力发展"互联网+体育服务"消费模式。

三 2018~2020年烟台市体育产业发展情况

（一）发展现状

1. 总体规模持续扩容

近年来，全市体育产业呈现较快发展势头，产业规模增长较为迅速。2016年，全市体育产业总规模达到171.85亿元，实现增加值65.24亿元，增加值占全市GDP的比例约为0.9%；2017年体育产业总规模达到183.7亿元，实现增加值66.27亿元，增加值占全市GDP的比重为0.9%；2018年体育产业总规模达到337.61亿元，实现增加值128.18亿元，增加值占全市GDP的比重为1.78%。从体育产业总规模和体育产业增加值分析，增速远远超过烟台市GDP年均8%左右的增速。

2. 产业结构逐步优化

烟台市重点围绕体育旅游、运动赛事、运动休闲、体育培训与中介、体育用品制造、体育贸易等业态，构建形成特色体育产业体系。体育服务业占比超过70%，高于同期全省平均水平。其中2015年体育服务业比重为71.61%，高于全省平均水平11.61个百分点；2016年体育服务业占同期全市体育产业比重为77.35%，服务业与制造业比例为3.47∶1；2017年体育服务业占同期全市体育产业比重为79.21%，服务业与制造业比例为3.87∶1。

3. 新型业态相继涌现

体育制造业和体育服务业在全省领先，逐步形成了一批竞争力强的龙头企业和影响力大的自主品牌。美好生活的体育消费需求逐步形成市场，居民体育消费开始呈现专业化、个性化、时尚化发展趋势。适应体育消费需求变化，烟台市体医、体旅、体养融合发展不断深化，体育文创、体育传媒、体育会展等新兴业态不断涌现，体育产业链和生态圈不断丰富完善，体育小镇、体育综合体、体育公园等平台建设加速推进。

4. 产业载体基础稳固

体育场地、设施建设进步明显，85%的乡镇（街道）和93%的村居建设了体育健身场地设施，人均体育场地面积达到2.92平方米，已形成"15分钟健身圈"。烟台市级体育社会组织40余个，健身活动站点达到3681个，各级社会体育指导员总数已达13075人，占人口总数的2‰，覆盖面持续扩大。体育赛事活动丰富，每年举办各类体育赛事活动100多场次，参与人数达20多万人次，逐渐形成了蹼泳、攀岩、沙滩足球、高尔夫、马拉松等品牌赛事活动。制定实施《烟台市体育产业基地管理暂行办法》，评选出首批市级体育产业基地。重点产业载体层级不断提高，海阳市被评定为山东省体育产业示范基地，蓬莱和圣马业被评定为山东省马术训练基地。

5. 地域品牌逐渐彰显

中心城区是烟台市体育产业的核心区域，承担了大量体育赛事活动的举办工作，形成了相对完善的体育健身休闲、体育竞赛表演、体育用品制造销售及体育彩票市场。烟台北部的龙口、招远、莱州和蓬莱等区县滨海体育产业优势突出。龙口市南山运动休闲小镇成为国家第一批试点建设的运动休闲特色小镇。莱州体育产业多点开花，武术产业、海洋牧场、海上垂钓、足球培训竞相发展。招远围绕海钓、滨海健身、海上休闲成为海上垂钓基地。蓬莱市打造以和圣马业为代表的马术运动产业和以体育旅游为代表的滨海运动产业。中部地区栖霞市依托长春湖体育产业园，打造水上运动休闲的重要载体和胶东唯一以康体运动为主的省级湖泊度假区。南部的海阳、莱阳两市充分发挥滨海区位优势，着力打造滨海沙滩运动和休闲产业带。海阳沙滩运动、海上运动、冰雪产业特色突出，沙滩体育产业链条初具雏形，沙滩体育艺术节等亮点频现。莱阳市在滨海运动开展的基础上，逐步发展了出口导向的体育用品制造业。

6. 赛事经济发展壮大

每年举办50多项省级以上高端体育赛事，覆盖攀岩、帆船、游泳、马术、高尔夫、球类以及沙滩运动等各类项目，吸引30多个国家或地区的运动员参赛。县市区体育赛事如火如荼，实现了周周有活动、月月有赛事，参与人群达到百万人，有效带动了餐饮、地产、旅游、交通、商业、会展等相关产业发展，提升了赛事的综合效益。同时，加大对国际马拉松、烟台国际武术节、"云峰对决"国际自由搏击赛、"和谐杯"国际体育舞蹈公开赛等自主品牌赛事和全民健身运动会、中小学体育联赛等综合性体育赛事的培育力度，提升整体运作水平，重塑"武术之乡""篮球之乡""田径之乡"等美誉。

（二）存在问题

一是体育产业体系不完善，结构不合理，发展不平衡，产业规模仍需进一步扩大。二是体育经营人才、复合型人才缺乏，亟待培育品牌型企业和领军型体育企业家队伍。三是赛事经济市场化运作不够，缺乏专业赛事评估。

（三）优势与特色

一是产业发展环境持续优化。截至 2020 年 11 月，烟台市有市级体育产业协会理事单位 23 家，体育产业行业协会会员单位 88 家；省级体育产业行业协会副会长单位、常务理事单位、理事单位、会员单位分别为 1 家、5 家、3 家、7 家。为提供更加便捷、高效、个性化的体育服务，积极推动体育场馆设施向群众开放，全市 11 个公共体育场馆均已落实免费或低收费开放政策。近 3 年共投入场馆对外开放补助资金 1404 万元，年均惠及 100 万人次；全民健身设施覆盖率达到 95%；人均体育场地面积 2.92 平方米，市区基本形成 15 分钟健身圈。每年参加全民健身赛事活动的人数 300 多万人；共发展 49 个市级社会体育组织，建立 7827 个全民健身活动站点，培养社会体育指导员 2.4 万人。

二是体育信息化服务水平逐步提高。为解决运动人群关心的"到哪儿练、跟谁练、遇到问题怎么办"等问题，提升烟台体育的信息化服务水平，2020 年 3 月，向烟台市大数据局申报了"烟台体育信息化服务平台"项目，经过两轮专家评审，被烟台市大数据局纳入数字烟台的民生项目。该平台由手机端和 PC 端组成，可提供周边 15 分钟健身圈、体育场馆、健身器材、健身指导及热点赛事、体育新闻、协会组织、老年人体育活动以及"体育+"等体育数据信息，运动人群足不出户就能通过手机端查询到烟台体育的权威信息。

三是竞赛表演业迅猛发展。近年来，烟台举办了多项全国性大赛。如亚洲蹼泳锦标赛、世界杯蹼泳总决赛、世界蹼泳锦标赛、全国蹼泳锦标赛等一系列重大国际国内赛事，受到了世界潜水联合会、亚洲潜水联盟、国家体育总局和社会各界高度评价，为烟台积累了丰富的办赛经验和完备的办赛条件。2019年全国蹼泳、自由潜水、水下曲棍球锦标赛，2019年全国跳水锦标赛暨东京奥运会跳水选拔赛也在烟台市游泳跳水馆举行，吸引了国内以及烟台市各主流媒体的争相报道。此外，还举办了国际排联世界沙滩排球锦标赛巡回赛、全国马术盛装舞步锦标赛和青少年场地障碍赛、全国钓鱼精英邀请赛、全国帆船冠军赛、全国七人制橄榄球比赛、山东七人制橄榄球冠军赛，相关赛事实现了央视播报，也为烟台品牌性体育竞赛表演增添了许多看点。龙口国际马拉松成为中国田协官方认证的"银牌赛事"并荣膺"最美赛道"称号，是烟台地区级别最高、影响最大的马拉松赛事。海阳马拉松是田协官方认证的"铜牌赛事"，是地域特色的跑马比赛；长岛马拉松、蓬莱马拉松已连续举办5年，在跑马界独树一帜。烟台国际武术节、"CUA中联艺术第十届青少年国际舞蹈锦标赛"、"中国烟台第十三届'和谐杯'国际体育舞蹈公开赛"、"烟台市第十九届体育舞蹈锦标赛"、"烟台市第九届全民健身运动会体育舞蹈竞赛"，以及连续打造多年的"云峰对决"国际自由搏击品牌赛事均场场爆满，在做强品牌赛事的同时，拉动了地方经济。莱州中华武校表演团以弘扬传统武术文化、增强文化自信为宗旨，将传统武术元素与表演艺术相结合，先后参加了2008北京奥运会、2010广州亚运会、2009香港东亚运动会开幕式表演，连续6年参加央视春晚演出，每年应邀参加国内外重大活动50多场次，备受好评和关注。

四是"体育+"成为新时尚。建有1个国家级运动休闲小镇、1个国家级体育旅游示范基地、1个国家五星级自驾车运动营地、9个省级体育产业基地，依托滨海资源，稳步推进运动休闲小镇、运动康养、体旅融合，涌现出一批具有行业影响力的体育企业，连理岛龙栖小镇、渔号康养小镇、招远黄金海自驾车营地、招远南海林苑大户庄园、海阳林山滑雪场、明波海洋牧场休闲旅游、清泉海上运动休闲基地、乐天游艇等发展迅速，带动了相关产业发展。

（四）下一步工作思路

1. 深化体育领域改革创新，增强体育发展动力与活力

加快政府体育职能转变，进一步强化各级政府体育职能，切实提高履职尽责能力，推进体育领域"放管服"改革和"最多跑一次"改革，加强"高危体育运动项目"管理，持续推进审批事项下放、放宽市场准入和事中事后监管工作，研究符合烟台实际的体育发展综合评价指标和标准，推动体育产业、竞技体育和群众体育工作纳入政府部门考核和文明城市评价体系中。完善政府购买体育相关服务机制，加强资金、监管和评估等环节的政策配套，动态调整购买服务目录内容，逐步将可由社会承担的服务事项交由社会组织和市场主体承担，以此提高体育服务供给与保障水平。

2. 落实全民健身国家战略，优化提升全民健身服务体系

持续推进体育公共服务体系建设，依托全民健身工作联席会议制度，建立适应国家《健康中国行动（2019～2030年）》需要的体医融合发展体制机制。制定《烟台市全民健身实施计划（2021～2025年）》，提升全民健身公共服务质量，提高全民健身公共服务体系发展水平，强化全民健身计划实施与评估工作。统筹建设全民健身场地设施，严格落实新建居住区的全民健身设施配建要求，实现与住宅主体工程同步设计、施工、验收使用。推动公共自然资源向体育赛事活动开放，实施"体育进公园"计划，在公园、景区、绿地、空置广场融入体育元素和功能，配套建设"骑行绿道""健身路径"等体育设施。

3. 创新体育社会组织管理，提升体育社会组织活力

研究制定体育社会组织改革相关政策，有序培育和扶持各类体育社群组织、民办非企单位等社会组织。进一步改革体育社会组织管理机制，贯彻行业协会与行政机关脱钩相关要求，稳步推进相关体制机制改革事项，统筹解

决改革中的难点和重点问题，全面总结改革经验。加强四级体育总会组织体系建设，发展基层体育社会组织，发挥各级体育社会组织在体育事业发展中的功能作用。推进政府向社会组织购买服务，打造各级体育品牌赛事活动。加强体育社会组织规范化管理，大力发展各级体育俱乐部，加强体育社团建设，促进各级体育社团发挥应有作用。

4. 提高场馆设施运营水平

创新体育场馆运营管理机制，依托现代企业制度激发经营活力，稳步推进体育场馆所有权与经营权的分离。加大政府购买服务向体育场馆领域的倾斜力度，建立健全场馆对外开放评估标准体系，支持符合条件的全民健身中心通过品牌、管理、资金输出的方式，扩大全市体育场馆专业化、品牌化运营覆盖面，进一步完善场馆复合业态经营体系，拓展增值服务和配套服务领域，总结体育服务综合体经营经验。

5. 实施体育产业动能转换，推动体育产业高质量发展

以重点体育产业基地为载体，以优势特色体育项目为主导，引聚优质体育产业资源，加快形成集约型产业形态。规范培育体育健身市场，提高公众健身康养习惯，科学引导民众健身方法。培育形成一批特色鲜明、实力雄厚的体育培训服务企业，鼓励健身培训企业扩大连锁经营范围，创新体育培训模式和渠道，根据市场需求开发个性化和定制化培训业务。提高体育竞赛表演业市场化运作水平，借鉴吸收国际成功赛事运作经验，提高赛事品牌知名度。推动体育用品制造业转型升级，发挥对外开放的市场优势，主动对接国内外体育产品服务市场，着力提高体育器材、运动服务、高端装备企业的市场竞争力。

四　2018~2020年潍坊市体育产业发展情况

（一）发展现状

1. 产业规模增长迅速，高端平台涌现

潍坊市体育产业发展呈现出持续快速增长的良好态势，各类社会资本持

续涌进体育市场，大量体育企业、俱乐部、专业组织等如雨后春笋般涌现，体育消费快速增长。截至2017年底，全市体育产业总产出115.64亿元，呈现出持续快速增长的良好态势。2018年，全市体育产业总产出161.45亿元，增加值60.74亿元，占全市GDP比重为1.11%。2018年，全力打造省级以上体育产业基地，寒亭区杨家埠经济开发区被评定为"山东省体育产业示范基地"。潍坊市体育运动学校被评定为"中国排球协会排球训练基地""中国风筝板国家队训练基地"，以点带面的示范效应进一步增强。

2. 竞赛表演市场繁荣，产业融合深化

潍坊市着力打造以潍坊国际风筝会、"鲁能·潍坊杯"国际青年足球邀请赛、潍坊国际青年女子足球锦标赛、潍坊滨海国际风筝冲浪锦标赛、中国龙舟公开赛（山东潍坊站）及潍坊（峡山）国际乡野马拉松赛等为品牌的大型国内外赛事，擦亮了潍坊品牌。紧紧结合当地特色，举办各类具有影响力的大型赛事，如高密、寿光、诸城、昌邑、临朐、滨海、保税等半程马拉松赛，进一步提升了城市影响。潍坊市安丘国际运动休闲小镇、潍坊市临朐九山镇负氧体育健康小镇举办了许多具有社会影响力的体育知名赛事，带动了当地体育产业的不断发展。"体育+旅游"实现新发展，全市100多家2A级以上景区已有沂山、青云山、云门山等40个开展了体育项目，在户外运动拓展、登山、攀岩、攀冰等方面实现了与旅游的有效结合，产生了可观的经济收益。青州驼山滑雪场、云门山四季滑雪场、安丘（齐鲁酒地）高智尔球国际训练基地、万声集团投资建设的"万声健康工场"、杨家埠风筝产业园区等10余家场所影响力越来越大。

3. 体育用品产销两旺，健身市场火爆

全市生产销售体育企业达400余家。其中，山东中柏韩美科技股份有限公司生产高端户外运动服装、高山滑雪服装、赛车服装等产品，年总产值达2亿元。潍坊康瑞体育产业股份有限公司产品在全国占有率达50%以上，产值过亿元，处于全国同行业领先水平。寒亭区杨家埠风筝产业园区已成为全国风筝生产的龙头基地，全市风筝企业已达300多家，从业人员3万余人，涌现了一批销售收入300万元以上的风筝企业，产品种类上千余种，风筝及延伸产品销售额达 20 亿元，产品远销欧美等国家。以寿光市汇林健身服务有限公司为代表的较大规模和较高档次的健身场所已步入品牌化、连锁化。2018 年，寿光市汇林健身服务有限公司荣获山东省级体育产业发展资金扶持。全市拥有各类体育健身组织达 600 家以上，极大地满足了市民的健身需求。

4. 组织领导机制完善，政策效力突出

潍坊市专门成立体育产业发展领导小组，领导小组办公室设在了体育市场管理科，实现了对体育产业工作的指导、组织、协调。2016 年颁布《潍坊关于加快发展体育产业促进体育消费的实施方案》，提出将体育产业作为转方式、调结构的重要抓手，坚持政府引导和市场推动相结合，多措并举培育市场主体，鼓励社会资源进入体育产业，不断延展产业链，体育消费市场迅速扩大。2018 年出台的《潍坊关于加快发展体育产业促进体育消费的实施方案》要求，坚持政府引导和市场推动相结合，加快培育多元化市场主体，大力延伸体育产业链，积极吸纳社会资本进入体育领域。2018 年与市财政局联合下发《潍坊市市级体育产业发展资金暂行办法》，从体彩公益金中每年拿出 100 万元，用于奖励全市发展好的部分体育类企业，调动了社会力量办体育的积极性。

5. 产业综合环境良好，统计宣传到位

积极通过电视、广播、报刊、网站、微信等各类媒体宣传体育产业发展政策、体育运动开展情况，让更多的人了解体育、关注体育、关心体育，积极参加体育运动，养成良好健身习惯，为体育产业发展营造浓厚的市场氛围。不断提高产业科学发展水平，依托专题调研、统计调查等渠道，紧抓2018 年山东省体育产业调查摸底的契机，对全市体育产业进行了详细的统计调查，基本摸清了家底。

（二）存在问题

一是机构不健全，县（市区）主管部门尤其是体育市场管理机构人员缺编严重，专项经费不足，难以全面引导和服务体育产业发展。二是产业整体竞争力弱。全市体育产业虽已初具规模，但产业质量效益与全市经济发展水平不相称，体育企业实力偏弱，自我生存与发展能力不强。主要表现在以体育服务业（俱乐部）为主，经营企业为辅，企业规模较小，产业结构不合理。三是区域不平衡。部分县市区对体育产业发展重视程度不足，尚未纳入地方经济社会发展规划中，导致体育产业缺少足够的资金扶持，社会力量进入体育产业的积极性较低，限制了体育产业发展的动力。四是产业治理能力弱。体育产业发展工作所依赖的经营管理人才、专业技术人才较为匮乏，企业经营管理者缺少创新发展的主动意识，导致创新发展进程偏慢。总体来看，潍坊市体育产业仍处于较为粗放的阶段，亟待转变发展意识、提高创新发展能力。

（三）对策建议

第一，充分利用重大产业载体项目的示范作用，支持具备条件的企业、项目创建国家级、省级体育产业示范基地、示范项目，带动潍坊市体育产业发展。第二，激活体育市场活力。加大资金、人才、土地、财税等政策扶持力度，吸引和鼓励社会资本参与体育产业项目开发、体育赛事举办等。第三，夯实人才队伍基础，充分利用省、市两级产业技能培训和公共技术服务平台，创新人才引进政策，扩大体育人才队伍。

五　2018~2020年威海市体育产业发展情况

近年来，威海加快发展体育产业，促进体育消费。根据山东省数据公告，2018年，威海市体育产业总产值198.34亿元，位列全省第4位，增加值73.11亿元，增加值占GDP的比重为2.52%，位列全省第1位，同比提升2个位次，体育产业已成为城市经济发展新动能。

（一）发展现状

1. 体育用品制造产业集群初具雏形

为实施新旧动能转换，市政府确定将打造7个千亿产业集群，其中包括时尚运动休闲产品、钓具游艇产品共 2 个体育产品千亿产业集群。为打造 2 个千亿产业集群，市体育局积极联合或配合经信局、海洋与渔业局、科技局、中小企业局、服务业发展局、贸促会等部门，从资金、人才、技术等各方面给予企业支持，鼓励企业创新技术、引进人才、运用科技、打造品牌。目前，全市已涌现出鲁滨逊、沃克森琦、诚途等时尚运动服装品牌，渔具制造、船艇制造、滑雪用品、登山产品等规模以上体育企业达到 62 家，年产值高达 165 亿元。渔具产业年产值达 100 亿元，占全球市场份额的 40%。近 10 家企业主导或参与制定行业标准，帆船、游艇、钓鱼船、滑水板等船艇制造企业占有全球中低端市场约 20% 的份额，滑雪用品年产值近 20 亿元。2020 年，威海市进一步升级体育产业行动，提出将着力打造"国际休闲运动之都"。

2. 滨海休闲垂钓引领体育消费升级

围绕发展钓鱼产业、增强消费黏性、促进体育消费做足文章。一是发展钓鱼人口，培育消费人群。2018 年从市级体彩公益金拿出部分资金扶持钓鱼协会和俱乐部发展，并通过在电视台开办钓鱼节目，扶持宝飞龙开办钓鱼学校、鱼游四海开办亲子钓鱼和路亚钓鱼培训等措施，吸引广大市民了解钓鱼、参与钓鱼、爱上钓鱼。二是举办钓鱼赛事，拓展消费市场。从 2016 年开始，经市体育局积极倡导，市体育局、市旅游局、市残联、市海洋与渔业局、市贸促会、团市委等部门形成联席会议制度，将各自发挥优势，通力合作，为举办各类钓鱼赛事提供便利，联袂争创国家级钓鱼运动基地。在联席会议的推动下，"光威钓王杯"全国钓鱼巡回赛、山东"渔夫垂钓"比赛、"鱼游四海"国际路亚邀请赛、"宝飞龙"全国钓鱼锦标赛、"威海钓鱼嘉年华"等钓鱼赛事影响力得以迅速提升。从 2017 年开始，威海钓鱼赛事进入爆发期，全市举办了 100 余项次各级各类钓鱼赛事。充分利用威海市优良的海洋和渔业资源，发挥渔具生产销售优势，争创国家级钓鱼运动基地，打造休闲钓鱼赛事品牌，是探索经济增长的新业态、新模式，也是威海市引领体育产业发展的新突破口。三是倡导绿色生态，建立长效发展机制。一方面呼吁、建议、引导近海小马力渔船上岸转型，并与海洋部门达成一致意见，通过经费补贴引导传统船主摒弃传统的拖网、地笼等破坏性生产方式，购买帆船、游艇、玻璃钢游钓船从事近海垂钓、游钓、沉船钓等新兴绿色产业。另一方面积极引导各大旅行社有针对性地开辟旅游线路，涵盖工业旅游、旅游消费、钓鱼体验、养殖体验、品尝海鲜等钓鱼产业全链条，带动广大游客参与到钓鱼活动和钓鱼消费中来。按照旅游统计口径，2018年威海休闲钓鱼游客超过350万人次，休闲钓鱼及相关配套产业实现产值超过130亿元。

3.品牌赛事推动多业态融合发展

一是"体育＋休闲"扩大赛事效应。从2008年开始至2020年，威海已连续举办了13年铁人三项赛事。威海是亚洲首个成功举办长距离铁人三项世界锦标赛的城市，曾连续多年创造国内单场铁人三项赛参赛人数纪录、连续多年以总分第一的成绩被评为全国最佳赛区。威海铁人三项赛道被中铁协指定为专用赛道，被国际铁人三项联盟誉为"世界上风景最美和最具挑战性的赛道"。威海铁人三项赛已被山东省确定为重点扶持的地方特色赛事，并先后被评为"中国体育旅游精品赛事""中国体育旅游十佳赛事""国家体育产业示范项目"。威海铁人三项协会连续6年蝉联全国业余积分赛团体冠军，铁人三项国家队、山东省队也从2018年开始入驻威海长期开展训练备战。为推动威海铁人三项赛产业化，威海从2017年成功推出了具有自主知识产权的威海超级铁人三项系列赛。经上海体育学院赛事评估中心评估，2017年威海铁人三项赛的市场价值已高达2.35亿元；中国女子职业高尔夫球巡回赛暨韩亚航空女子高尔夫公开赛连续打造7年，已成长为国内女子高尔夫金字招牌；横渡刘公岛全国邀请赛已经连续举办15届，已经成为全国闻名的、具有地方传统特色的群众体育赛事；中韩帆船拉力赛已经连续打造多年，每年都能吸引来自全国各地人员全程参与帆船体验，带火了帆船休闲旅游市场。自实施"一区（市）一品牌"战略以来，荣成、乳山、环翠、文登、南海、临港也都培育了特色赛事品牌，起到了引领作用。二是"体育＋康养"注重产业融合。结合威海温泉资源丰富优势，配套出台了《关于温泉保护和开发利用的意见》，融合太极、康养、旅游等元素成功推出了中国威海国际太极温泉康养大会。三是"体育＋旅游"探索产业发展新模式。

从 2019 年开始打造威海千里海岸全国徒步大会，线路将串联威海最优美的自然风光、风景名胜、历史遗迹、非遗文化、红色教育、渔家风情，面向全国推介。从 2021 年开始，将围绕"101 旅游公路"全面发展体育旅游产业。

4. 强化主动发展意识迸发前进动力

市委、市政府高度重视体育产业工作，2015 年底出台的《威海市人民政府关于加快发展体育产业促进体育消费的实施意见》，提出了至 2025 年的发展目标，并将具体任务分解落实到了 34 个市直部门。同年，市政府在财政预算内设立了体育产业发展引导资金，配套出台《威海市体育产业发展引导资金管理暂行办法》，并先后将体育产业工作写入"十三五"规划并纳入市政府重要议事日程，将体育产业经费列入财政预算，蓝色经济区建设、新旧动能转换、中韩自贸区建设、健康产业、服务贸易等有关规划都包含了体育产业内容。为让更多群众和企业了解政策、会用政策、用好政策，市体育局先后聘请世界休闲体育协会轮值主席李相如、上海体育学院教授赛事研究中心主任陈锡尧、山东省体育产业发展服务中心原主任刘益民、山东体育学院研究教育学院副院长刘远祥、山东师范大学旅游学院院长孙凤芝等国内知名专家学者来威授课，举办体育产业研讨培训班、开展体育企业"走访送政策"活动，并通过媒体广泛传播、深入挖掘活动社会价值，营造出了浓厚的体育产业社会氛围。《中国体育报》《体育晨报》等上级媒体每年都会报道威海体育产业发展经验。

5. 聚焦发展短板夯实人才基础支撑

一是充分利用山东大学威海校区体育部、哈尔滨工业大学体育部人才资源，与山东大学共建威海市体育产业发展研究中心，长期开展体育产业工作政策，提供理论支撑；与哈尔滨工业大学合作开展课题研究，深入研究威海市体育产业发展规划。二是经威海市人才领导小组同意，聘任首都体育学院休闲与社会体育学院首任院长、世界休闲体育协会轮值主席李相如同志，山东省体育产业发展服务中心原主任、山东体育学院教授刘益民同志为威海市体育产业顾问。三是积极开展调查研究，持续推出《运用体育＋打造温泉养生新模式》《威海市体育产业园区选址调研报告》《威海市体育局关于在城区建设国际游艇码头的调研报告》《关于后疫情时代发展体育休闲产业打造国际休闲运动之都的对策建议》《关于大力举办国际赛事打造国际化城市的思考》等系列科研成果。四是通过每年举办培训班、研讨班，组织参加中国体育旅游博览会、中国体育用品博览会、斯迈夫体育大会等各类展会，提高和拓展了体育产业从业人员的理论水平和发展视野。

（二）存在问题

虽然威海在体育产业方面取得了一些成绩，但也存在一些短板和制约因素。一是威海体育产业起步较晚，还未规划设立体育产业园区，没有形成特色体育小镇。二是基础设施建设相对薄弱，作为沿海开放城市，至今还没有建成大型公共帆船游艇码头，制约了休闲体育产业发展。三是缺乏体育产业专业人才和团队，发展理念不新、创新意识不强。四是全市体育产业发展缺乏精准定位，体育产业占全市 GDP 的比重还不够大，集聚效应、品牌效应不够突出，对新旧动能转换和现代服务业发展的拉动作用还不明显。

（三）优势与特色

1. 机制体制健全

一是为发展体育产业，2015 年就设立了威海市体育产业发展中心，专门负责发展体育产业工作。2019 年，在机构编制全面紧缩的形势下，威海再次提升重视程度，增加干部职数和公务员编制，在市体育局设立体育经济科，主管全市体育产业工作。二是出台了具体实施意见，在预算内设立市级体育产业发展引导资金，累计投入 1800 万元预算内资金扶持了 56 个优势体育产业项目，拉动了体育产业快速增长。三是充分结合新旧动能转换、蓝色经济区建设、精致城市、7 个千亿产业集群等重点工作，将体育产业工作列入政府工作报告、督查项目、考核体系，各项工作任务得以落地生根。四是与市广播电视台共办《体育在线》电视栏目、体育快讯广播节目，普及政策、提高认识，迅速在全市营造了浓厚的舆论氛围。

2. 海洋体育产业特色突出

发挥威海世界渔具之都优势，结合蓝色经济区建设，向海洋要地盘、要产值，突出发展海洋体育产业。设立 1000 万元专项资金扶持渔具老品牌企业转型升级，光威集团从碳纤维、浪宝集团从鱼线轮、宝飞龙从打造全产业链方面发力，参与制定国家标准，增强核心竞争力；设立 500 万元体育产业发展引导资金，鼓励新企业创建品牌、拉伸产业链，鱼游四海可视钓鱼技术已投入市场，汉鼎渔具电商快速扩张。全市 1200 家渔具生产及配套企业，年产值超过 100 亿元，占全球 40% 市场份额。同时，威海还积极打造海上运动基地，重点发展帆船、海钓、摩托艇、桨板、沙滩项目等海洋主题运动，不断丰富海洋体育产业内涵，增强消费黏性。从 2019 年开始决定继续加快发展 HOBIE 帆船产业，并于 2020 年取得了第一个国字头自主知识产权赛事批复——中国威海 HOBIE 帆船公开赛。2018 年，威海核心蓝区（含环翠、高区、经区、临港区）被评选为国家级体育产业示范基地。

3. 品牌赛事影响力持续攀升

威海铁人三项赛荣获国家体育产业示范项目；威海铁人三项赛、荣成滨海国际马拉松 2 项赛事荣获 2020 中国体育旅游精品项目；荣成滨海国际马拉松荣获中国田径协会银牌赛事、最美赛道特色赛事；乳山女子半程马拉松荣获中国田径协会自然生态特色赛事；威海铁人三项赛荣获山东省十大精品体育赛事；荣成滨海国际马拉松荣获山东省十大马拉松赛事；东亚（中韩日）丝绸之路国际帆船拉力赛、威海千里海岸线全国徒步大会、中国威海 HOBIE 帆船亚锦赛中国·环翠山地自行车公开赛荣获山东省特色体育赛事。

4. 持续打造国际休闲运动之都

威海市委、市政府高度重视发展体育产业，对体育产业工作的支持力度一再提升。2020 年，成立了威海市体育产业发展专班，提报了《关于后疫情时代发展体育休闲产业打造国际休闲运动之都的对策建议》决策参阅件。按照"规划一个园区（体育制造高端产业园区）、发展一个产业（体育休闲用品产业）、打响一个品牌（国际运动休闲之都）"的思路，重点做好规划建设特色体育运动小镇，做精做活各项赛事、活动，升级休闲运动产品制造，促进运动休闲旅游消费，打造高端康养训练"1+7+1"载体，加强体育教育培训，吸引总部管理机构驻威七个方面工作。

（四）下一步工作思路

立足胶东半岛、着眼东北亚地区、辐射全球市场，不断深化供给侧改革、体制创新、产业融合，推动体育产业园区、体育小镇建设。做精做活赛事活动品牌，建立多层次、多样化赛事体系，打造一批国际性、区域性品牌赛事，努力打造具有自主知识产权的海洋赛事 IP。重视体育赛事评估，探索完善赛事市场开发和运作模式，增强赛事可持续发展能力，引导形成规范有序、繁荣发展的体育市场，努力将威海打造成国际休闲运动之都，体育产业总规模超过 350 亿元，增加值占全市 GDP 的比重进一步提高，加快成为国民经济支柱性产业，为全省体育产业实现 2025 年 6000 亿元产值的发展目标做出积极贡献。

六　2018~2020年日照市体育产业发展情况

（一）发展现状

近年来，在上级体育部门的精心指导和支持下，日照市委、市政府将体育发展纳入精致城市建设大局中谋划，大力发展体育产业，用体育点燃城市活力引擎。2018 年，全市实现体育产业总产值 49.66 亿元，产业增加值 19.89 亿元，增加值占全市 GDP 比重为 1.11%，增加值占 GDP 比重位列全省第 7 位，比 2017 年上升 2 个位次。

1. 做强赛事经济，升级精品赛事产品序列

先后成功举办了中国体操节、中国围棋大会、中国（日照）国民休闲水上运动会、日照马拉松、大青山国际太极拳大赛、中网巡回赛等重大品牌赛事，并在赛事的策划、布局和项目设置上进行了创新和发展，把每项赛事都办成展示城市形象、赢得群众口碑、留下深远影响的品牌赛事。在赛事理

念上，注重实现与健康城市的结合。在做好竞技体育的前提下，发展群众体育赛事，降低赛事竞技能力门槛，实现真正意义上的覆盖全人群的全民运动会和体育嘉年华。在赛事时序上，注重实现与旅游富市工程的结合。赛事跨度时间从4月持续到12月，拉动旅游、展销、住宿、餐饮、体育用品销售、交通等产业链发展。在赛事组织上，实现与产业的结合。以政府购买服务的方式，将赛事交由专业赛事公司运营，策划开发系列热身赛、高峰论坛等配套活动。在赛事文化上，注重与城市宣传的结合。坚持将赛事与城市宣传捆绑营销，提升了日照美誉度。

2. 强化政策引导，全力打造产业示范标杆

先后出台了《日照市鼓励社会力量举（承）办重要体育赛事市级补助资金管理办法》《关于加快体育产业高质量发展的实施意见》《关于促进体育消费和体育夜间经济发展的十项措施》等政策文件，支持社会力量承办体育赛事、建设运营体育场馆设施，并给予资金、税费和土地等政策扶持，支持和促进体育消费和夜间体育经济发展，为全市体育产业发展创造了良好的政策环境。做好国家、省、市三级体育产业示范基地和单位创建工作，目前全市共拥有国家级体育产业示范基地1家，省级体育产业示范基地1家、示范单位3家，市级体育产业示范基地3家、示范单位8家，显著激发了体育市场主体的发展积极性，发挥了较好的模范带动作用。

3. 做好"体育+"文章，实现多业态融合发展

体育+旅游：坚持"体育用赛事串、旅游用项目串、部门用优势串、属地用特色串"的理念，依托"海滨山岳行"等特色线路资源，推动日照海滨和山岳资源的整体开发、体育休闲旅游景区联合打造，致力开发"赛前适应+赛中竞技+赛后旅游"的多日体育旅游产品，形成"一日比赛，多日停留；一人参赛，多人旅游；单人竞赛，多人消费"的体育旅游模式。近两年，日照连续入选中国体育旅游十佳目的地，"海滨山岳行"、山海天阳光海岸等被评为"中国体育旅游精品线路"，日照奥林匹克水上运动公园入选中国体育旅游精品景区，大青山国际太极拳大赛、24小时挑战赛被评

为中国体育旅游精品赛事。"绿水青山·活力五莲"线路被评为省级体育旅游精品线路。

体育+康养：积极发展以太极拳、登山、养生、休闲等为主的健康产业。大青山吸引大批国内外太极拳爱好者，成为日照体育康养名片；探索体医结合模式，坚持"治未病"的理念，建设了日照市中加国际健康管理中心，"体医结合"日照模式在全省发文推广。

体育+培训：得益于得天独厚的自然气候条件，日照先后成功创建国家级全民健身基地、国家水上运动训练基地、国家网球培训基地、国家游泳跳水基地、国家沙滩排球训练基地，成为全国水上运动训练的大本营。在2020年疫情防控常态化的情况下，吸引国家赛艇队、皮划艇队、女子水球队、女子橄榄球队等到日照集训。

体育+金融：发行体育联名卡，创新体育培训、竞赛表演消费支付产品，实现运动消费、理财融资、增值权益等多种集成功能，构建形成体育金融生态链。

体育+传媒：日照市政府联合山东广播电视台，按照"省级媒体+地方政府+产业资本"模式，合资成立山东体育频道发展有限公司，成为体育传媒领域的一大创新。

4. 优化顶层设计，针对短板问题精准施策

发挥体育产业规划的示范引领作用，委托第三方编制《日照体育产业发展规划（2021~2035年)》，涵盖了日照体育产业发展"十四五"规划（2021~2025年）和中长期发展规划（2026~2035年）。策划全市体育产业"一核、两心、两廊、三带、六区、多点"的发展格局，打造连山通海的全域体育空间，构建"体育项目+赛事节庆"的特色产品体系，强化"四季歌"系列赛事，创新"山海经 英雄会"品牌赛事。参与制定了全市医养健康产业发展规划体育部分编制工作，新旧动能转换"十大专项"中的体育产业部分工作方案、向海经济规划体育部分、"一带一路"建设体育部分工作要点、胶东经济圈一体化体育部分工作要点等相关规划编制工作，系统实施了日照体育产业的顶层设计。针对2018年以前被授予的国家、省级体

育产业示范基地进行了调研，对存在的问题提出了整改建议，特别是建议开发区出台专项规划和措施进一步完善国家级体育产业示范基地建设，完成相关经济指标。

（二）存在问题

一是体育产业总体水平不高。日照体育产业增加值呈逐年上升趋势，但体育产业总量不大，体育产业增加值在全市 GDP 中的比重较小，省内横向比较增速较慢。体育产业链业态不够丰富，体育产业链黏性弱、带动性不强。体育旅游、中介服务、竞赛表演、运动康养等产业亟待迈上新台阶，体育教育与培训、体育传媒、体育金融等业态刚刚起步，体育用品制造与体育服务业比例结构亟待优化。

二是体育产品供给存在短板。现有体育相关重点项目空间分布不平衡，体育产业优势项目主要分布于沿海一带，内陆区域项目少，项目规格及品质与沿海地区存在差距。体育产业链短，体育产品供给的丰富性、体验性、专业性有待提升。

三是体育产业保障机制有待健全。支撑体育产业发展的配套基础设施和公共服务体系较薄弱，高品质配套设施不足，体育文化设施还不健全，体育旅游要素及接待水平有待提升。体育专业人才匮乏，市场主体不强，体育产业支持政策需进一步完善，体育文化氛围还不浓厚，市民体育消费意识有待增强。

（三）优势与特色

一是构建全年品牌赛事格局。近三年，举办了 200 余项省级以上重大体育赛事，打造了"春打太极拳、夏开水运会、秋跑马拉松、冬办体操节、四季打网球、全年下围棋"品牌赛事格局。2020 年 6 月 6 日举办了中国陆上赛艇极限挑战赛，打响了全国体育竞赛复工复产的第一枪。目前，在日照举办的休闲水上运动会、马拉松、网球巡回赛、网球团体锦标赛等重大体育赛事活动，吸引了近万余名运动员到日照训练、参赛，吸引了人气、聚集了商气。

二是体育场馆设施日臻完善。以筹办山东省第25届运动会和创建全国全民运动健身模范市为契机，新建改建部分区县"一场两馆"、奎山体育中心、香河体育公园等20余处体育场馆，为日照发展全民健身、赛事经济和基础设施运营提供了充分保障。2020年山东省重点项目日照国际足球中心，计划建设一座可容纳12100人的主场馆、10块足球训练场，建成后是全国第6个专业足球场，可承接国际级高水平赛事。

三是国家级试点取得突破。奥林匹克水上运动小镇先后入选全国运动休闲特色小镇试点单位、中国体育旅游精品景区。2020年4月，日照成功入选全国社会足球场地设施重点推进城市，争引中央预算内资金3000万元。2020年6月，国家发改委发文推广小镇在"突出企业主体地位"方面的典型经验，该小镇入选体育总局户外运动休闲空间型体育综合体典型案例。2020年8月，入选国家体育消费试点城市，推进全市体育消费机制创新、政策创新、模式创新、产品创新，促进体育消费规模增长、消费结构升级。

（四）下一步工作思路

第一，强化政策扶持，鼓励交流合作共同发展。落实社会力量办赛资金补助等资金扶持政策，进一步激发社会力量参与积极性，加大体育企业参与国内外知名体育展会的扶持力度，加强宣传推介，争取更多的发展机遇。

第二，大力发展竞赛表演，做好体育旅游融合发展文章。夯实竞赛表演、运动休闲等体育产业发展基础，利用国家训练基地和山东女排、山东围棋等优质平台资源，充分发挥网球公园、香河体育公园等场馆优势，丰富赛事活动，做大做强网球、足球、排球、拳击等商业赛事。同时，积极拓展体育休闲旅游线路，在线路上打造和布局更多体育精品赛事，提升线路赛事影响力。优化升级日照"海滨山岳行"、山海天阳光海岸滨海绿道骑行健步线路、"绿水青山·活力五莲"等体育旅游精品线路，将日照打造成为知名的体育旅游目的地。

第三，打造重点项目，培育产业品牌。围绕第25届省运会承办和国家体育消费试点城市建设，加快奎山体育中心、国际足球中心等场馆建设力度，对接服务英吉多、安智健等体育智能制造项目，助力体育制造业转型升级，打造日照网球中心、驻龙山自行车主题公园等一批体育综合体。同时，注重赛事创新，高水平开展系列节赛会，强化自主品牌赛事培育，创新"山海经英雄会"品牌赛事，打造具有自主知识产权的品牌赛事活动、精品赛事、特色赛事活动。

第四，高质量推进日照体育产业统计调查工作。建立常态化体育产业监测制度，完善日照市体育产业数据库。科学统计和核算体育产业数据，分析体育产业发展存在的问题、结构及趋势，提出相关对策与建议，为制定体育产业发展相关政策提供科学依据和数据支撑。

B.18
2018~2020年鲁南经济圈体育
产业一体化发展报告

朱青莹　刘伟　蒋仁宏　唐煜昕 等*

摘　要：　鲁南经济圈包括临沂、济宁、枣庄、菏泽四市，经过多年的培育和发展，鲁南经济圈体育产业规模不断壮大、体育旅游融合特色鲜明、产业发展环境显著改善、体育助力乡村振兴成果明显，呈现经济贡献占比不断提高、龙头企业品牌效应凸显、产业链条逐步延长、区域特色已经形成的良好态势。各市在体育产业发展过程中，注重顶层设计、优化发展环境、打造多元载体，成效显著。随着鲁南经济圈一体化发展战略的实施，消费结构逐步升级、新旧动能转化不断深入，各地体育产业工作基础将进一步加强、结构布局进一步优化、产业贡献进一步提高。

关键词：　体育产业　鲁南经济圈　山东省

---

*　朱青莹，山东大学体育学院副教授，硕士生导师，研究方向为体育产业；刘伟，济宁市嘉祥县体育中心党组书记，主任，嘉祥县体育运动学校校长，研究方向：体育产业、体医融合；蒋仁宏，山东省体育产业发展服务中心办公室主任，研究方向为体育产业；唐煜昕，山东大学体育学院2020级硕士研究生，研究方向为体育产业。鲁南经济圈各市体育局提供了各城市体育产业发展报告。

一 2018~2020年鲁南经济圈体育产业一体化发展情况

（一）2018~2020年鲁南经济圈体育产业发展现状

1. 体育产业规模不断壮大

2018年，鲁南经济圈4市的体育产业总产出为382.55亿元，增加值为151.88亿元，各市增加值占各市GDP比重分别为：临沂市1.03%，济宁市1.07%，枣庄市0.95%，菏泽市1.44%，相比2015~2017年度的数据，增加值占各市GDP比重均有不同幅度的上升，特别是菏泽市由2017年的0.89%上升至1.44%，产业规模不断壮大。体育市场主体持续增加，体育产品研发、制造、销售的产业链条逐步完善。临沂市谋划布局了"一城一会两基地"产业格局，中国体育用品城经营业户超过300家，2019年总交易额突破62亿元。2020年8月，成功举办了首届山东（临沂）体育用品博览会，交易额近12亿元。沂南县制球产业基地、郯城县体育用品制造出口基地年产值5.6亿元，利税5000余万元，产品销往30多个国家和地区，区域产业特色已经形成。竞赛表演业发展较快，培育了中国大运河（台儿庄）国际龙舟赛、曲阜国际马拉松比赛、皮划艇世界冠军挑战赛等高水平国际赛事，同时各市根据自身条件，举办了多项国家级、省级赛事。

2. 体育产业结构不断优化

在各地市全民健身设施不断完善、全民健身活动蓬勃开展的形势下，覆盖面广、功能完善的全民健身公共服务体系逐渐形成，推动了健身休闲、体育场馆服务等体育核心产业迅速发展，促进了体育消费的快速增长。随着一批大型体育场馆的建设和投入运营，体育竞赛表演精彩纷呈，各市不断引进和举办高层次、高水平的体育赛事活动，探索体育赛事市场化运作的新模式。枣庄市于2019年7月投入使用的枣庄冰雪文体中心，提升了淮海生态经济带沿线城市体育文化交流、赛事服务的水平。临沂市通过体育用品制造产业园区的打造、体育会展交易平台的搭建，实施体育产业的强链、补链工程，实现了鲁南经济圈体育制造业的规模效应和集聚效应。各市大力支持体育彩票销售，推行利益导向机制，充分调动基层网点积极性，有效解决了一批就业岗位，为体育事业的发展提供了有效的资金支持。

3. 体育旅游融合特色鲜明

鲁南经济圈4市拥有"三孔两孟"、台儿庄古城、水浒文化等历史文化旅游资源和沂蒙革命老区、孟良崮战役、台儿庄大战等红色旅游资源，体育旅游融合发展特色鲜明。枣庄台儿庄古城被评为中国体育旅游精品景区，山亭区岩马湖被评为山东省黄金周精品旅游线路，临沂先后成功争创中国沂河体育节、蒙山国家登山健身步道等两个国家级体育旅游精品项目，菏泽东明黄河生态马拉松成为拉动黄河生态旅游发展的一张名片。结合鲁南地区人文、地域、生态、旅游等资源优势，打造"体育+旅游"精品线路和赛事品牌，将体育融入文化旅游，拉动了体育消费，实现了体育商业化发展。

4. 产业发展环境显著改善

近年来，各地市不断加强顶层设计，相继制定出台了《关于加快发展体育产业促进体育消费的实施意见》《关于大力发展体育旅游的实施意见》等一系列政策文件，大力推动体育产业项目建设，营造了有利于体育产业发展的政策环境，形成了政府引导扶持、企业市场运作、社会力量积极参与的浓厚氛围。通过省、市级体育产业基地评选和省、市级体育产业引导资金项目的引领，拓展了社会资本办体育的新局面。临沂市通过8个省级体育产业基地的申请建设，争取省级体育产业引导资金863万元。各市利用多种媒介做好优惠政策贯彻、品牌赛事推广等宣传工作，为体育产业的全面发展营造良好的舆论氛围。

5. 体育发展助力乡村振兴

临沂、枣庄、济宁、菏泽4市地处山东南部，农业人口较多，发展不均衡问题突出。按照鲁南经济圈一体化发展的要求，各市采取了有效的措施助力城乡体育服务均等化发展。临沂市作为鲁南经济圈发展的排头兵和乡村振兴齐鲁样板，利用地理区位优势和商贸物流资源丰富的特点，大力发展线上线下、内贸外贸、商贸与生产相融合的现代体育物流产业模式，辐射鲁南经济圈内所有县域，并连接全国，助力体育经济发展。菏泽市创新"用健身促健康助脱贫"体育发展思路，大力实施村级全民健身"十个一"工程，全面推进群众健身长效化、常态化、制度化和规范化，实现群众体育事业均衡充分发展。积极发挥体育作用，将体育下沉到乡村，助力乡村振兴战略。

6. 体育健身市场发展迅速

市区（县）全民健身运动会和群众性体育活动蓬勃开展，赛事活动的影响力得到有力提升，吸引了更多的群众参与到全民健身活动中，激发了社会力量办体育的热情，多家全民健身休闲和培训机构被评为市级体育产业基地。2020年，枣庄市以"运动活力、健康枣庄"为主题，按照"灵活多样、小型分散"的原则，在全省率先创新线上比赛的新模式，开启了枣庄体育赛事的"云时代"，在全市上下掀起了全民健身的热潮。济宁市在全民健身活动中形成"一县一品牌，一镇一特色"的良好发展格局。在体育场馆管理体制和运营机制方面，采取成立专门机构进行管理运营、委托管理运营、成立公司企业化运行的方式进行运作，使体育场馆成为开展群众健身运动、拉动体育消费的重要载体。

（二）存在问题

1. 体育产业发展不均衡

鲁南经济圈位于山东省的欠发达区域和革命老区，区域内包括广大黄河滩区和采煤塌陷地，经济发展水平相对全省较为落后，体育产业总体规模相对较小，产业发展表现出不均衡的态势。体育用品和相关产品制造行业规模小、档次低，缺少高端产品和规模化产业集群。体育服务业核心业态规模较小，济宁、菏泽等地市在竞赛表演业推广方面缺乏力度，未能产生较大的产业影响力，在媒体直播、市场开发上尚没有形成推介窗口，以赛养赛的机制未能形成。

2. 体育产业政策环境亟须优化

有关体育产业优惠扶持政策在落地时缺乏监督检查，对于体育产业发展绩效没有合理的考核评价机制。由于人才引育机制不健全，体育产业人才匮乏，主要表现在体育市场中介机构不健全，体育主管部门内部尚缺少懂经营、会管理的高素质的专业人才，体育市场管理队伍没有真正建立。

3. 体育旅游发展亮点不突出

鲁南经济圈有著名的东方圣地、鲁风运河、水浒故里、亲情沂蒙等旅游品牌，但是旅游与体育产业融合程度尚未充分开发，体育旅游的集团化效应没有显现，旅游资源利用率不高，体育旅游的亮点不够突出。体育旅游特色仍需深度挖掘，红色体育旅游品牌需进一步提升打造。

4. 体育产业智慧化程度不高

临沂、济宁、枣庄、菏泽在数字化城市建设方面尚处于起步阶段，没有形成规模化的智慧体育和信息化平台，阻碍了健身休闲产业和场馆服务业的智慧化管理。在体育制造业方面，产品的科技含量和产品附加值不够，没有市场竞争力，不利于体育产业的提质增效和新旧动能的转型升级。体育企业生产的数字化、自动化水平不高，创新力不够，发展动力不足。

（三）对策建议

1. 优化体育产业发展环境

主动融入淮河生态经济带、中原经济区建设，打造邻边经济高地。在临沂"一带一路"综合试验区建设中融入体育经济，积极培育具有核心竞争力的大型体育企业，扶持一批具有市场潜力的中小企业。加大省级以上体育产业发展引导资金、体育产业基地等申请力度，努力争取国家、省级体育产业发展扶持政策向鲁南4市倾斜。加强监督检查，对中央、省出台的各项优惠政策的落实和各市的目标完成情况进行监督、检查。积极推动体制机制改革，建立健全部门联动管理、行业自律和体育经营单位依法经营的管理体制，加快推进体育行业协会与行政机关脱钩。建立政府购买社会组织服务制度，推动体育社会组织提供体育服务和开展全民健身活动。

2. 加强体育产业人才培养

建立区域体育产业人才需求摸排发布机制，加大招才引智力度。强化体育企业职工在岗教育培训，推广"互联网＋职业培训"等模式。推广菏泽

"归雁经济"经验，加大对在外体育人才返乡创业扶持力度。建议省政府、省体育局每年都要举办体育产业管理人才培训班，研究制定引进高层次人才的配套措施，对鲁南各市举办的体育产业管理人才培训班给予资金扶持。

3. 协同建设全域体育旅游品牌

依托鲁南旅游联盟建设和旅游品牌打造工程，借助国家全域旅游示范区创建契机，突出体育旅游亮点，把域内知名体育旅游线路和体育旅游项目整合完善，提升打造更多特色体育旅游小镇、精品体育旅游线路，形成更多亮点项目和体育旅游品牌。积极整合体育、文化、旅游、康体养生等各方面资源，推动体育与文化创意、教育培训等融合发展，建设全国知名体育研学旅游目的地。支持临沂、济宁协同发展养老、体育产业，打造国内知名的医养健康产业基地和旅游目的地，创造新的经济增长点。

4. 体育产业智慧化升级

充分利用鲁南经济圈布局建设鲁南（枣庄）、鲁西南（菏泽）大数据中心和济宁、临沂华为云大数据中心的契机，打造鲁南智慧体育宣传和应用信息平台，聚焦体育主导产业、围绕龙头企业，协同开展招商引资，提升体育产业集群集聚集约发展水平，为鲁南数字体育产业发展提质增效。引导体育器材制造企业与智能化软件开发企业合作，加快实施"互联网＋健身器材"工程，大力开发智能化健身器材，增加产品科技技术含量，提升产品附加值与市场竞争力。推动与英派斯、舒华、广州同欣等国内知名品牌的交流合作，帮助企业建设智能工厂，实现零部件生产各环节主要工序实现数字化、自动化，加快体育制造业新旧动能转型升级。

二　2018~2020年枣庄市体育产业发展情况

（一）发展现状

1. 体育竞赛表演精彩纷呈

"十三五"以来，枣庄市、区两级连续举办了10届全民健身运动会，每年开展群众性体育活动近 100 项，参赛人数超过 20 万人次。品牌赛事异彩纷呈，连续举办了中国大运河（台儿庄）国际冬泳节、中国大运河（台儿庄）马拉松线上赛、中国大运河（台儿庄）国际龙舟赛、中国·枣庄梅花山山地自行车公开赛、山东·枣庄市月亮湾太极拳公开赛；举办了全国青少年体育冬夏令营（山东站）枣庄市青少年足球冬令营、2020 年全国国际象棋网络赛、全国轮滑大联动全国青少年体育俱乐部联赛（滕州站）、2020 CBSA（中国台球协会）青少年中式台球枣庄公开赛、第十届中国·枣庄旅游城市全国体育舞蹈公开赛、山东省气排球交流赛、山东省游泳通讯赛（枣庄站）、山东省国家体育锻炼标准达标赛（枣庄站）、"飞越齐鲁·庆国庆"山东省第五届滑翔伞场地联赛、山东省第十届全民健身运动会自行车万人骑行活动、山东省航空模型交流赛、山东省"大冠军杯"气排球大奖赛、山东省第十届全民健身运动会场地高尔夫球系列赛（决赛）等国家级、省级赛事活动。

2. 体育休闲旅游深度融合

结合本地特有的地域、生态、人文优势，枣庄市在发展体育旅游、推动体育产业高质量发展方面进行了深入探索。积极推动体育本体产业与相关产业融合，将体育世俗化、生活化，带动了体育的消费化和商业化，逐步培育全域旅游的新领域。同时，以大型体育赛事为媒，大力加强城市宣传营销，助推地方经济社会发展。结合枣庄特有的地域、生态、人文优势，打造出了台儿庄国际冬泳节、梅花山山地自行车公开赛、古运河龙舟赛等一批具有鲜明枣庄特色的品牌赛事。充分发挥枣庄人文、地域、生态、旅游等资源优势，创新"体育＋文化""体育＋旅游""体育＋旅游＋文化"等新业态，积极培育富有枣庄文化特色、群众喜闻乐见的全民健身品牌赛事，推动体育与文化旅游融合发展。

3. 高起点打造大型体育场馆

枣庄市文体中心位于市行政中心以南、金沙江路南侧。中心包括体育中心和文化中心，总投资约 52.82 亿元，占地 785 亩，总建筑面积约 40 万平方米，主体建筑可概括为"一场两馆一群"，包括体育场、体育馆、游泳跳水馆以及文化馆、博物馆、剧院、广电大楼等文化建筑群，这是枣庄建市以来最大体量的民生工程。枣庄体育场在全球知名专业体育场数据网站StadiumDB发起的2018年度最佳球场评选结果位居第四名，是目前国内最大的平面椭圆形、空间马鞍形索桁结构之一，项目荣获鲁班奖和中国钢结构金奖。并且枣庄市文体中心启动了公共体育场馆运营模式改革，成立枣庄名珠体育文化发展有限公司，负责文体中心运营，盘活了存量资源，降低了运营成本，提升了服务质量。2019年8月正式运营开始，仅半年时间就举办了19场赛事活动。2020年因疫情大型活动暂停，枣庄文体中心在稳经营情况下积极开展篮球、羽毛球、乒乓球、儿童滑步车、轮滑等各类公益青少年体育培训活动，体育培训人数达3000人次以上。

为深入贯彻习近平总书记关于办好2022年北京冬奥会的重要指示精神和实现"三亿人参与冰雪运动"的宏伟目标，枣庄市于2018年开工建设枣庄冰雪文体中心，冰雪文体中心于2019年7月投入使用，占地面积74.8亩，投资额2亿元。冰雪文体中心采用了国际领先的气膜结构建设，中心建有一个奥林匹克标准真冰场馆、一个室内滑雪场馆、一个素质教育馆和一个接待中心，可全季节、全天候提供冰雪极地休闲娱乐，冰雪运动项目专业训练，冰雪项目专业赛事举办等服务。该项目填补了淮海生态经济带沿线城市专业室内冰雪场馆资源的匮乏，将成为辐射带动苏、鲁、豫、皖地区百万人上冰雪，千万人参与冰雪运动，提升淮海生态经济带沿线城市之间的体育文化、体育旅游、体育赛事进一步交流的明星项目。

4. 全民健身活动丰富多彩

2020年的第十届全民健身运动会受到了突如其来的新冠肺炎疫情冲击，枣庄市委、市政府统筹推进疫情防控和体育事业发展，把全民健身运动会列入全市重点工作和20件惠民实事之一，并给予了极大的重视。组委会积极响应中央、省、市复工复产号召，及时调整工作思路，以"运动活力、健康枣庄"为主题，按照"灵活多样、小型分散"的原则，在全省率先创新线上比赛的新模式，开启了枣庄体育赛事的"云时代"，线上线下比赛如火如荼，共组织开展了太极拳（剑）、门球、健身气功、台球、健身球操、柔力球、大运河龙舟、够级、象棋、国际象棋、武术、足球、游泳、健身秧歌、排球、乒乓球、羽毛球、毽球、登山、体育舞蹈和大众广场舞共 21 个竞赛项目。各区（市）都举办了县级全民健身运动会，市、县两级共举办竞赛项目 110 余项，竞赛场次近 1600 场，带动线上线下参与健身人数近 200 万人次，在全市上下掀起了全民健身的热潮。广大体育爱好者积极响应、热情参与，展示了各界群众积极进取、奋发向上的精神风貌，以及团结协作、顽强拼搏的时代风采，取得了体育成绩和精神文明双丰收，是一次鼓舞士气、凝聚人心、激发斗志、提升健康素质、共同抗击新冠肺炎疫情的体育盛会。

5. 引导扶持力度显著加强

通过省、市级体育产业基地评选和省、市级体育产业引导资金项目的引领，拓展了社会资本办体育的新局面。台儿庄区依托区位优势，配合市局或单独举办了多项国际和国家级赛事，带动了竞赛表演、健身休闲和旅游服务业的深度融合，成为枣庄市体育产业发展的典型。目前，台儿庄古城被评为中国体育旅游精品景区、山东省体育产业示范基地，体育产业收入占景区总收入的 10%。山亭区梅花山被评为山东省体育产业示范单位，山亭区岩马湖被评为山东省黄金周精品旅游线路。11 家全民健身产业运营机构被评为市级体育产业基地。大力支持体育彩票销售，近 3 年枣庄市体育彩票销售量为 17 亿元左右，解决社会就业岗位 600 余个，供枣庄市全民健身可用公益金达 2 亿多元。

（二）存在问题

2018 年，枣庄市体育产业总产出 40.32 亿元，增加值 15.51 亿元，增加值占全市 GDP 比重为 0.95%。总体上，枣庄市体育产业存在地区发展不均衡、总体规模相对较小、体育服务业核心业态较小、体育用品和相关产品制造行业规模小等问题。一是体育产业人才匮乏。主要表现在体育市场中介机构不健全，体育市场管理队伍没有真正建立，高素质的体育市场管理人员缺乏。各区（市）体育市场管理机构缺编严重，现有人员大多身兼数职，缺少专项经费,对各地的体育市场难以实施有效管理。二是体育产业规模小、档次低、缺少高端产品。枣庄市体育产业主要局限在体育场馆运营、大众健身娱乐、体育项目培训、体育用品和体育彩票销售等几个传统项目上;体育器材制造业只有4家,且规模小、结构单一、档次不高,缺少高端产品,缺乏综合性、集团型的经营企业,未能形成市场集聚效应和较强的竞争能力。

(三)优势与特色

枣庄位于山东省南部,东依沂蒙山,西濒微山湖,南接两汉文化圣地徐州,北临孔孟之乡曲阜、邹城,京杭大运河台儿庄段从南部穿过。枣庄素有"鲁南明珠"之称,有7300年的始祖文化、4300年的城邦文化、2700年的运河文化、130年的工业文化,还有中国最大的国家级湖泊类湿地——微山湖公园,华夏最长的地震大裂谷——熊耳山国家地质公园,世界上最大的石榴园——12万亩的"冠世榴园",最负盛名的"天下第一崮"——抱犊崮国家森林公园。这些古文明与原生态相结合的存在,为"万年家园、千年古郡、百年城市"的枣庄,赋予了非同一般的灵性。体育产业新业态蓬勃发展。枣庄冰雪文体中心推动了青少年冰雪运动的普及,辐射苏鲁豫皖百万人参加冰雪运动、千万人参与冰雪旅游。滕州冠梁造雪机公司发展为全国最大造雪机生产厂家;台儿庄区通用机场、山东云深处通用航空服务有限公司大力发展航空运动产业,积极打造航空运动小镇;引进人民控股集团汽车城项目,利用杨峪赛车资源,打造赛车文化商业综合体。这些新兴体育产业的崛起,带动了健身消费和健康事业的发展。

(四)下一步工作思路

第一,加强顶层设计,各项优惠政策做好贯彻宣传,吸引更多社会力量参与到体育产业中来。第二,分层次加强引导和扶持,培育更多的基层体育组织,大力发展健身休闲、体育竞赛表演、体育场馆服务等体育核心产业,推动体育服务业与体育用品和相关产品制造业协调发展。第三,加强与文化、教育、科技、旅游、医疗、养老等跨界融合,积极寻找与各行业的契合点，培育新的业态，实现体育与多行业的合作共赢。第四，研究制定《促进全民健身和体育消费推动体育产业高质量发展的若干措施》，引导督促各区（市）切实重视体育产业发展，完善产业中长期规划，结合实际制定引导体育产业高质量发展的政策，明确体育产业发展方向和具体措施。

三 2018~2020年济宁市体育产业发展情况

（一）发展现状

近年来，随着济宁市经济发展水平和人民生活水平的不断提高，广大人民群众的体育需求逐年增加，全市体育产业规模逐步壮大。2018年全市体育产业总产出120.83亿元，产业增加值46.3亿元，增加值占全市GDP比重为1.07%，为体育产业高质量发展奠定了基础。

1. 体育健身市场发展迅速

目前，济宁市已完成注册的市级单项运动协会和体育俱乐部100余家，各级社会体育指导员已达23000余人，体育健身指导队伍进一步壮大，为群众科学健身奠定了基础。2018年，济宁市成功举办了第八届全民健身运动会，此次运动会共设置了34项群众比赛项目。其中，在太白湖新区举办的万人健步行活动，参与人数达2万余人；篮球比赛有30余支代表队参赛，历时1个月，极大地推动了篮球运动的普及开展；与市妇联、总工会、广播电视台联合举办乒乓球、羽毛球、广场舞比赛。同时，继续打造乒乓球、羽毛球、篮球"谁是球王"品牌赛事活动。此外，在深入挖掘品牌运动项目的基础上，县级体育部门也认真组织举办了各县域的全民健身运动会，形成"一县一品牌，一镇一特色"的良好发展格局。

2. 体育竞赛表演蓬勃发展

近年来，济宁市不断引进和举办高层次、高水平的体育竞赛，探索体育赛事市场化运作的新模式。高水平举办了曲阜国际马拉松比赛，在曲阜尼山圣境举办了气势磅礴的山东省百万名老年人打太极拳活动，承办了第43届

"红双喜·新星杯"全国少儿乒乓球比赛。另外，济宁市先后承办了山东省射击锦标赛、山东省射击冠军赛、山东省乒乓球乙组锦标赛、山东省篮球男子乙组锦标赛、山东省足球男子甲组锦标赛、山东省足球男子组冠军赛、山东省击剑冠军赛、山东省自由跤甲组冠军赛8项省级赛事。通过各类赛事成功举办，进一步扩大了济宁影响力，提升了济宁知名度，不仅为全市人民奉献上了一次又一次的赛事盛宴，也在一定程度上促进了体育消费的快速增长。

3. 场馆建设运营情况良好

近年来，全市加大对体育场馆的各项投入，各场馆有效运营，充分发挥了场馆作为体育产业的载体作用。市政府每年投资1500万元，为县、乡、村三级配备健身路径，2020年有望实现全覆盖；市体育局每年投入200多万元用于全民健身活动的开展，有力推动了济宁市全民健身运动的开展。在体育场馆管理体制和运营机制方面，采取成立专门机构进行管理运营、委托管理运营、成立公司企业化运行的方式进行运作。在市属场馆中，济宁市全民健身广场通过举办大型活动、租赁承包场地等形式，完善服务功能，丰富活动种类，群众参与度、场馆利用率均位居全省同类场馆前列。济宁体育中心由市政府委托珠江体育文化发展有限公司进行管理、运营，市政府每年拿出近2000万元对济宁珠江体育文化发展有限公司进行补助，帮助其在场馆运营中做大做强。2018年全市场馆运营创收达到1300余万元，已成为济宁市开展群众健身运动、拉动体育消费的重要载体。

4. 体育彩票销售平稳增长

体育彩票销售是体育产业的重要组成部分。济宁市高度重视体育彩票工作，继续推行利益导向机制，充分调动基层网点积极性，切实解决制约体彩网点发展的瓶颈。全市体育彩票继续保持良好的增长态势，2018年销量总额突破11亿元，创历史新高。加大市场开发力度，努力在增机扩容、即开渠道开发方面实现突破。体育彩票事业的良好发展，为济宁市社会事业的发展提供了有效的资金支持。

5. 产业顶层设计趋于完善

济宁市成立体育产业领导小组，结合体育产业发展的实际情况，进一步挖掘和整合全市体育产业资源，提出产业发展的未来目标、任务和发展方向，确定重点发展和扶持的体育产业项目。开展体育产业专项调查统计，根据省体育产业专项调查统计工作部署，立足济宁实际，对全市体育产业进行摸底调查，切实掌握第一手资料。印发了《济宁市人民政府关于加快发展体育产业促进体育消费的实施意见》，整合社会资源，激活体育消费市场，使体育产业的发展成为济宁市促进健康服务业、服务贸易业发展的新生力量。

6. 产业发展环境显著改善

充分利用广播济宁电视台新闻频道、直播民生栏目，《齐鲁晚报》，《体育晨报》，《济宁日报》，《济宁晚报》及各类网站宣传济宁市体育产业信息。近几年，济宁市体育局与济宁广播电视台联合开办了《健身总动员》《全城热动》等健身栏目，指导广大市民进行科学健身。同时，发挥市全民健身广场、市体育中心数字电子屏和宣传橱窗等平台功能，拓展体育宣传信息平台，为济宁体育事业的全面发展营造良好的舆论氛围。

（二）存在问题

近年来，济宁市体育产业虽然取得了一些成绩，但作为一个新兴产业总体上还是仅处于起步阶段，其自身价值潜力和特色优势尚未得到充分的发挥，与发达地区城市相比还有较大差距。一是体育产业档次低、规模小。济宁市体育产业除体育场馆运营业、体育彩票销售业和体育健身等业态发展较好外，装备制造、体育中介、体育传媒等产业也均有发展，但普遍规模较小、品牌影响力较弱。如体育用品制造业，济宁市达800余家，但大都是小微企业，规模比较大、运营比较好的企业仅有2家，且产业结构单一，缺乏综合性，未能形成较强市场竞争力和集聚效应。二是体育经营管理人才缺乏。体育主管部门长于体育事业治理，但对于体育产业的发展，体育主管部门内部尚缺少懂经营、会管理的高素质专业人才。济宁各县市区体育部门虽然在机构上比较健全，但体育市场管理机构严重缺乏，现有人员大多数身兼数职，缺少专项经费，对各地的体育市场难以实施有效管理。

（三）对策建议

第一，加强监督检查。对中央、省出台的各项优惠政策的落实和各市的目标完成情况进行监督、检查，并将体育产业的发展情况纳入科学发展观目标考核体系中。第二，出台更加优惠的政策。建议省政府加大支持力度，继续出台相关的扶持政策。在竞赛表演、体育用品制造方面给予一定的资金扶持；在大型场馆免费和低收费运营方面给予资金扶持，特别是场馆运营方面的水、电、气、暖给予政策扶持；在税收和准入条件上给予政策扶持，鼓励各种资本进入该产业。第三，加强人才培养。建议省政府、省体育局每年都要举办体育产业管理人才培训班，研究制定引进高层次人才的配套措施，对各市举办的体育产业管理人才培训班给予资金扶持。第四，打造品牌赛事。在打造品牌赛事方面，建议省体育局出台相关的激励措施，进一步调动县市区的积极性，对县市区具有潜力和影响力的运动项目给予资金扶持，帮助其打造成为全国乃至国际知名的品牌赛事。

四 2018~2020年临沂市体育产业发展情况

（一）发展现状

1. 体育产业规模不断壮大

2018年，临沂市体育产业总产出为114.83亿元，增加值45.20亿元，增加值占全市GDP的1.03%。全市现有体育市场主体3834户，其中齐鲁股权挂牌企业3家，通过国体认证的器材生产企业4家，涌现了连胜、英健特、瑞建特、路克士、吉诺尔等一大批知名企业，形成了研发、制造、销售等产业链条。谋划布局了"一城一会两基地"产业格局，中国体育用品城经营业户超过300家，从业人员达到5000人，2019年总交易额突破62亿元。2020 年 8 月，成功举办了首届山东（临沂）体育用品博览会，吸引了 378 家企业 1100 个品牌参展，交易额近 12 亿元。沂南县制球产业基地、郯城县体育用品制造出口基地年产值 5.6 亿元，利税 5000 余万元，产品销往 30 多个国家和地区。公共体育设施逐步完善。建筑面积 50 多万平方米、包含"一场两馆两中心"的市级奥体中心开工建设。全市县级"三个一"工程覆盖率达 84.62%，乡镇"两个一"工程覆盖率达 100%，行政村（居）健身设施覆盖率达 98%。

2. 产业发展环境不断优化

近年来，临沂市相继制定出台了《关于加快发展体育产业促进体育消费的实施意见》《关于开展社会力量办体育工作的实施意见》《关于大力发展体育旅游的实施意见》等一系列政策文件，大力推动体育产业项目建设，营造了有利于体育产业发展的政策环境，形成了政府引导扶持、企业市场运作、社会力量积极参与的浓厚氛围。多部门联合出台《临沂市城区新建居住区配套体育设施建设管理细则》，打通新建居住区配建全民健身设施政策落地的最后 1 公里。研究制定了《临沂市竞技体育八年提升计划（2019～2026 年）》，县级体校改革在全省率先破题，人才培养和保障体系更加健全，参加省以上竞赛成绩不断取得突破。

3. 品牌赛事实现量质齐升

立体构建了高低搭配、遍及城乡的国际、国家、省、市、县、乡、村七级赛事体系。一是以高端赛事为牵引，高标准举办了皮划艇世界冠军挑战赛、临沂国际马拉松、世界杯滑水赛等 44 项次国家级以上赛事，积极承办和参加各项省级赛事，不断提升赛事规格，丰富繁荣赛事经济；二是以特色品牌赛事为支撑，策划培育了"红色之旅·沂蒙骑行"、"美丽乡村"迷你马拉松、"舞动临沂"广场舞等赛事，积极推动兰山沂河龙舟挑战赛、河东水陆马拉松、蒙阴环云蒙湖自行车等"一县区一品牌""一协会一品牌"建设，形成了一批品牌示范效应突出的本土特色赛事；三是以市、县两级全民健身运动会为抓手，鼓励机关单位、学校企业等广泛开展形式多样、群众喜闻乐见的健身活动，并纳入全民健身运动会给予指导扶持，临沂市每年举办各类赛事活动超过 1500 项次，扩大了体育服务供给。

4. 优势业态培育成效显著

临沂先后成功争创中国沂河体育节、蒙山国家登山健身步道两个国家级体育旅游精品项目，落成兰山区、河东区、中国沂河体育节、中国体育用品城、环云蒙湖自行车赛、沂南红石寨、山东众兴泽辉、蒙山国家登山健身步道 8 个省级体育产业基地，争取省级产业引导资金 863 万元。国际划联皮划艇静水世界冠军挑战赛、临沂国际马拉松被评为山东省十大赛事。沂河水上运动被评为山东省全民健身精品项目，庆华健身俱乐部被选为中国国家健美健身队训练基地。蒙山旅游度假区、山东岱崮地貌旅游区、雪山彩虹谷景区被省体育总会命名为"山东省绿色生态休闲体育活动基地"。

5. 产业品牌建设富有成效

山东吉诺尔体育器材有限公司在传统产品的基础上，自主研发生产一体式智能液压篮球架，并通过了国际篮联认证。凯莱特健身器材有限公司在原有划船器单一产品的基础上，同美国格林体育器材合作，产品涵盖室内健身器材高端产品。英健特、瑞建特等企业加大技术研发力量，产品均完成二代智能健身路径升级。连胜体育继续与国内外体育品牌深度合作，经营商品扩展至 8000 余种。路克士体育成为国内有较大影响力的足球装备制造商，与中国足球协会及 10 余家省足球协会达成了合作关系。健身服务市场稳步发展，各类健身服务场所达 200 多家，其中庆华健身实现了全国连锁，现有连锁店 17 家、会员 1 万余名，成为临沂市健身服务业的代表。

6. 体育旅游融合特色鲜明

临沂以水为媒连续举办九届中国沂河体育节，被国家体育总局评为"中国体育旅游精品赛事"。以山地户外运动为主题举办了五届蒙山体育节，以传承弘扬红色文化为内涵打造了"红色之旅·逐梦骑行"全国革命老区自行车挑战赛、全国红色革命老区气排球联谊赛。临沂国际马拉松被中国田径协会评为"红色文化特色赛事"。沂水雪山彩虹谷运动休闲特色小镇总投资 50 亿元，占地面积 6595 亩，从单一休闲旅游向运动休闲、文化旅游、康体养生特色小镇转变，创造新的经济增长点。蒙阴县围绕云蒙湖、岱崮自然地貌打造系列赛事活动，形成了集环湖自行车、环湖马拉松、水上运动、滑翔和民俗体育活动等于一体的体育特色旅游品牌，2019年拉动全县旅游收入增长5%以上。

（二）优势与特色

1. 区位优势特点明显，商贸物流资源丰富

临沂市地处长三角经济圈与环渤海经济圈结合点，被列入商贸服务型国家物流枢纽、国家跨境电子商务综合试验区和山东省"一带一路"综合试验区，被定位为山东省新旧动能转换起步区、鲁南经济圈发展排头兵和乡村振兴齐鲁样板。作为正在建设中的全国性综合交通枢纽，鲁南高铁、京沪高铁二通道与淮河生态经济带衔接连通，临沂物流覆盖全国所有县级以上城市，通达全国所有港口和口岸，物流价格比全国平均低20%~30%，为体育商品流通业提供强有力的运输保障。中国体育用品城利用商贸物流优势，大力发展线上线下、内贸外贸、商贸与生产相融合的现代体育物流产业模式，吸引了舒华、双鱼、李宁、红双喜、斯伯丁、英派斯、尤尼克斯等国内知名体育企业入驻，被中国商业联合会授予"中国体育用品采购基地"称号，为全省体育产业提供了商贸物流平台。

2. 会展活动精彩纷呈，产品交易成果丰硕

首届山东（临沂）体育用品博览会吸引来自全国13省41城市共计378家企业1100多种品牌参展，专业采购商共有1.62万人到会，展会现场人流超4万人次，展会意向及合同额近12亿元。本届体博会得到央视、新华社、人民网等近百家国内主流媒体的关注报道，电视、报纸等发稿120余篇，今日头条、抖音、快手、虎扑等媒体进行信息推广500余条。中央电视台《朝闻天下》进行了4次专题报道，《大众日报》刊发《临沂体育产业崛起的启示录》，全面展示了临沂市体育产业发展潜力优势。本届体博会依托临沂市成熟的商贸物流体系和特色优势产业，构建了高水平、专业型的体育用品展示交易平台，帮助采购商和本地企业商户深度接触市场、精准对接，提升了体育用品产销率和美誉度，形成了展区与市场合作办展、协同发展的良

好格局。

3. 制造园区链条互补，合力推进制造发展

打造临沂市体育用品制造产业园区，构建更加完整的体育产业链。产业园规划总用地面积 1000 亩，包含体育用品研发、现代化厂房、电子商务、仓储物流等功能区。园区大力引进国内外知名体育品牌企业入驻，打造具有集聚效应和规模效应的体育产业基地，形成体育用品"前店后园"的产业格局。利用沂南县制球产业基地、郯城县高端体育用品制造出口基地，通过建链、补链、强链、延链，为体育制造业搭建孵化制造平台。

4. 自然旅游资源丰富，红色文化特色显著

临沂城区水域面积近 50 平方公里，境内蒙山是山东省第二高峰、世界地质公园，作为全国著名革命老区和沂蒙精神发源地，全市 4A 级以上景区达 28 家，"山、水、红、旅"资源丰富，为"体育 + 旅游"融合发展提供了得天独厚的资源优势。

（三）存在问题

一是政策环境需进一步优化；二是体育产品制造业缺少龙头企业和规模化产业集群；三是体育产品需进一步提档升级；四是体育旅游特色仍需深度挖掘，红色体育旅游品牌需进一步提升打造。

（四）下一步工作思路

1. 进一步优化体育产业发展环境

积极培育具有核心竞争力的大型体育企业，扶持一批具有市场潜力的中小企业。扶持连胜、英健特、路克士、瑞健特等企业做大做强。加大省级以上体育产业发展引导资金、体育产业基地等申请力度，努力争取国家、省级体育产业发展扶持政策向临沂市倾斜。力争在 1 年内争创国家级体育产业基地，齐鲁交易市场上市企业达到 5 家，2 年内体育产业总规模突破 200 亿元，3 年内国体认证企业达到 6 家。

2. 打造具有活力的体育制造集群

围绕"一会一城一园两基地"布局,继续办好山东(临沂)体育用品博览会,通过连续举办,打造成永不落幕的体育用品大型博览会;做大做强中国体育用品城,扩大市场规模,力争 2 年内总规模超过 500 户;建设临沂市体育用品制造产业园,大力引进国内外知名体育品牌企业入驻,打造具有集聚效应和规模效应的高水平体育产业基地;通过建链、补链、强链、延链,壮大沂南县制球产业基地、郯城县体育用品制造出口基地,带动上下游产业发展。

3. 引导体育企业产品转型升级

引导吉诺尔、英健特等体育器材制造企业与省内及江苏、浙江、广州等智能化软件开发企业合作,加快实施"互联网+健身器材"工程,大力开发智能化健身器材,增加产品科技技术含量,提升产品附加值与市场竞争力。推动与英派斯、舒华、广州同欣等国内知名品牌的交流合作,帮助企业建设智能工厂,零部件生产各环节主要工序实现数字化、自动化,加快体育制造业新旧动能转型升级。

4. 进一步推动"体育+"融合发展

积极整合体育、文化、旅游、养生等各方面资源,推动体育与医养健康、文化创意、教育培训等融合发展。借助国家全域旅游示范区创建契机,提升打造沂南朱家林、兰陵压油沟等特色体育旅游小镇、精品体育旅游线路,形成更多亮点项目。

五 2018~2020年菏泽市体育产业发展情况

(一)发展现状

1. 产业规模结构逐步向好

经过多年努力,菏泽市体育产业呈现出起步稳、推进实的可喜局面,已经成为菏泽新旧动能转换的重要力量。2017 年全市体育产业总产出 78.23 亿元,增加值 25.15 亿元,增加值占 GDP 比重为 0.89%,其中体育中介服务、培训教育、体育用品制造和销售等类别达 20.82 亿元，体育健身休闲、比赛表演等占比较低，体育消费观念和意识有待于进一步提高和改善。2018 年菏泽全市体育产业总产出 106.57 亿元，产业增加值 44.87 亿元，增加值占 GDP 比重为 1.44%。

2. 基础设施网络趋于完善

着力构建覆盖面广、功能完善的全民健身公共服务体系，努力为广大群众健身创造良好条件。菏泽市体育公园建设工程、东关体育场升级改造工程有序推进，申请中央级、省级资助资金达 14613 万元，全民健身设施项目 62 个，建成乡镇健身中心 101 个、社区健身工程 73 个、行政村工程 3494 个，人均体育场地面积快速增加，实现了市、县两级均建有全民健身广场和公园。市体校新校区建成投入使用，市体育公园建设有序推进，体育基础设施服务能力进一步增强，为体育产业发展打下良好基础。

3. 赛事经济带动能力不断增强

以打造精品体育赛事为抓手，相继举办了一批高规格、高水平的国内、省内外体育赛事，进一步提升了菏泽市的知名度。先后承办山东省第二十四届运动会跆拳道乙组预赛暨 2018 年"中国体育彩票杯"山东省跆拳道乙组锦标赛、"水浒酒业杯"郓城会盟·水浒好汉 WBC 争霸赛、首届全国攀岩全能锦标赛、第十五届全国武术之乡套路比赛等省级以上规模体育赛事。菏泽东明黄河生态马拉松作为全市体育产业培育的又一张名片，对弘扬黄河文化、拉动黄河生态旅游的发展、培育以体育产业作为新动能带动县域经济的发展发挥了巨大的作用。

4. "体育+"产业融合逐步深化

依托水浒文化打造具有浓郁水浒文化特色及明清建筑风格的"水浒好汉城"项目，构建"忠义天下，好汉郓城"品牌形象，通过举办郓城会盟摩托车文化旅游节、郓城会盟·水浒好汉 WBC 争霸赛等活动，融合多行业发展，通过"体育+旅游"实现新旧动能转化。经省体育局批准建设的定陶 F3 国际汽车赛道项目，入选全国第四批 PPP 示范项目，郓城会盟系列特色活动、高新区匹克体育小镇、郓城水浒好汉城将体育产业与旅游产业、文化产业、体育用品制造业相结合,有效推动体育产业融合发展。可举办国际三级和三级以下所有汽车、摩托车赛事以及国内所有赛事,且与仿山旅游区、汉墓博物馆等旅游景点相互促进,带动周边经济发展。

5. 体育消费潜力有效激发

充分发挥实现乡村四级体育总会(老年体协)、单项体育协会和俱乐部等组织的作用,与碧桂园、花冠集团、龙田置业等知名企业对接,采取冠名赞助的方式,先后组织承办乒乓球精英赛、足球邀请赛、太极拳锦标赛等体育赛事活动。通过举办财税金融、交通运输、教育等8个行业系统的运动会,实现对不同行业群体的覆盖;依托大量社会体育指导员,在文体广场等健身活动点广泛组织开展晨晚练等活动,实现了对中老年群体的覆盖;创新开展了围棋、象棋、体育舞蹈、游泳、篮球、足球、乒乓球等联赛活动,实现对广大体育爱好者的覆盖。全年体育活动举办2000余场次,直接、间接带动200余万名群众参与健身活动,产生了良好的社会效应。

6. 足球运动职业化步伐加快

随着《菏泽市足球改革实施方案》的贯彻落实,通过举办夏令营、冬令营,培养优秀足球人才10000余人次,先后创新举办菏泽市业余足球甲级联赛、"天人地合杯"青少年俱乐部足球联赛、首届"市长杯"校园足球联赛等。无论参赛队员数量、质量,还是参赛规模,均创菏泽青少年足球赛史上之最。业余联赛的高速发展,促成了菏泽市首支职业足球俱乐部——菏泽曹州足球俱乐部的成立。为确保职业俱乐部的健康发展,俱乐部投入大量财力、人力、物力提高硬件设施,引进国外名帅执教,面向全国公开选拔优秀运动员、教练员,还吸引巴西、韩国、尼日利亚、加纳四个国家队员来菏泽发展,为实现2019年冲中乙、2022年冲中甲的目标,积攒了实力和底气。

7. 体育彩票事业迅猛发展

2017年菏泽体彩全年总销量5.4674亿元,5项指标位居全省第一名。2018年,全市共销售体育彩票7.97亿元,同比增量2.5亿元,增幅45.7%,市场占有率首次突破50%,达到56%以上。

（二）存在问题

一是品牌效应尚未充分激活。目前菏泽市群众体育、竞赛表演业等活动举办场次多而散，并且在竞赛表演业推广方面缺乏力度，未能产生较大的城市影响力，在宣传报道、媒体直播、影视传媒、市场开发上尚没有形成产业链条，以赛养赛的机制未能形成。

二是体育旅游发展亮点不突出。作为全国闻名的"武术之乡""牡丹之乡""尧舜故里"，旅游资源利用率不高。目前仅有宋江武校依托水浒文化开发建设了水浒好汉城、宋江湖等旅游项目，牡丹花会、尧舜旅游与体育产业融合程度尚未充分开发。

三是足球产业尚有很大发展空间。2018 年是菏泽市足球产业发展的开局之年，发展迅猛，取得了不错成绩。尤其是菏泽曹州足球俱乐部作为菏泽首支中冠足球俱乐部，致力于建立更加体系化、专业化的足球队伍体系，备战职业联赛，打破了菏泽长期没有职业足球俱乐部的历史。但尚未形成足球产业集聚、产学研有机统一发展的良性道路，足球训练场馆等硬件设施不完善，缺少本土优秀足球教练，对本地体育产业的带动作用尚不明显。

（三）优势与特色

1. 创新"用健身促健康助脱贫"体育新思路

村级体育总会（老年体协）成立以来，通过健身器材发放、成立健身队伍，带动基层体育总会和体育组织建设，实现了市、县、乡、村四级体育总会（老年体协）组织全覆盖，广大农民健身群众有了自己的"家"，补齐了农村群众体育健身的短板，打通了全民健身在农村的"最后一公里"。村级体育组织带领村民学习培训健身技能，开展健身活动，丰富农村业余文体生活，全面减少健康问题致贫现象的发生，推动基本公共体育服务向农村延伸，实现全民健身基本公共服务均等化，切实保障农村群众基本的体育文化需求，满足农民群众的美好生活需要，助力脱贫攻坚和乡村振兴。

2. 实施村级"十个一工程"，助力乡村振兴战略

按照中央关于实施乡村振兴战略的意见中提出的产业兴旺、生态宜居、乡风文明、治理有效、生活富裕的总要求，以"振兴农村体育、打造齐鲁样板"为目标，紧紧围绕健康中国、乡村振兴、脱贫攻坚三大战略，大力实施村级全民健身"十个一"工程，全面推进群众健身长效化、常态化、制度化和规范化，实现群众体育事业均衡充分发展。积极发挥体育作用，将体育下沉到乡村助力乡村振兴战略，菏泽市政府通过并印发了《菏泽市村级全民健身全民健康"十个一"工程实施方案》，下发了《关于学习推广菏泽经验加快推进村级全民健身全民健康工作的通知》。推动了基本公共体育服务向农村延伸，努力实现全民健身基本公共服务均等化，切实保障农村群众基本体育文化需求，助力乡村振兴。

3. 注重强化引导，"武术＋"成为新名片

充分发挥菏泽市"武术之乡"优势，积极响应国家全民健身号召，大力实施"武术＋"计划，创造性开展"武术＋健身气功""武术＋足球"等项目转化工作。武术、舞龙舞狮、太极拳是菏泽三大传统体育品牌项目，有广泛的群众基础；武术、太极拳与健身气功的融合互补，让全民健身焕发出新的活力。通过举办"健康山东·健身气功在行动"系列巡回推广活动，将高质量的健身气功培训送到基层社会体育指导员身边。开展健身气功进机关、进社区、进农村、进警营等教学推广培训活动，不断提升菏泽市健身气功科学化水平。

4. "新农村、新农民、新体育"引领乡村全民健身新时尚

近年来，菏泽市9个县区相继出台政策强化措施，投入大量财政资金，定期组织开展农民运动会等体育活动，调动和激励农民群众发挥主体作用，表现出昂扬向上、奋发有为、团结互助、勇于超越的良好精神风貌，形成全民健身、全民健康的浓厚氛围，引领社会新时尚。

（四）下一步工作思路

第一，转变思想观念，积极推动体制机制改革。建立健全部门联动管

理、行业自律和体育经营单位依法经营的管理体制，加快推进体育行业协会与行政机关脱钩。建立政府购买社会组织服务制度，推动体育社会组织提供体育服务和开展全民健身活动。

第二，培育重点项目，打造产业品牌。充分发挥菏泽市"武术之乡""牡丹之乡"的优势，引导扶持"郓城会盟""海峡两岸中华传统武术邀请赛""菏泽（东明）黄河生态马拉松赛"等赛事活动，促进体育竞赛表演业与文化和旅游、娱乐等相关产业深度融合。

第三，突出区域特色优势，创新亮点产业项目。学习先进地区的经验，结合菏泽市实际，选定体育产业走在全国前列的城市为考察目标，借鉴先进经验，以郓城水浒文化、匹克体育小镇、定陶区汽车小镇等为依托，打造区域特色产业经济。

第四，加强场地设施建设，推进体育活动条件和环境的改善。统筹规划，合理布局，因地制宜扩大增量资源，建设便民利民的健身场地设施，提档升级市、县、乡、村四级群众身边的全民健身设施网络，探索智慧化体育设施建设，利用现代信息科技提升体育场地设施管理服务水平，推动室外健身器材提档升级和智能化体育设施建设。

第五，加强组织领导，推动足球运动全面发展。建立市、县、乡足球协会，推进鼓励学校依法成立足球协会，引导企事业单位、社会团体和个人通过多种形式捐赠和赞助，做到有组织、有人员、有场所，形成组织架构完善、职责分工明确、运行管理规范的良好机制，建立更加体系化、专业化的足球队伍。

第六，推进体医结合，实现体卫融合发展。加快国民体质监测中心和监测站点的建设，创新工作机制，开展系列"体医结合"科学健身指导便民服务相关活动，通过"运动处方"，预防和控制慢性病，提高人民群众身体素质和健康水平，增强体育健身的吸引力，在街道、乡镇层面探索建设健康促进服务中心，实现公共体育与公共卫生融合发展。

附　　录
Appendices

B.19
山东省体育产业（2018年）数据统计

经核算，2018年，山东省体育产业总规模（总产出）为2466.55亿元，增加值为968.58亿元，体育产业增加值占当年全省GDP比重为1.45%。

从山东体育产业内部结构看：体育服务业继续保持良好发展势头，增加值为713.98亿元，占山东省体育产业增加值比重为73.7%；体育用品及相关产品制造增加值为249.46亿元，占山东省体育产业增加值比重为25.8%；体育场地设施建设增加值为5.14亿元，占山东省体育产业增加值比重为0.5%。

表1　2018年山东省体育产业总产出和增加值情况

产业类别	总量(亿元)		结构(%)	
	总产出	增加值	总产出	增加值
山东省体育产业	2466.55	968.58	100	100
体育服务业	1481.52	713.98	60.1	73.7
体育管理活动	43.10	18.46	1.7	1.9
体育竞赛表演活动	8.82	4.37	0.4	0.5
体育健身休闲活动	115.44	61.73	4.7	6.4

续表

产业类别	总量（亿元）		结构（%）	
	总产出	增加值	总产出	增加值
体育场地和设施管理	21.35	9.18	0.9	0.9
体育经纪与代理、广告与会展、表演与设计服务	282.71	94.97	11.5	9.8
体育教育与培训	116.28	86.84	4.7	9.0
体育传媒与信息服务	36.99	13.94	1.5	1.4
体育用品及相关产品销售、出租与贸易代理	246.26	185.12	10.0	19.1
其他体育服务	610.57	239.37	24.8	24.7
体育用品及相关产品制造	963.52	249.46	39.1	25.8
体育场地设施建设	21.51	5.14	0.9	0.5

注：若总量与分量合计尾数不等，是因为数值修约误差所致，未做机械调整。

表2   2018年山东省16地市体育产业情况

地市	总产出（亿元）	增加值（亿元）	增加值占市GDP比重（%）
济南市	381.36	150.78	1.74
青岛市	561.48	221.46	2.02
淄博市	84.21	33.42	0.94
枣庄市	40.32	15.51	0.95
东营市	39.54	13.42	0.48
烟台市	337.61	128.18	1.78
潍坊市	161.45	60.74	1.11
济宁市	120.83	46.30	1.07
泰安市	53.08	24.03	1.00
威海市	198.34	73.11	2.52
日照市	49.66	19.89	1.11
临沂市	114.83	45.20	1.03
德州市	138.82	57.41	1.98
聊城市	38.48	15.76	0.73
滨州市	44.97	18.51	0.79
菏泽市	106.57	44.87	1.44

注：若总量与分量合计尾数不等，是因为数值修约误差所致，未做机械调整。

B.20
山东省体育产业大事记
（2018~2020年）

1. 2018年1月13日，山东省4个单位、项目新晋体育产业"国家队"，分别是泰山体育产业集团有限公司、济南奥林匹克体育中心、青岛国际帆船周·青岛国际海洋节活动、山东郓城会盟武术交流项目。体育产业"国家队"包括国家体育产业示范基地、国家体育产业示范单位和国家体育产业示范项目。

2. 2018年4月27日，山东省体育局主办的2018年山东省"加快体育产业发展　助力新旧动能转换"体育产业发展大会在淄博举行。

3. 2018年5月25日，2018（第36届）中国国际体育用品博览会在上海国家会展中心举行，山东参展企业达147家，是体博会上参展企业最多的省份之一，参展企业的丰富亮点也展示了山东体育大省的地位。

4. 2018年5月31日，首次赴匈牙利参加了2018年山东品牌商品（中东欧）展暨"2018山东（中东欧）国际体育产业展"，这是我国在中东欧地区举办的唯一国家级综合性展览会，已成功举办了5届，也成为山东省开拓中东欧市场的重要平台。

5. 2018年6月30日，《山东省省级体育产业发展资金管理暂行办法》颁布施行，该办法规范了山东省省级体育产业发展资金管理，以提高财政资金使用效益。

6. 2018年8月10日，山东省体育局、质监局出台《关于进一步加强体育标准化工作的意见》，提出加快完善全省体育标准化体系、强化体育标准实施、加强体育标准监督、提升体育标准化服务能力四个方面的工作任务。

7. 2018年10月11日，山东省体育局组织参展第七届山东文化产业博览交易会，本届文博会山东体育展厅总面积近700平方米，布展设计采用全体育元素、全齐鲁特色、全山东制造融合打造的理念。

8. 2018年10月12日，2017年山东省体育产业统计数据公告及首期体育产业发展报告（2015~2017年）发布。公告指出，2017年山东省体育产业总产出（总规模）为2348.01亿元，增加值770.41亿元，增加值占当年全省GDP比重为1.06%。从体育产业11个大类看，体育用品及相关产品制造总产出和增加值最大，分别为1139.67亿元和217.31亿元，占山东省体育产业总产出和增加值的比重分别为48.5%和28.2%；体育服务业（除体育用品和相关产品制造业、体育场地设施建设外的其他9大类）总产出和增加值分别为1199.73亿元和547.54亿元，占山东省体育产业总产出和增加值比重分别为51.1%和71.1%。

9. 2019年3月29日，2019年全省体育产业发展大会在烟台召开，省体育局局长李政出席会议并讲话，指出山东省体育产业工作要深入贯彻落实省委、省政府对经济工作的部署安排和"工作落实年"要求，主动融入大局查问题、找短板、谋思路、求发展，深入践行新发展理念，始终紧盯高质量发展目标，围绕助力新旧动能转换、乡村振兴、海洋强省建设等战略，坚持问题导向，突出制度供给，明确主攻方向，统筹供给和需求两个方面，扎扎实实做好各项主要工作。

10. 2019年5月1日，《山东体育服务业品牌培育创建管理办法》正式出台，谋划在全省培育打造一批星级体育健身俱乐部和体育服务综合体、标牌体育赛事活动项目和全域体育旅游精品线路、A级体育技能培训和体育赛事活动运营机构等公信力好、影响力大、社会经济效益高、典型示范效应强的体育服务业品牌产品项目和组织机构。

11. 2019年5月1日，《山东省体育领域黑名单管理办法（试行）》正式颁布，针对体育领域的新情况、新问题和监管的新要求，将体育领域黑名单管理作为深化"放管服"改革、优化营商环境、规范体育行为的重要工作内容，完善信用制度标准，突破单一瓶颈限制，推进信用信息共享，联合多方力量实施，全面构建以信用体系为核心的体育领域新型监管体系，在全省体育领域营造"守信者处处受益，失信者寸步难行"的良好氛围，形成守信联合激励和失信联合惩戒大格局，促进山东体育高质量发展。

12. 2019年5月23日，省体育局组织参加2019（第37届）中国国际体育用品博览会，省体育局副局长王延奎以及地市体育局团队现场观摩了展会，山东165家体育企业参展，在参展规模、产品展示、新品推介等方面印证了各自的品牌价值。

13. 2019年8月14日，在中国汽车摩托车运动联合会公布的2019年全国汽车自驾运动营地名单中，山东省汽车自驾运动营地建设工作再创佳绩，有20家营地再获国家级汽车自驾运动营地称号。

14. 2019年8月29日，山东省新增4个国家体育产业示范基地（单位、项目），威海核心蓝区、济南力生体育用品有限公司、青岛·崂山100公里国际山地越野挑战赛、黄河口（东营）国际马拉松4个单位、项目晋升体育产业"国字号"。

15. 2019年9月5日，亚洲户外用品展暨首届泰山国际体育用品博览会·恣然派户外嘉年华开幕。

16. 2019年9月20日，2019山东体育产业高峰论坛开幕，此次论坛是山东省体育局发挥文博会平台聚合作用、搭建宣传和对接交流平台的体现，旨在将体育产业专家学者、业内精英齐聚在一起，凝聚智慧合力，共促山东体育产业发展。

17. 2019年9月27日，山东省体育局荣获第八届山东文化产业博览交易会"优秀组织奖""优秀展示奖"，继2018年之后再次揽获双奖。

18. 2019年10月12日，2019中国（德州）体育产业交流大会顺利举行，交流大会以"德州智造·标准引领，助力体育产业升级"为主题，将体育"制造"、体育"标准"和"5G概念"三个内容相连，发挥中国体育用品业联合会平台优势与作用。

19. 2019年11月24日，中国生产力促进中心协会体育科技产业分会成立暨揭牌仪式在山东省青州市举行，该分会的成立标志着我国体育领域的科技产业工作有了行业组织指导管理机构。

20.2019 年 11 月 28 日，山东展厅于广州亮相 2019 中国体育文化博览会、中国体育旅游博览会。此次展会，山东展厅在"新山东，体育行"的主题引领下，从各个环节入手，着力讲好山东体育融合发展的故事。

21.2020 年 1 月 2 日，2019 年度省级体育产业示范基地、示范单位、示范项目出炉，山东省体育局公布了 2019 年度省体育产业基地名单，23 个单位、项目在列，目前全省已累计命名了 25 个省级体育产业示范基地、38 个省级体育产业示范单位和 14 个省级体育产业示范项目。

22.2020 年 3 月 4 日，为有效应对新冠肺炎疫情冲击，帮扶体育企业复工复产，山东省体育局积极联系民生银行济南分行出台 6 项金融服务政策举措，对于有资金需求和符合授信政策的困难体育企业，民生银行将根据项目实际情况，给予 100 万元至 3000 万元的授信额度和相应的优惠利率支持。

23.2020 年 5 月 1 日，2020 山东省体育惠民消费券（试点）活动正式启动，将通过政府补贴、企业让利向社会发放总额超亿元的健身消费券，首次发券选择济南、淄博、日照 3 个试点城市，政府券、企业券发放总额超过3000 万元。

24.2020 年 6 月 4 日，山东体育产业公共服务平台 PC 端正式上线。至此，公共服务平台实现 PC 端、手机 App、微信公众号三端同步运行。

25.2020 年 6 月 11 日，2018 年山东省体育产业统计数据公告发布，经核算，2018 年，山东省体育产业总规模（总产出）为 2466.55 亿元，增加值为 968.58 亿元，体育产业增加值占当年全省 GDP 的比重为 1.45%。

26.2020 年 6 月 19 日，2020 年全省体育产业统计工作暨业务培训视频会议召开，省体育局副局长王延奎出席会议并讲话，2020 年全省体育产业统计工作正式启动。

27.2020 年 6 月 30 日，国网山东省电力公司与济南市人民政府举行山东鲁能体育股权划转框架协议签约仪式，拥有 22 年历史的山东鲁能泰山足球俱乐部迎来巨变。

28.2020 年 7 月 8 日，国家发改委办公厅印发《关于公布特色小镇典型经验和警示案例的通知》，对 20 个精品特色小镇进行"第二轮全国特色小镇典型经验"推广。其中，山东日照奥林匹克水上运动小镇作为体育运动特色小镇入选。

29. 2020 年 7 月 10 日，山东省首家市级体育产业研究院淄博体育产业研究院揭牌，淄博市体育局、山东理工大学共建淄博市体育产业研究院签约、揭牌仪式举行。

30. 2020 年 7 月 21 日，山东省体育局出台《进一步促进体育消费十项措施》。围绕组织开展山东省体育惠民消费季活动、策划举办品牌体育赛事活动、开展体育服务业品牌评选、打造体育消费新场景、发展夜间体育经济等方面，提出促进体育消费回补和潜力释放的 10 条硬举措，通过一套上下联动、务实管用的政策组合拳，为提振体育消费市场、促进体育产业健康稳步发展注入"强心剂"。

31. 2020 年 7 月 28 日，中国体育智能制造创新大赛正式启动，作为首届山东（临沂）体育用品博览会的配套活动之一，中国体育智能制造创新大赛旨在提升我国体育科技创新能力，挖掘和培育具有自主知识产权的体育智能制造创新产品，搭建集成果交流、展示和交易的全国大赛和科创平台。

32. 2020 年 8 月 6 日，山东省政府体育产业工作专班正式运行，召开推进小组第一次会议。

33. 2020 年 8 月 8 日，山东省首届体育消费季正式开启。此次活动以"运动，让生活更美好"为主题，旨在增强市场信心，激发消费潜力，扩大消费规模，积极推进体育经济复苏。本届消费季首次开创"运动福利＋运动保险"保障模式。消费季选取济南、泰安、淄博、日照、烟台、济宁、威海及临沂 8 个试点城市，围绕健身服务、体育用品零售、体育培训、体育保险及体育金融 5 个行业，发放政府惠民券及企业让利券近 5000 万元。此次活动是省体育局以财政资金撬动市场资金投入，进一步激发居民消费潜力，扩大消费市场规模，积极稳步推进省内体育产业复苏的成功尝试。

34. 2020 年 8 月 16 日，国家体育总局下发《关于命名国家体育产业示范基地及认定国家体育产业示范单位、示范项目的批复》（以下简称《批复》）。《批复》显示，山东省 4 个体育产业基地（单位、项目）晋升"国字号"。至此，山东省已成功创建"国字号"体育产业基地（单位、项目）15个，其中示范基地4个、示范单位5个、示范项目6个。

35. 2020年8月22～24日，以"体育强国·健康临沂"为主题的首届山东（临沂）体育用品博览会成功举办，副省长孙继业出席开幕式，这是山东省首次举办的高规格专业化大型体育展会，对山东体育产业高质量发展具有里程碑的意义。据统计，展会展出总面积达36000平方米，设展位1512个，来自全国13省41个城市的378家企业组织了参展。展会期间登记入场的专业采购商达1.62万人，现场人流超4万人次，意向及合同成交额近12亿元。

36. 2020年8月26日，国家体育总局公布国家体育消费试点城市名单，山东省青岛、日照两市上榜。首批试点周期为2020～2022年，为期3年。国家体育总局将对试点工作进行年度考核，总结可供推广的政策措施和经验做法。同时，国家体育总局将从政策、资源等方面对试点工作统计予以支持。

37. 2020年9月，山东省体育产业发展服务中心，联合《体育晨报》、《山东商报》编印推出《山东体育产业期刊》2020年第1期，2020年共计出版5期，旨在全面展现体育产业发展面貌，及时发布体育产业资讯。

38. 2020年9月17日，山东省体育产业联合会在山东国际会展中心正式揭牌成立。山东省副省长凌文、中国体育用品业联合会主席李桦出席仪式并共同为山东省体育产业联合会揭牌。中国文教体育用品协会、省政府、省工信厅、省民政厅、省体育局有关领导及联合会副会长以上单位负责人参加揭牌仪式。

39. 2020年9月19日，山东省首届精品体育赛事评选活动启动，本次活动由山东省体育产业发展服务中心、山东网络广播电视台与山东省体育记者协会联合发起，最终角逐高端精品、自主知识产权、马拉松三类"十大精品赛事"。

40. 2020年12月初，山东省体育局下发通知，在全省开展体育产业创新试点工作，确定在全省9个县（市、区）开展社会力量办体育试点、体育消费试点和体育赛事管理服务三类试点。

41. 2020 年 12 月 10 日，2020 中国·青岛时尚体育产业大会在青岛国际会议中心开幕。大会以"体育融合时尚，产业转型升级"为主题，设置时尚体育产业大会、山东省优质体育产业资源推介、山东省体育产业培训、山东体育产业评选活动颁奖仪式、山东省体育产业工作座谈会 5 大板块，是山东体育产业领域规模最大、影响力最广的一次盛会。会上，青岛市体育局与 20 家单位签署了 15 项体育产业战略合作协议，同时聘请 10 位专家学者、体育界人士为智库专家，助力青岛体育产业发展。

42. 2020 年 12 月 10 日，山东省体育局对外发布了山东省首届品牌体育赛事名单。山东省首届品牌体育赛事评选由山东省体育产业发展服务中心、山东网络广播电视台与山东省体育记者协会联合发起，评选活动自 2020 年 6 月中旬启动，共有 49 个国际级赛事、42 个国家级赛事近 1140 个赛事参与评选。最终 30 项体育赛事荣膺"十大精品体育赛事"、"十大自主知识产权体育赛事"和"十大马拉松赛事"，另有 34 项赛事分别获评特别奖、特色体育赛事奖。

43. 2020 年 12 月 19 日，山东鲁能泰山再夺足协杯冠军。2020 年中国足协杯赛决赛在苏州举行，山东鲁能泰山 2∶0 战胜江苏苏宁易购，用一个冠军为鲁能时代画上一个圆满的句号。

44. 2020 年 10 月 26 日，国家体育总局与山东省人民政府签署《共同推进体育技术创新和产业发展战略合作框架协议》，建立定期沟通协调机制，联合开展体育产业创新试点工作。

社会科学文献出版社

皮 书

智库报告的主要形式
同一主题智库报告的聚合

❊ 皮书定义 ❊

皮书是对中国与世界发展状况和热点问题进行年度监测，以专业的角度、专家的视野和实证研究方法，针对某一领域或区域现状与发展态势展开分析和预测，具备前沿性、原创性、实证性、连续性、时效性等特点的公开出版物，由一系列权威研究报告组成。

❊ 皮书作者 ❊

皮书系列报告作者以国内外一流研究机构、知名高校等重点智库的研究人员为主，多为相关领域一流专家学者，他们的观点代表了当下学界对中国与世界的现实和未来最高水平的解读与分析。截至2021年，皮书研创机构有近千家，报告作者累计超过7万人。

❊ 皮书荣誉 ❊

皮书系列已成为社会科学文献出版社的著名图书品牌和中国社会科学院的知名学术品牌。2016年皮书系列正式列入"十三五"国家重点出版规划项目；2013~2021年，重点皮书列入中国社会科学院承担的国家哲学社会科学创新工程项目。

中国皮书网

（网址：www.pishu.cn）

发布皮书研创资讯，传播皮书精彩内容
引领皮书出版潮流，打造皮书服务平台

栏目设置

◆ **关于皮书**

何谓皮书、皮书分类、皮书大事记、
皮书荣誉、皮书出版第一人、皮书编辑部

◆ **最新资讯**

通知公告、新闻动态、媒体聚焦、
网站专题、视频直播、下载专区

◆ **皮书研创**

皮书规范、皮书选题、皮书出版、
皮书研究、研创团队

◆ **皮书评奖评价**

指标体系、皮书评价、皮书评奖

◆ **皮书研究院理事会**

理事会章程、理事单位、个人理事、高级
研究员、理事会秘书处、入会指南

◆ **互动专区**

皮书说、社科数托邦、皮书微博、留言板

所获荣誉

◆ 2008 年、2011 年、2014 年，中国皮书
网均在全国新闻出版业网站荣誉评选中
获得 "最具商业价值网站" 称号；
◆ 2012 年，获得 "出版业网站百强" 称号。

网库合一

2014年，中国皮书网与皮书数据库端口
合一，实现资源共享。

中国皮书网

权威报告·一手数据·特色资源

皮书数据库
ANNUAL REPORT(YEARBOOK)
DATABASE

分析解读当下中国发展变迁的高端智库平台

所获荣誉

- 2019年，入围国家新闻出版署数字出版精品遴选推荐计划项目
- 2016年，入选"'十三五'国家重点电子出版物出版规划骨干工程"
- 2015年，荣获"搜索中国正能量 点赞2015""创新中国科技创新奖"
- 2013年，荣获"中国出版政府奖·网络出版物奖"提名奖
- 连续多年荣获中国数字出版博览会"数字出版·优秀品牌"奖

成为会员

通过网址www.pishu.com.cn访问皮书数据库网站或下载皮书数据库APP，进行手机号码验证或邮箱验证即可成为皮书数据库会员。

会员福利

- 已注册用户购书后可免费获赠100元皮书数据库充值卡。刮开充值卡涂层获取充值密码，登录并进入"会员中心"—"在线充值"—"充值卡充值"，充值成功即可购买和查看数据库内容。
- 会员福利最终解释权归社会科学文献出版社所有。

社会科学文献出版社 皮书系列
SOCIAL SCIENCES ACADEMIC PRESS (CHINA)

卡号：612237762442
密码：

数据库服务热线：400-008-6695
数据库服务QQ：2475522410
数据库服务邮箱：database@ssap.cn
图书销售热线：010-59367070/7028
图书服务QQ：1265056568
图书服务邮箱：duzhe@ssap.cn

S 基本子库
UB DATABASE

中国社会发展数据库（下设 12 个子库）

整合国内外中国社会发展研究成果，汇聚独家统计数据、深度分析报告，涉及社会、人口、政治、教育、法律等 12 个领域，为了解中国社会发展动态、跟踪社会核心热点、分析社会发展趋势提供一站式资源搜索和数据服务。

中国经济发展数据库（下设 12 个子库）

围绕国内外中国经济发展主题研究报告、学术资讯、基础数据等资料构建，内容涵盖宏观经济、农业经济、工业经济、产业经济等 12 个重点经济领域，为实时掌控经济运行态势、把握经济发展规律、洞察经济形势、进行经济决策提供参考和依据。

中国行业发展数据库（下设 17 个子库）

以中国国民经济行业分类为依据，覆盖金融业、旅游、医疗卫生、交通运输、能源矿产等 100 多个行业，跟踪分析国民经济相关行业市场运行状况和政策导向，汇集行业发展前沿资讯，为投资、从业及各种经济决策提供理论基础和实践指导。

中国区域发展数据库（下设 6 个子库）

对中国特定区域内的经济、社会、文化等领域现状与发展情况进行深度分析和预测，研究层级至县及县以下行政区，涉及省份、区域经济体、城市、农村等不同维度，为地方经济社会宏观态势研究、发展经验研究、案例分析提供数据服务。

中国文化传媒数据库（下设 18 个子库）

汇聚文化传媒领域专家观点、热点资讯，梳理国内外中国文化发展相关学术研究成果、一手统计数据，涵盖文化产业、新闻传播、电影娱乐、文学艺术、群众文化等 18 个重点研究领域。为文化传媒研究提供相关数据、研究报告和综合分析服务。

世界经济与国际关系数据库（下设 6 个子库）

立足"皮书系列"世界经济、国际关系相关学术资源，整合世界经济、国际政治、世界文化与科技、全球性问题、国际组织与国际法、区域研究 6 大领域研究成果，为世界经济与国际关系研究提供全方位数据分析，为决策和形势研判提供参考。

法律声明

"皮书系列"（含蓝皮书、绿皮书、黄皮书）之品牌由社会科学文献出版社最早使用并持续至今，现已被中国图书市场所熟知。"皮书系列"的相关商标已在中华人民共和国国家工商行政管理总局商标局注册，如 LOGO（ ）、皮书、Pishu、经济蓝皮书、社会蓝皮书等。"皮书系列"图书的注册商标专用权及封面设计、版式设计的著作权均为社会科学文献出版社所有。未经社会科学文献出版社书面授权许可，任何使用与"皮书系列"图书注册商标、封面设计、版式设计相同或者近似的文字、图形或其组合的行为均系侵权行为。

经作者授权，本书的专有出版权及信息网络传播权等为社会科学文献出版社享有。未经社会科学文献出版社书面授权许可，任何就本书内容的复制、发行或以数字形式进行网络传播的行为均系侵权行为。

社会科学文献出版社将通过法律途径追究上述侵权行为的法律责任，维护自身合法权益。

欢迎社会各界人士对侵犯社会科学文献出版社上述权利的侵权行为进行举报。电话：010-59367121，电子邮箱：fawubu@ssap.cn。

社会科学文献出版社